Schriften zu Recht und Ethik
der Digitalen Transformation

Herausgegeben von

Prof. Dr. Johanna Hey
Prof. Dr. Dr. h. c. Stephan Hobe
Prof. Dr. Christian Katzenmeier
Prof. Dr. Torsten Körber
Dr. Claes Neuefeind
Prof. Dr. Dr. Frauke Rostalski
Prof. Dr. Dr. h. c. Martin Waßmer

Band 4

Milan Kuhli | Frauke Rostalski (Hrsg.)

Normentheorie im digitalen Zeitalter

Nomos

Onlineversion
Nomos eLibrary

Die Deutsche Nationalbibliothek verzeichnet diese Publikation in der Deutschen Nationalbibliografie; detaillierte bibliografische Daten sind im Internet über http://dnb.d-nb.de abrufbar.

ISBN 978-3-7560-0237-5 (Print)

ISBN 978-3-7489-3764-7 (ePDF)

1. Auflage 2023

Vorwort

Am 18. und 19. Juni 2021 fand die Online-Tagung „Normentheorie im digitalen Zeitalter" statt. Der vorliegende gleichnamige Sammelband beinhaltet die schriftliche Fassung der auf dieser Tagung gehaltenen Vorträge und Kommentare von *Svenja Behrendt*, *Roland Broemel*, *Inês Fernandes Godinho*, *Philipp-Alexander Hirsch*, *Lorenz Kähler*, *Stephan Meyer* und *Alexander Stöhr*. Allen Vortragenden – neben den eben Genannten sind hier *Alisa Hastedt* und *Hans-Heinrich Trute* zu nennen – möchten wir an dieser Stelle noch einmal herzlich dafür danken, dass sie die Tagung mit ihren interessanten und spannenden Beiträgen bereichert haben. Ein besonderer Dank gebührt zudem all denjenigen, die die Organisation der Tagung und die Erstellung des Sammelbandes tatkräftig unterstützt haben. Zu nennen sind hier *Aylin Aslan*, *Barbara Fisz*, *Jan Hendrik May*, *Hannah Ofterdinger*, *Judith Papenfuß*, *Leona Schmitz*, *Micael Soares-Kamprad* und *Jin Jenny Ye*. Danken möchten wir auch dem Graduiertenkolleg „Das Recht und seine Lehre in der digitalen Transformation" an der Universität Hamburg für die großzügige finanzielle Unterstützung der Publikation. Schließlich danken wir dem Verlag *Nomos* sowie den Herausgeberinnen und Herausgebern der Schriftenreihe für die freundliche Bereitschaft, den vorliegenden Sammelband zu publizieren.

Milan Kuhli & Frauke Rostalski

Inhalt

Einleitung

Milan Kuhli & Frauke Rostalski

Wenn in diesem Sammelband von *Normentheorie* gesprochen wird, darf dies nicht zu der Fehlvorstellung verleiten, dass es nur einen in sich homogenen normentheoretischen Ansatz gibt. Dies gilt auch und gerade für eine Normentheorie des Rechts. Dass es hier unterschiedliche Spielarten und Ausprägungen gibt,[1] lässt sich unter anderem damit erklären, dass normentheoretische Zugänge teilweise auf ein bestimmtes Rechtsgebiet bezogen werden. So schreibt etwa *Tatjana Hörnle*, dass unter „dem Stichwort ‚Normentheorie' […] darüber debattiert" wird, „welche Botschaften in Strafgesetzen enthalten sind und an wen sich diese richten".[2] Dies lenkt den Blick auf zwei wesentliche Gegenstände einer normentheoretischen Betrachtung des Rechts: zum einen auf den Inhalt rechtlicher Normen und – damit zusammenhängend – zum anderen auf den Adressatenkreis rechtlicher Normen. Sowohl Gegenstand als auch Adressat von Normen hängen entscheidend davon ab, ob „Normen" als abstrakt-generelle oder als individualisierte Verhaltensvorgaben verstanden werden. Auch ist zu klären, ob ein formal-analytisches oder ein materiell angereichertes Verständnis der Normentheorie zugrunde gelegt wird.[3] Hiermit hängen verschiedene Folgefragen zusammen, die das Verhältnis zwischen Staat und Bürger, aber auch eine Vielzahl dogmatischer Fragen betreffen.

---

1 Vgl. *Freund, Georg/Rostalski, Frauke*, Tatbestand und Rechtsfolge, GA 2022, S. 583 f. sowie *Renzikowski, Joachim*, Einführung, in: Aichele/Renzikowski/Rostalski (Hrsg.), Normentheorie. Grundlage einer universalen Strafrechtsdogmatik, 2022, S. 10. S. ferner *Gierhake, Katrin*, Kritische Anmerkungen zu einem „normativ funktionalen Straftatbegriff", Jahrbuch für Recht und Ethik, Vol. 28 (2020), S. 171 ff.; *Freund, Georg/Rostalski, Frauke*, Jahrbuch für Recht und Ethik (i.E.).

2 *Hörnle, Tatjana*, Straftheorien, in: Hilgendorf/Kudlich/Valerius (Hrsg.), Handbuch des Strafrechts. Band 1. Grundlagen des Strafrechts, 2019, § 12 Rn. 27.

3 S. hierzu die Beiträge und Kommentare von *Freund, Georg/Rostalski, Frauke* sowie *Kindhäuser, Urs* und *Renzikowski, Joachim* in GA 2022, S. 543 ff. – Vgl. allgemein zur Unterscheidung zwischen Sanktionsnormen und Verhaltensnormen im Strafrecht: *Kuhli, Milan*, Vorsatz und Rechtsverweisung. Zur Bedeutung der Normentheorie bei Blankettelementen und rechtsverweisenden normativen Merkmalen, in: Schneider/Wagner (Hrsg.), Normentheorie und Strafrecht, 2018, S. 119 (120 m.w.N.).

Im vorliegenden Band wird die Frage beleuchtet, inwieweit sich diese und weitere Aspekte einer normentheoretischen Betrachtung im heutigen *digitalen Zeitalter* verschieben bzw. inwieweit eine normentheoretische Betrachtung des Rechts gegenwärtig überhaupt noch tragfähig ist. Die Rede vom digitalen Zeitalter erscheint jedenfalls in rechtlicher Hinsicht deshalb berechtigt, da die allenthalben festzustellende Digitalisierung zahlreiche Lebensbereiche erfasst. Hinzu kommt, dass mit sogenannter Künstlicher Intelligenz[4] und Robotern möglicherweise neue wesentliche „Akteure" das Feld rechtlicher Regulierung betreten. Das digitale Zeitalter betrifft das Recht aber nicht nur deshalb, weil neue regelungsbedürftige Sachverhalte entstehen.[5] Entscheidend ist vielmehr auch, dass sich grundlegende Rechtsprinzipien möglicherweise dadurch wandeln, dass die Programmierung digitaler Akteure zu einer zeitlichen Vorverlagerung rechtsgutsrelevanter menschlicher Entscheidungen führt.[6] Aus einer normentheoretischen Perspektive stellen sich zudem die Fragen, ob Roboter bzw. digitale Maschinen Rechtsnormen anwenden und gegen Rechtsnormen verstoßen können.[7] Eng hiermit hängt die Frage zusammen, wie eine Programmierung von Maschinen normentheoretisch rekonstruiert werden kann. Diese und weitere Fragen bilden den Gegenstand der in diesem Band versammelten Beiträge.

In seinem Aufsatz „Norm, Code, Digitalisat" geht *Lorenz Kähler* von der Prämisse aus, dass das Recht „im Kern als eine Menge von Normen" zu verstehen sei, und widmet sich auf dieser Grundlage der Frage, ob Digitalisierung „eine Publikation, Duplikation oder gar Transformation des

---

4 Vgl. zu einem möglichen Begriff der Künstlichen Intelligenz: *Hirsch*, *Philipp-Alexander*, Künstliche Intelligenz, normative Ansprechbarkeit und die normentheoretische Beschreibung des Strafrechts, im vorliegenden Sammelband, S. 151 ff.

5 *Kuhli*, *Milan/Brüning*, *Janique*, Einleitung zur ZIS-Sonderausgabe „Strafrecht und Digitalisierung in Wissenschaft und Praxis", ZIS 2020, S. 39.

6 Mit Unterschieden: *Hörnle*, *Tatjana/Wohlers*, *Wolfgang*, The Trolley Problem Reloaded. Wie sind autonome Fahrzeuge für Leben-gegen-Leben Dilemmata zu programmieren?, GA 2018, S. 12 (23); *Hevelke*, *Alexander/Nida-Rümelin*, *Julian*, Selbstfahrende Autos und Trolley-Probleme: Zum Aufrechnen von Menschenleben im Falle unausweichlicher Unfälle, in: Jahrbuch für Wissenschaft und Ethik 19 (2015), S. 5; vgl. hierzu *Kuhli/Brüning* Fn. 5, S. 39; *Kuhli*, *Milan*, Roboterprogrammierung im Dilemma. Neue Verhaltensnormen für tödliche Notstandssituationen mit Unbeteiligten?, in: Bublitz/Bung et al. (Hrsg.), Recht – Philosophie – Literatur. Festschrift für Reinhard Merkel zum 70. Geburtstag. Teilband I, 2020, S. 887 ff.

7 Die zuletzt genannte Frage wird bejaht von *Stöhr*, *Alexander*, Schädigung durch autonom handelnde Maschinen. Verantwortungszuweisung durch Haftungs-, Zurechnungs- und Beweisnormen, im vorliegenden Sammelband, S. 63 ff..; vgl. differenzierend jedoch *Hirsch*, Fn. 4.

Rechts" bedeutet.[8] Dabei weist er darauf hin, dass zwischen „dem Inhalt einer Norm und ihrer Manifestation in analoger oder digitaler Form [...] strikt zu unterscheiden" sei.[9] „Die zentrale Frage für die Digitalisierung des Rechts ist daher, ob es gelingt, nicht nur den Normtext zu digitalisieren, sondern darüber hinaus auch seinen semantischen Gehalt"[10] – eine Frage, der *Kähler* in seinem Beitrag nachgeht.

Aus einer rechtsvergleichenden Perspektive untersucht *Stephan Meyer* die Frage, inwieweit Systeme Künstlicher Intelligenz zukünftig autonom „das einschlägige Recht identifizieren und dann die vorgegebene Rechtsfolge bestimmen können".[11] Hierbei legt er den Fokus auf eine Gegenüberstellung zwischen dem kontinentaleuropäischen Rechtskreis und dem Common Law. *Meyer* kommt zu dem Schluss, dass beide Rechtskreise „nicht-lokalisierte Rechtserkenntnisquellen – pragmatische Vernunft im Common Law und Rechtsdogmatik im kontinentalen Recht – [kennen], deren Emulation wohl erst eine starke KI leisten kann".[12]

Mit der Frage der Verantwortungszuweisung für Schädigungen durch autonom handelnde Maschinen befassen sich die beiden folgenden Beiträge. Während sich *Alexander Stöhr* dieser Frage aus einer zivilrechtlichen Perspektive annimmt, hat *Inês Fernandes Godinho* den Bereich des Strafrechts im Blick. Sie begründet in diesem Band die Annahme, „dass im Bereich der Zurechnung im Strafrecht letztlich alles beim Alten bleibt".[13] Demgegenüber diskutiert *Stöhr* unter anderem de lege ferenda die Frage einer Eigenhaftung von Maschinen. Im Ergebnis befürwortet er „die Einführung einer Teilrechtsfähigkeit, die auf die Haftung der beteiligten Personen für rechtswidriges Handeln der Maschine fokussiert ist".[14]

Svenja Behrendt analysiert in ihrem Beitrag, inwieweit sich Anwendungen der Künstlichen Intelligenz auf menschliche Entscheidungsprozesse auswirken, in denen „die endgültige Entscheidung über die Schaffung eines Risikos bzw. einer Chance" weiterhin durch einen Menschen getroffen

---

8 *Kähler, Lorenz*, Norm, Code, Digitalisat, im vorliegenden Sammelband, S. 13.

9 *Kähler* Fn. 8, S. 13.

10 *Kähler* Fn. 8, S. 24.

11 *Meyer, Stephan*, Digitale Anwendbarkeit von Rechtsnormen – Auch eine Frage des Rechtskreises?, im vorliegenden Sammelband, S. 37.

12 *Meyer* Fn. 11, S. 62.

13 *Godinho, Inês*, Schädigung durch autonom handelnde Maschinen. Skizzierung einer Verantwortungszuweisung durch Haftungs- und Zurechnungsnormen im Strafrecht, im vorliegenden Sammelband, S. 100.

14 *Stöhr* Fn. 7, S. 87.

wird.[15] In den Fokus rückt sie dabei zum einen die Risiken des De-Skillings – des menschlichen Fähigkeitsverlusts im verstärkten Umgang mit technischen Anwendungen. Zum anderen problematisiert sie Fragen der Verantwortung, die beim Umgang mit KI-Anwendungen auf den Plan treten.

Algorithmen in der Rechtsanwendung bilden das Thema des Aufsatzes von *Roland Broemel*. Neben verschiedenen Formen des Einsatzes von Legal-Tech-Anwendungen bei der Bereitstellung von Rechtsdienstleistungen geht er auch auf deren rechtliche Rahmenbedingungen ein. Grenzen der Automatisierung von Rechtsanwendung durch Algorithmen sieht er insbesondere in der Fassung gesetzlicher Tatbestände. Für Legal-Tech-Anwendungen eigneten sich zwar klare und eindeutige Vorschriften – indes sieht *Broemel* insoweit auch Risiken im Hinblick auf die notwendige „Entwicklungsoffenheit des Rechts".[16]

Philipp-Alexander Hirsch wirft schließlich die Frage auf, inwieweit Künstliche Intelligenz taugliches Handlungs- und Zurechnungssubjekt im (Straf-)Recht sein kann. Besondere Bedeutung kommt seiner Ansicht nach dabei den Formen einer Künstlichen Intelligenz zu, „die zwar normativ ansprechbar ist, ohne jedoch bereits voll verantwortlicher normativer Akteur zu sein".[17] In diesem Kontext gelangt er zu einer gleichermaßen kritischen wie befürwortenden Bewertung einer analytischen Normentheorie, die „die Normbegründungsebene ausblendet und Normen lediglich als Instrument sozialer Verhaltenssteuerung betrachtet".[18]

Die in diesem Band versammelten Beiträge werfen ein Licht auf die Notwendigkeit, sich dem Thema Digitalisierung gerade auch aus grundlegender rechtstheoretischer Perspektive zu nähern. Die Normentheorie liefert hierzu eine besonders geeignete Methode. Eine normentheoretische Reflektion der Digitalisierung steht noch am Anfang. Als Herausgeber würden wir uns freuen, würden sich den hier zusammengestellten Überlegungen viele weitere anschließen.

---

15 *Behrendt, Svenja,* Entscheiden im digitalen Zeitalter. Überlegungen zu den Auswirkungen smarter Technologie auf Verhaltenspflichtbildung und Verantwortlichkeit, im vorliegenden Sammelband S. 104.

16 *Broemel, Roland,* Algorithmen in der Rechtsanwendung, im vorliegenden Sammelband S. 124, 143.

17 *Hirsch* Fn. 4, S. 152.

18 *Hirsch* Fn. 4, S. 173.

Norm, Code, Digitalisat

Lorenz Kähler

I. Einführung

Da die Digitalisierung nahezu alle Lebensbereiche erfasst, wäre es angesichts des unauflösbaren Zusammenhangs von Recht und Gesellschaft merkwürdig, wenn sie nicht auch rechtliche Konsequenzen hätte. Allerdings ist nicht ohne weiteres klar, worin genau dieser Einfluss auf das Recht bestehen soll. Wird dadurch nur die Darstellung des Rechts vereinfacht, so wie sich das Wetter inzwischen digital anzeigen lässt, oder das Recht in den digitalen Daten wiederholt oder durchläuft es sogar eine Umwandlung, wie sie etwa bei menschlichen Beziehungen in sozialen Netzwerken zu beobachten ist? Bedeutet Digitalisierung also eine Publikation, Duplikation oder gar Transformation des Rechts?

Versteht man Recht im Kern als eine Menge von Normen,[1] so müsste eine Transformation durch Digitalisierung darin bestehen, Normen von einer analogen in eine binäre Form zu überführen. Jedoch mögen Normen zwar eine binäre Option eröffnen, etwa wenn sie Handlungen für zulässig oder unzulässig erklären. Diese Binarität betrifft aber allein ihren Inhalt und nicht die Art und Weise, wie dieser niedergelegt ist. Eine in Stein gehauene Norm ist nicht bereits deshalb digital, weil sie eine Entscheidung zwischen zwei Optionen erzwingt. Umgekehrt können Normen trotz ihrer digitalen Erfassung eine Pluralität von Handlungsoptionen ermöglichen. Das gilt etwa für die elterliche Sorge nach § 1626 BGB. Sie eröffnet einen Freiraum,[2] den die Eltern nach ihrer Vorstellung vom Kindeswohl ausfüllen können, sodass sie zu ihren Kindern nicht nur ja oder nein sagen müssen. Zwischen dem Inhalt einer Norm und ihrer Manifestation in analoger oder digitaler Form ist daher strikt zu unterscheiden.

---

1 Stellvertretend zu dieser Vorstellung *Bulygin, Eugenio/Alchourrón, Carlos,* On the Concept of a Legal Order, in: Bernal et al. (Hrsg.), Bulygin, Eugenio, Essays in Legal Philosophy, 2015, S. 124 (125).

2 BVerfGE 59, 360 (384) = NJW 1982, 1375 (1376); BeckOK-BGB/*Veit*, 61. Edition, Stand: 1.2.2022, § 1626 Rn. 10.

Hängt aber der Inhalt rechtlicher Normen nicht von der Form seiner Manifestation ab und liegt damit jenseits der Dichotomie analog-digital, wird unklar, worin die Digitalisierung des Rechts bestehen soll. Eine Transformation in einen binären Inhalt jedenfalls scheidet angesichts der vielfältigen, sich dieser Dichotomie entziehenden Bedeutungen von vornherein aus. Ist das Recht demnach seiner Natur nach ein Gegenstand, der sich ebenso wenig digitalisieren lässt wie das Wetter, sondern digital bestenfalls angezeigt werden kann? Oder ähnelt es nicht doch Computerprogrammen, die dem Recht ähnlich Regeln enthalten, und immerhin die Grundlage der Digitalisierung sind?

Um diese Fragen zu beantworten, ist es in einem ersten Schritt erforderlich, sich die dafür zentralen Begriffe Norm (II.), Code (III.) und Digitalisat (IV.) sowie die ihnen zugrunde liegenden Phänomene vor Augen zu führen. Hat man sie sich vergegenwärtigt, fällt es leichter zu überlegen, welche Einsichten von einer digitalen Analyse der Rechtswirklichkeit zu erwarten sind (V.). Ebenso lässt sich vor diesem Hintergrund besser beurteilen, ob es nur möglich ist, digitale Inhalte am Recht auszurichten, oder sich auch umgekehrt das Recht an ihnen ausrichten kann (VI.).

II. Normen

Für das Recht zentral, wenn es auch nicht erschöpfend, ist der Begriff der Norm. Darunter können in erster Näherung normative Anordnungen und Zuschreibungen verstanden werden.[3] Dazu zählen insbesondere Rechte und Pflichten sowie Kompetenzen und Ermächtigungen. Entscheidend für ihr Verständnis ist zunächst ihr ontologischer Status als ideelle Entitäten.[4] Diese Idealität setzt voraus, dass ein Gegenstand nicht materiell ist und eine bestimmte propositionale Bedeutung aufweist.

Beides lässt sich bei Normen bejahen. Die durch sie erfolgenden Anordnungen bestehen aus einem propositionalen Gehalt, indem eine bestimmte Handlung vorgegeben oder untersagt wird oder eine bestimmte Zuschreibung erfolgt wie etwa, Präsident oder Beklagter zu sein. Sämtliche deontologische Operatoren, die Normen kennzeichnen, haben damit einen bestimmten semantischen Gehalt, der sich als Proposition oder –

---

3 Zur Diskussion des Normbegriffs *Kelsen, Hans*, Allgemeine Theorie der Normen, 1979, S. 1–4; *Bulygin/Alchourrón*, The Expressive Conception of Norms, Bernal et al. (Hrsg.), Bulygin, Essays in Legal Philosophy, 2015, S. 146 ff.

4 Im Einzelnen Verfasser, ARSP 2021, 392, 396 ff.

nach Freges Terminologie – Gedanke[5] formulieren lässt. Das gilt insbesondere für Verbote und Erlaubnisse, Gebote und Ermächtigungen.

Die mit Hilfe dieser deontologischen Operatoren gebildeten Aussagen sind nicht mit einem bestimmten sprachlichen Satz identisch. Verbote und Erlaubnisse sowie andere normative Propositionen lassen sich vielfach auf unterschiedliche Weise formulieren. Etwa mag man dafür einen oder mehrere Sätze verwenden, ohne dass sich dadurch der propositionale Gehalt ändert. Propositionen sind dabei nicht an eine bestimmte Sprache gebunden. Beispielsweise lassen sich die Vorgaben des deutschen Infektionsschutzgesetzes auch in andere Sprachen übersetzen, was sich für deren Wirkung[6] als wichtig erwiesen hat. Im Anschluss an von Wright[7] ist somit zwischen Normtext und Norm zu unterscheiden, wobei der Normtext aus einem bestimmten sprachlichen Satz besteht, die Norm hingegen aus einer bestimmten deontologischen Proposition.

All das bedeutet nicht, dass der Normtext unwichtig ist. Er ist vielmehr als authentischer Ausdruck gesetzgeberischen Willens Ausgangspunkt der Interpretation und damit für die juristische Argumentation zentral. Gleichwohl ist der Normtext nicht mit der Norm identisch, weil es bei ihr um den dort nur formulierten Gehalt geht. Diese Unabhängigkeit der Norm vom Normtext zeigt die Wichtigkeit, Normen als ontologisch ideelle Gegenstände aufzufassen, für die der semantische Gehalt maßgeblich ist. Während dieser etwa bei deutschen, englischen und chinesischen Ausgaben desselben Gesetzes idealerweise identisch ist, unterscheiden sich die dafür gebrauchten Texte erheblich.

Normen nehmen zwar vielfach auf Personen sowie Orte und damit körperliche Gegenstände Bezug, werden dadurch aber selbst nicht zu einem solchen Gegenstand. Wie andere semantische Gehalte lassen sie sich nicht sehen, berühren oder in anderer Form sinnlich wahrnehmen. Sie sind immateriell. Sind Normen einmal verabschiedet, kommt es daher weder für ihre Geltung noch für ihre Existenz darauf an, ob sie in einem Gesetzblatt niedergeschrieben oder auf einem Server gespeichert sind. Wird das Gesetzblatt zerrissen oder der Server gelöscht, verschwinden Normen nicht,

---

5 *Frege, Gottlob*, Der Gedanke, in: Patzig (Hrsg.), Logische Untersuchungen, 1966, S. 30 ff.

6 Nach dem Robert-Koch-Institut können Sprachbarrieren einen Großteil der Impfquotenunterschiede erklären, RKI, Covid-19-Impfquotenmonitoring in Deutschland als Einwanderungsgesellschaft (COVIMO-Fokuserhebung), Report 9, 3.2.2022, S. 1.

7 *Wright, Georg Henrik von*, Norm and Action, 1963, S. 93; *Shapiro, Scott*, Legality, 2011, S. 41.

auch wenn damit ihre Wirkung verblassen mag. Für ihre Abschaffung bedarf es vielmehr einer rechtlichen Anordnung, die an empirische Akte wie die Verabschiedung eines Aufhebungsgesetzes anknüpfen mag, dadurch selbst aber nicht zu einer empirischen Größe wird. Denn entscheidend an diesem Aufhebungsakt bleibt sein Inhalt, durch den sich der Bestand der Normen ändert. Normen können nur aufgrund von Normen untergehen oder in den – in anderem Zusammenhang verwendeten – Worten von Bernard Williams „only an obligation can beat an obligation".[8]

Eine Wirkung entfaltet eine Norm erst, wenn Menschen sie umsetzen oder sich in anderer Weise auf sie einstellen. Bereits bevor das geschieht, gibt es aber in aller Regel eine Norm, die dieses Verhalten anordnet. Zwischen der Existenzweise einer Norm und der Existenzweise der Handlungen, die sie vorschreibt, ist daher strikt zu unterscheiden. Ein durch eine Norm gestaltetes normatives Verhältnis von Personen zueinander benötigt anders als die dadurch vorgeschriebenen Handlungen keinerlei physikalische Grundlage. Selbst wenn die Beteiligten nichts von ihren Rechten und Pflichten wissen und nach davon unabhängigen Gründen handeln, können sie untereinander berechtigt und verpflichtet sein. Normen haben wie andere ontologisch ideelle Gegenstände daher keine unmittelbaren Auswirkungen auf empirische Gegebenheiten. Aus dem Umstand, dass eine Norm etwas anordnet, folgt nicht, dass dies auch tatsächlich der Fall ist. Recht setzt sich daher in der empirischen Wirklichkeit nicht von allein durch.

Für eine Umsetzung von Normen bedarf es vielmehr menschlicher Akte. Zwar können die äußeren Umstände wie im Fall von Zäunen so gestaltet sein, dass kein Verstoß gegen eine bestimmte Norm erfolgen kann. Sich-selbst-ausführende („self-executing") Normen kann es aber gleichwohl nur insoweit geben, als unter bestimmten, von keiner menschlichen Handlung abhängigen Voraussetzungen neue normative Folgen eintreten, etwa Besitzschutzansprüche gemäß § 864 Abs. 1 BGB allein durch Ablauf eines Jahres erlöschen. Äußere und damit empirisch erfassbare Veränderungen hingegen vermag keine Norm von allein herbeizuführen. So wenig sich Wünsche von allein erfüllen, so wenig werden Normen in der empirischen Wirklichkeit von allein umgesetzt. Die Digitalisierung vermag nicht, daran etwas zu ändern. Auch sie kann die Trennung[9] von Sein und Sollen nicht aufheben.

---

8 *Williams, Bernard*, Ethics and the Limits of Philosophy, 1986, S. 186 f.

9 Klassisch dafür *Hume, David*, A Treatise of Human Nature, 1739, S. 469; *Kant, Immanuel*, Grundlegung zur Metaphysik der Sitten, 1785, AA, Bd. IV, S. 427.

Die Unabhängigkeit von Normen und ihren Ausführungsakten zeigt sich besonders deutlich daran, dass Normen nicht von einer bestimmten Manifestation in bestimmten materiellen Gegenständen abhängen. Normen bewegen sich nach einem markanten, ins Polemische zielenden Ausdruck von Jherings „im reinen, klaren Gedankenäther".[10] Dies ist kein Zufall oder eine für praktische Zwecke irrelevante metaphysische Eigenschaft, sondern zentral für die Wirkungsweise von Recht. Nur weil Normen nicht mit materiellen Gegenständen verbunden sind, können sie eine allgemeine Geltung entfalten und ubiquitär wirken. Sie sind daher von vornherein nicht aus dem Stoff, den man in einem Computer, auf einem Server oder auf gedrucktem Papier findet.

Nur wegen ihrer ontologischen Idealität können sich Normen nicht nur auf materielle Gegenstände beziehen, sondern auch auf ideelle Gegebenheiten wie etwa andere Normen, Namen oder Vorstellungen. Damit wird erklärbar, warum Recht sowohl für den physikalischen Raum als auch für den Cyberspace und rein ideelle Sachverhalte in gleicher Weise verbindlich sein kann. Es ist dazu nur in der Lage, weil es selbst keine physikalische Größe ist, die nur mit anderen physikalischen Größen in Wechselwirkung treten könnte. Das ist insbesondere während der ersten Interneteuphorie vielfach noch anders beurteilt worden, als es etwa in der „Declaration of the Independence of Cyberspace" hieß:

> „Your legal concepts of property, expression, identity, movement, and context do not apply to us. They are all based on matter, and there is no matter here."[11]

Paradoxerweise verhält es sich gerade umgekehrt: Weder besteht Recht aus Materie, noch beruht es ausschließlich auf Materie, noch muss es auf Materie verweisen. Selbst wenn man für das Recht jeweils einen materiellen Entstehungsakt wie etwa die Verabschiedung in einem Parlament und die Verkündung in einem Gesetzblatt verlangt, lassen sich davon Rechtsnormen als Ergebnis dieser Rechtsetzung unterscheiden. Normen gehören daher zu einer ideellen und damit zwar nicht unbedingt höheren, wohl aber anderen Sphäre als die Niederungen der Technik. Diese Sphäre lässt sich sowohl mit sinnvollen und praktikablen Regelungen als auch mit waghalsigen Spekulationen ausfüllen, weshalb Jherings Spott über die

---

10 *Jhering, Rudolf von*, Scherz und Ernst in der Jurisprudenz, Nachdruck der 13. Auflage 1924, 1992, S. 20 f.

11 *Barlow, John Perry*, A Declaration of the Independence of Cyberspace, 1996, veröffentlicht unter https://www.eff.org/de/cyberspace-independence <zuletzt abgerufen am 31.8.2022>.

Arbeit des Juristen im „reinen, klaren Gedankenäther“[12] bei aller Einseitigkeit einen zutreffenden Punkt traf.

Demgegenüber gäbe es ohne eine Materie keine Computer, keine Server, keine Internetverbindungen und damit keinen Cyberspace. Dieser besteht schließlich nicht in reinen Vorstellungswelten, die ähnlich wie noch nicht erzählte Märchen keinerlei materieller Grundlage bedürfen. Vielmehr gehören zu ihm nur die online zugänglichen Gehalte, die dafür in irgendeiner Form physikalisch gespeichert sein müssen. Dass die technische Grundlage des Internets im Alltag unsichtbar bleibt, heißt schließlich nicht, dass sie nicht existiert. Rein virtuell sind das Internet und der damit verbundene Cyberspace nicht.

In seiner Idealität gleicht das Recht Zahlen, Theorien, Märchen und anderen Ideen in einem weiten Sinn. Weil sie unabhängig von konkreten materiellen Gegenständen sind, werden sie im Anschluss an Carnap vielfach als „abstract objects“ bezeichnet.[13] Solange damit der immaterielle Charakter und die Eigenschaft, eine bestimmte Bedeutung zu haben, gemeint sind, ist gegen diese Terminologie nichts einzuwenden. Sie ist allerdings insofern irreführend, als es auch überaus konkrete ideelle Gegenstände wie etwa den Anspruch auf Übereignung einer bestimmten Vase gibt. Ein solcher Anspruch folgt weder aus der Vase noch aus anderen materiellen Gegenständen, sondern einer von ihnen unabhängigen normativen Bewertung. Überdies können die für das Recht maßgeblichen normativen Gehalte nicht aus materiellen Objekten abstrahiert werden. Anders als etwa die Farbe Rot, die man als eine Abstraktion aller roten Gegenstände begreifen mag, ist das Verbot, eine Straße bei Rot zu überqueren, keine Abstraktion aus allen Ampeln oder allen Straßenüberquerungen. Das Recht ist nicht aus der empirischen Wirklichkeit abstrahiert, auch wenn es in ihr entsteht und für sie gilt. Nur deshalb vermag es, eine Normativität zu entfalten.

Weil Recht damit seiner Art nach etwas radikal anderes ist als materielle Gegenstände, zu denen auch Speicher und Prozessoren gehören, lässt es sich nicht in eine Menge von binären Zuständen auf einem Speicher oder Prozessor überführen und in diesem Sinn nicht digitalisieren. Das gilt in gleicher Weise für andere ideelle Gegenstände wie etwa Zahlen, die sich digital zwar repräsentieren lassen, ihre Eigenschaften aber nicht

---

12 von *Jhering* Fn. 10, S. 20 f.

13 *Falguera, José /Martínez-Vidal, Concha/Rosen, Gideon*, Abstract Objects, in: Zalta (Hrsg.), The Stanford Encyclopedia of Philosophy, 2022, https://plato.stanford.edu/archives/spr2021/entries/computer-science/ <zuletzt abgerufen am 31.8.2022>.

dadurch wandeln, dass sie auf einem bestimmten Rechner manifestiert sind. Rechtsnormen sind etwas anderes als Bits auf einem Rechner, ohne dass die Digitalisierung daran etwas zu ändern vermag.

III. Code

Anders als Normen besteht der Code für die gegenwärtigen Computer[14] aus Bits, d. h. einer Aneinanderreihung von Nullen und Einsen, die auf diese Weise Informationen speichern sowie verarbeiten. Digitalisierung bedeutet daher in erster Linie, dass analog vorliegende Informationen in digitaler Form erfasst und sodann miteinander verknüpft sowie ausgewertet werden. So lassen sich etwa Daten über den Wind und die Sonneneinstrahlung digitalisieren und für eine Simulation des Wetters nutzen.

Die in einem Code niedergelegten Informationen und Programme kann man zwar ebenso wie Normen als ontologisch ideelle Entitäten begreifen, wenn man sie von ihrer materiellen Grundlage auf einem bestimmten Rechner oder Server abstrahiert. Etwa mag man davon ausgehen, dass auf sämtlichen Windows-Rechnern einer bestimmten Version nicht das gleiche, sondern dasselbe Betriebssystem läuft, weil stets der gleiche Programmcode abgearbeitet wird. Dabei geht es dann um den Inhalt dieses Codes und nicht seine Verkörperung auf einem bestimmten Rechner. Entsprechend müsste man in dieser Perspektive als Programm nicht die Rechenoperationen eines konkreten Computers betrachten. Anderenfalls gäbe es so viele Windows-Programme wie Windows-Rechner. Vielmehr wird das Programm dann als die von den konkreten Zuständen einer Festplatte abstrahierte Reihenfolge von Rechenschritten verstanden und ist dann ontologisch ebenfalls ideeller Art.

Ein solcher ideeller Code als propositionaler Gehalt von programmiertem Code[15] vermag ebenso wenig wie rechtliche Normen von allein, die Wirklichkeit zu beeinflussen. Er besteht nur aus einer semantischen Bedeutung und ist daher nicht eingebettet in empirische Kausalverhältnisse.

---

14 Für Quantencomputer wären diese Überlegungen zwar zu modifizieren, weil es bei ihnen mehr als nur jeweils zwei Zustände gibt, in denen eine Information gespeichert wird. An der materiellen Manifestation der Informationen und damit am Ergebnis der hier angestellten Überlegungen ändert sich damit aber nichts.

15 Zur Diskussion *Angius, Nicola/Primiero, Guiseppe/Turner, Raymond*, The Philosophy of Computer Science, in: Zalta (Hrsg.), The Stanford Encyclopedia of Philosophy, 2021, https://plato.stanford.edu/archi-ves/spr2021/entries/computer-scie nce/ <zuletzt abgerufen am 31.8.2022>.

Deshalb bliebe er wirkungslos, wäre er nicht auf bestimmten Rechnern manifestiert. Während Normen rechtlich auch noch maßgeblich sind, wenn sie nirgendwo niedergeschrieben sind, gibt es keine Geltung eines ideellen Codes.

Das gilt umso mehr, als sich Menschen zwar an rechtlichen Normen, in aller Regel aber nicht an einem Code orientieren können, schon weil sie ihn meist nicht verstehen. Daher kann Code allenfalls dann auf Menschen wirken, wenn er auf Rechnern ausgeführt wird und sich Menschen an den dort manifestierten Informationen orientieren. Code soll daher über seine Ausführung auf Computern wirken, nicht aber über das Verständnis von Menschen, wie das bei rechtlichen Normen der Fall ist. Selbst wenn es daher gelänge, sämtliche Rechtsnormen in einen Computercode zu überführen, wäre für das Recht zunächst noch nicht viel gewonnen, weil man nach wie vor darauf angewiesen bliebe, seinen Inhalt zu verstehen, um es ausführen zu können.

Daran ändert sich nichts, wenn ein Computerprogramm selbstlernend ist, sich also in Abhängigkeit von seiner Nutzung und den dabei erfassten Daten verändert. Bei der Nutzung unterschiedlicher Daten in verschiedenen Rechnern lässt sich nach einer Weile zwar nicht mehr behaupten, dass dabei noch derselbe Code maßgeblich ist, da sich in diesem Fall unterschiedliche Versionen des ursprünglichen Programms entwickeln. Jedoch ist selbst dann zwischen dem auf dem einzelnen Rechner ausgeführten Code und seinem ideellen Gehalt zu unterscheiden. Für das Recht ist allein dieser Gehalt maßgeblich, der sich durch unterschiedliche Manifestationen auf verschiedenen Rechnern nicht ändert. Auf welche Weise auch immer man rechtliche Informationen in einen Code aufnimmt, besteht das Recht weiterhin aus Bedeutungen, die über den auf einem einzelnen Rechner ausgeführten Code hinaus maßgeblich sind. Ob ein und derselbe Code nur auf einem Rechner oder auf einer Vielzahl von Rechnern ausgeführt wird, ist dafür unerheblich.

All dies kann auch nicht anders sein, weil der auf einzelnen Rechnern ausgeführte Programmcode letztlich aus physikalisch definierten Zuständen besteht und damit zum Sein gehört, während rechtliche Normen mit ihren Anordnungen darüber, was zu geschehen hat, zum Sollen zählen. Code formuliert Bedingungen, unter denen ein Computer bestimmte Arbeitsschritte ausführt, enthält aber keine normativen Vorgaben darüber, ob dies oder etwas anderes zu geschehen hat. Code ist damit etwas kategorial anderes als rechtliche Normen. Noch so ausgeklügelte lange Reihen von Nullen und Einsen auf einem Rechner sind niemals eine Rechtsnorm, so stark ihr Einfluss auf das Recht und seine Umsetzung auch sein mögen.

Deutlich wird dies bereits daran, dass Normen anders als eine Festplatte, auf der ein Code gespeichert ist, immateriell sind.

Darüber hinaus zeigt sich diese Verschiedenheit daran, dass Nullen und Einsen sowie die auf ihnen beruhenden optischen Gebilde für sich genommen keinen normativen Gehalt aufweisen. Sie können bereits ihrer Art nach so wenig wie Steine, Äpfel oder Wolken etwas verbieten oder gebieten. Vielmehr erschöpfen sie sich darin, Arbeitsschritte für einen Rechner festzulegen. Das gilt selbst noch dann, wenn man nicht den auf einem einzelnen Rechner verkörperten konkreten Programmcode betrachtet, sondern einen davon abstrahierten ideellen Code.

Wollte man Recht in Code umwandeln oder Code dem Recht zuordnen, müsste man deshalb den Rechtsbegriff so stark verändern, dass er mit dem für das gegenwärtige Recht gebrauchten Rechtsbegriff kaum noch etwas zu tun hätte. Das gliche dem Versuch, eine Gesetzessäule aus Stein und nicht die auf ihr niedergelegten Normen für Recht zu erklären. Hält man aber daran fest, dass Recht einen normativen Gehalt hat, der unabhängig von seinen Manifestationen bestimmte Handlungen vorgibt und Zuschreibungen vornimmt, so sind Normen bereits ihrer Art nach von Code zu unterscheiden. Die Digitalisierung des Rechts kann daher bestenfalls darin bestehen, dass sein propositionaler Gehalt über Code erfasst wird und sich aus dessen Verarbeitung Schlussfolgerungen ziehen lassen, die bisher nicht bekannt waren. Eine Transformation in Code hingegen erscheint ausgeschlossen.

Deutlich werden diese Unterschiede zwischen Code und Recht auch an der Frage, ob Code so wie rechtliche Normen imstande ist, auf Personen und körperliche Gegenstände zu referieren. Rechtliche Normen vermögen das vor allem dadurch, dass sie Personen vorschreiben, sich auf eine bestimmte Weise zu verhalten, oder ihnen Sachen als Eigentum zuweisen. Dadurch nehmen sie auf diese Personen und Sachen Bezug. Zu einer derartigen Referenz ist Code nicht in der Lage, weil er nur Ziffern enthält, die ein Computer als Arbeitsanweisungen interpretieren kann. Weder der Code noch der ihn verarbeitende Computer nimmt dabei aber auf irgendjemanden oder irgendetwas Bezug.

Entsprechend ist es bei Code anders als beim Recht noch nicht einmal möglich, gegen ihn zu verstoßen. Er enthält keine Anordnungen, von denen man durch sein Verhalten abweichen könnte. Dies liegt nicht daran, dass er von vornherein eine Softwarearchitektur errichtet, durch die

Normverstöße ausgeschlossen wären.[16] Vielmehr ist dafür entscheidend, dass er nicht auf menschliches Verhalten referiert und daher nichts vorgibt. Durch die Abarbeitung von Code auf einem Rechner können lediglich Texte hervorgebracht werden, die nach den Regeln einer Sprache bestimmte Bedeutungen tragen und auf diese Weise auch zur Referenz auf Personen und Gegenstände jenseits ihrer selbst imstande sind. Auch dann sind es aber letztlich die in einem Text ausgedrückten semantischen Gehalte, die auf etwas referieren, und nicht der Code, der diesen Text hervorbringt. Der Code ist keine Norm für menschliches Verhalten, sondern ein Programm, das ein Rechner abarbeitet, sobald es gestartet wird.

Für eine Digitalisierung des Rechts ist Code daher zwar die technische Grundlage, aber nicht das Medium, das rechtliche Bedeutung aufzunehmen imstande ist. Wenn eine rechtliche Schlussfolgerung zutrifft, so nicht deshalb, weil sie einem Code entspricht oder durch einen Code errechnet wurde, sondern allein deshalb, weil sich ihr Inhalt aus den geltenden Normen ergibt. Das gilt selbst dann, wenn die errechnete Schlussfolgerung im Ergebnis stimmt. Denn dass sie korrekt ist, liegt letztlich nicht an einer bestimmten Beschaffenheit des Codes, sondern an einer Übereinstimmung mit dem, was das Recht unabhängig davon vorgibt.

IV. Digitalisat

Hält man sich diese ontologischen Unterschiede zwischen einem Computercode und dem Recht vor Augen, so wird deutlich, dass es sich bei ihnen um so verschiedene Gegenstände handelt, dass Lessigs vielzitierter Satz „Code is law“[17] ein Slogan ist, den man auf keinen Fall wörtlich nehmen darf. Indes schließt das nicht aus, dass sich nicht wenigstens die dem Recht zugrunde liegenden Texte und die damit verbundenen Informationen digital erfassen, wiedergeben und mit anderen Informationen verknüpfen lassen. Es ist dann nicht das Recht, was digitalisiert wird, sondern der Rechtstext.

---

16 Zum davon unterschiedenen Phänomen der „impossibility structures“ *Rich, Michael*, Should We Make Crime Impossible?, Harvard Journal of Law & Public Policy Vol. 36 (2013), S. 795 (802); *Rademacher, Timo*, Wenn neue Technologien altes Recht durchsetzen: Dürfen wir es unmöglich machen, rechtswidrig zu handeln?, JZ 2019, S. 702 ff.

17 *Lessig, Lawrence*, Code Version 2.0, 2006, S. 5 ff, der selbst die Grenzen dieser Behauptungen betont.

Die dafür naheliegendste, vielfach genutzte Möglichkeit besteht darin, den Normtext zu digitalisieren. Dafür werden entweder digitale Abbilder der Gesetz- und Verordnungsblätter erstellt oder ihr Text erfasst, der dann gespeichert und in unterschiedlicher Weise verarbeitet werden kann. Das Produkt dieses Abbildungsprozesses lässt sich als Digitalisat bezeichnen und wird typischerweise in einer Datei gespeichert. Es besteht letztlich aus denjenigen Nullen und Einsen, mit denen der Normtext auf dem Computer erfasst und dort dargestellt wird. Diese Darstellung geschieht meist in optischer Form, etwa wenn ein Gesetzestext auf dem Bildschirm wiedergegeben ist. Möglich ist aber auch eine akustische Aufzeichnung und Präsentation, etwa wenn eine Urteilsverkündung aufgenommen und dann abgespielt wird. In dem diesen Darstellungen zugrunde liegenden Code sind zutreffende Informationen über das Recht gespeichert und abrufbar, auch wenn dieses als ideelle Entität davon unberührt bleibt. Wird der Code gelöscht, bleibt das Recht bestehen.

Gelingt eine Abbildung von Gesetzen oder Urteilen im Digitalisat, hat man es daher nicht nur mit einer bestimmten Arbeitsanweisung für einen Computer zu tun, wie etwa eine gesetzliche Norm auf dem Bildschirm wiederzugeben ist. Vielmehr sind im Code zugleich zutreffende Informationen über das Recht in digitaler Form erfasst und insoweit Digitalisate des Rechts geschaffen. Das Digitalisat ist deshalb einerseits ein Code, der wie jeglicher Code eine Arbeitsanweisung für einen Rechner beinhaltet, enthält aber andererseits zugleich auch Informationen über das Recht, das sich an dessen Adressaten und nicht an Computer wendet.

Gibt ein Computer eine Norm optisch oder akustisch wieder, entsteht zunächst der Eindruck, dass er damit die in der Norm verkörperte Information erfasst, also etwa die Aussage des § 438 Abs. 1 Nr. 3 BGB, dass kaufrechtliche Ansprüche in zwei Jahren verjähren. Immerhin ist genau diese Information durch den im Computer wiedergegebenen Satz ausgedrückt. Allerdings muss man sich dabei vor Augen führen, dass weder die Nullen und Einsen des Codes noch die mit ihrer Hilfe gebildeten Zeichen auf dem Bildschirm von sich aus eine bestimmte Bedeutung haben. Da der Computer kein Bewusstsein hat, lässt sich auch nur im übertragenen Sinne davon reden, dass er durch das Digitalisat über rechtliche Informationen verfügt. In ihm sind lediglich Zeichen gespeichert, denen aufgrund sprachlicher Konventionen eine bestimmte Bedeutung zukommt. Diese Konventionen sind nicht Teil des Codes. Ändern sie sich, nehmen die dort gespeicherten Zeichen eine andere Bedeutung an, ohne dass sich am zugrunde liegenden Code etwas ändert.

Theoretisch wäre es etwa denkbar, dass ein Digitalisat in unterschiedlichen Sprachen verschiedene semantische Gehalte hat, so wie gelegentlich dieselben Wörter in unterschiedlichen Sprachen Verschiedenes bedeuten. Die Bedeutung des Digitalisates hängt daher von der verwendeten Sprache samt der für ihre Buchstaben und Worte festgelegten Zeichen ab. Erst durch sie lassen sich die Darstellungen der Digitalisate auf einem Bildschirm als Normtexte mit bestimmten Bedeutungen und nicht nur als Pixel auf einem Bildschirm auffassen.

Ein Digitalisat ermöglicht zwar eine schnelle Verfügbarkeit und Durchsuchbarkeit der Texte. Jedoch wird allein durch die Erfassung von Rechtstexten zunächst kaum ein Informationsgewinn erzielt, weil damit kein neues Rechtswissen generiert wird. Die bloße optische Erfassung gleicht der Situation, dass man per Computer Zahlen wiedergibt, mit ihnen aber nicht rechnen kann. Der Computer dient dann nur als eine Art elektronische Tafel, die anzeigt, was man auf sie geschrieben hat, ohne aber eine Verarbeitung der Inhalte zu ermöglichen. Die zentrale Frage für die Digitalisierung des Rechts ist daher, ob es gelingt, nicht nur den Normtext zu digitalisieren, sondern darüber hinaus auch seinen semantischen Gehalt. Erst dadurch würde eine Verarbeitung möglich, die neue Einsichten eröffnet.

Die Aufnahme dieses Gehalts in einem Digitalisat ist auf verschiedene Weise denkbar. Zum einen kann das Digitalisat über den Text hinaus auch Informationen über das Recht enthalten, etwa wenn das Digitalisat dieselbe Struktur aufweist wie die Normen eines Gesetzes. So mag bereits im Digitalisat erkennbar sein, wie viele Normen ein Gesetz hat und wie diese nummeriert sind. Auch mögen Änderungsgesetze in Abhängigkeit vom Datum sortiert sein, ab dem seine Normen gelten, sodass sich für unterschiedliche Daten die dann jeweils geltende Norm ausgeben lässt. Diese Möglichkeiten sind zwar vergleichsweise einfach und führen nicht zu einer vollständigen Digitalisierung des Rechts. Jedoch zeigen sie immerhin, dass es nicht von vornherein unmöglich ist, rechtliche Informationen digital zu erfassen. Digitalisate rechtlicher Normen können daher mehr als nur Zeichen enthalten und verarbeiten,[18] sondern auch Informationen über das Recht und insofern auch einen Teil seines semantischen Gehalts.

Eine derartige Informationsaufnahme wird insbesondere dann erreicht, wenn man die logischen Strukturen des Rechts digital widerspiegelt. So

---

18 *Hildebrandt, Mireille*, Law as Computation in the Era of Artificial Legal Intelligence: Speaking Law to the Power of Statistics, University of Toronto Law Journal Vol. 68 supplement 1 (2018), S. 12 (29), betont für die „quantified legal prediction" hingegen, dass „signs (data) not meaning (content)" bearbeitet würde.

sind eine Reihe von Expertensystemen[19] geschaffen worden, die in strukturierter Form verästelte und daher kaum zu überblickende Normen aufnehmen, die dann bei der Fallbearbeitung abrufbar sind. Sie erleichtern eine Entscheidung, setzen allerdings voraus, dass das Recht zuvor entsprechend dogmatisch durchdrungen ist. Man muss erst seine logische Struktur kennen, bevor man diese in ein Computerprogramm aufnimmt. Insbesondere wenn es um eine für die Fallbearbeitung vollständige Erfassung der einschlägigen Regeln geht und daher auch untergesetzliche, durch die Rechtsprechung und Rechtswissenschaft herausgebildete Normen zu erfassen sind, ist das überaus schwierig und komplex.

Vor allem aber setzt eine Aufnahme des semantischen Gehalts des Rechts in derartige Expertensysteme vielfach Wertungen voraus, die sich anders als Sätze der Aussagenlogik zumindest bisher digital nicht programmieren, d. h. in einzelne per Code formulierte Berechnungsschritte übersetzen lassen. Daher ist nur ein Teil des semantischen Gehalts des Rechts in Code überführbar. Weiß man etwa, dass eine Handlung gegen die verkehrsübliche Sorgfalt verstößt, so kann man sie aufgrund § 276 Abs. 2 BGB zwar als fahrlässig einordnen. Diese Zuordnung lässt sich ohne Schwierigkeit programmieren, weil sie auf eine einfache Wenn-Dann-Struktur zurückgeht. Die entscheidende Frage allerdings ist in diesem Zusammenhang meist, ob ein Sorgfaltsverstoß vorliegt. Dafür mag man ebenfalls Regeln aufstellen, indem bestimmte Umstände umschrieben werden, in denen ein Sorgfaltsverstoß anzunehmen ist. Derartige Regeln sind aber entweder so detailliert, dass sie sich kaum auf weitere Fälle übertragen lassen, da diese mindestens in einem Detail von den bisher erfassten Fällen abweichen. Oder aber derartige Regeln sind zwar einfach gehalten. Dann vermögen sie aber nicht, Ausnahmekonstellationen zu erfassen, und sind deshalb unzuverlässig.

Entgegen manch anfänglicher Hoffnung haben sich elektronische Expertensysteme im Recht daher bisher nicht durchgesetzt, weshalb man von einem[20] oder gar mehreren[21] „KI-Wintern“ gesprochen hat. Angesichts des zu erwartenden Nutzens ist der Programmieraufwand für derartige

---

19 *Susskind, Richard*, Expert Systems in Law: A Jurisprudential Approach to Artificial Intelligence and Legal Reasoning, Modern Law Review Vol. 49 (1986), S. 168 (173).

20 *Katz, Daniel*, Quantitative Legal Prediction – or – How I Learned to Stop Worrying and Start Preparing For The Data-Driven Future of The Legal Services Industry, Emory Law Journal Vol. 62 (2013), S. 909 (918).

21 *Niedereé, Claudia/Nejdl, Wolfgang*, Technische Grundlagen der AI, in: Ebers et al. (Hrsg.), Künstliche Intelligenz und Robotik, 2020, S. 43 Rn. 9.

Systeme bisher meist zu groß. Die Rechtsanwendung bleibt weitgehend auf im Einzelfall vorzunehmende Wertungen angewiesen, die durch derartige Programme bestenfalls erleichtert, nicht aber ersetzt werden können. Expertensysteme gehen in der Strukturierung und Informationssammlung daher kaum über das hinaus, was schon bisher über traditionelle Kommentare von Rechtsnormen möglich war. Gleichwohl ist interessant, dass eine derartige Assistenz nicht prinzipiell ausgeschlossen ist. Das zeigt, dass sich Recht nicht prinzipiell einer Digitalisierung entzieht und es möglich ist, zumindest einige seiner semantischen Gehalte in einem Digitalisat abzubilden. Dies betrifft insbesondere die aussagenlogischen Gehalte des Rechts wie etwa eine strikte Folge „Wenn A, dann B", die sich in entsprechenden Funktionen in einem Programmcode nachbilden lassen. Mit den bisherigen Programmen ist es indes nicht möglich, eine darüber hinausgehende rechtliche Wertung zu treffen, schon weil es am dafür notwendigen Bewusstsein eines Rechners fehlt.

Die Digitalisierung des Rechts hat daher in jüngerer Zeit vorwiegend einen anderen Weg genommen. Sie versucht nicht mehr, den semantischen Gehalt des Rechts, insbesondere seine logischen Strukturen in einem Code unmittelbar abzubilden. Vielmehr geht man dazu über, Informationen über einzelne Rechtsanwendungen in großen Datenbanken zu sammeln und mittels Algorithmen auszuwerten, die dabei an bestimmte Muster und statistische Häufungen anknüpfen. Die Hoffnung ist dabei, dass damit mittelbar auch das Recht erfasst wird. Paradigmatisch dafür ist die Auswertung von Entscheidungen zur Verspätung von Flügen, die eine Prognose künftiger Urteile ermöglichen soll.[22] Gelingt dies, sind zumindest auf den ersten Blick auch die semantischen Gehalte des Rechts erfasst. Denn nur diese sollen über den Ausgang eines Verfahrens bestimmen.

Genau in dieser Hinwendung zu Daten über die Rechtsanwendung liegt allerdings auch die Schwierigkeit, dass damit nicht mehr allein rechtliche Normen maßgeblich sind. Dass das Recht über den Ausgang eines Verfahrens entscheiden soll, garantiert nicht, dass Prognosen darüber tatsächlich nur auf einer rechtlichen Analyse beruhen. Vielmehr werden diese Prognosen auf der Grundlage von Mustern und Ähnlichkeiten getroffen, die sich aus sämtlichen für die Datenanalyse verwendeten Angaben ergeben können und daher nicht auf dem Recht beruhen müssen. Das gilt in besonderer Weise für die Auswertung bisher getroffener Entscheidungen. Diese beruht auf der Annahme, dass sich die einmal beobachteten Muster wiederholen. Hat eine Vielzahl von Gerichten in ähnlichen Fällen

22 Etwa myflyright.com.

eine bestimmte Entscheidung getroffen, etwa einem Reisenden eine Entschädigung für eine Flugverspätung zugesprochen, besteht die Erwartung, dass dies auch in einem weiteren derartigen Fall geschieht. Das mag zutreffen und entspricht der Arbeitsweise von Anwälten, die ebenfalls auch aufgrund der Auswertung bisheriger Entscheidungen versuchen, den für ihren Mandanten günstigsten Weg zu finden.

Allerdings sind derartige Informationen über die bisherige Rechtsanwendung, so zahlreich und zutreffend sie auch immer sein mögen, nicht das Recht selbst. Es ist ein Unterschied, ob man mit einer Norm zu tun hat, die unter bestimmten generellen Bedingungen eine Entschädigung vorsieht, oder aber mit einer in der Vergangenheit getroffenen Entscheidung, die in einem bestimmten Fall eine derartige Entschädigung anordnet. Nicht nur kann die Entscheidung falsch und die Entschädigung damit unberechtigt sein, sodass sie sich rechtlich schon deshalb nicht auf weitere Fälle übertragen lässt. Darüber hinaus bleibt selbst dann, wenn die Entscheidung zutrifft und sie auf entsprechende Fälle übertragbar ist, der rechtlich maßgebliche Grund für die Entschädigung, dass sie von einer bestimmten Norm wie etwa Art. 7 Abs. 1 FluggastrechteVO vorgesehen ist, und nicht der Umstand, dass sie andere Gerichte für berechtigt gehalten haben. Entsprechend lässt sich auch in einem neuen Fall eine Entscheidung nicht auf den Umstand stützen, dass seine Tatsachen einem Muster entsprechen, welches in anderen Fällen zu einer bestimmten Entschädigung geführt hat. Denn eine derartige faktische Prognose kann sich auf Umstände stützen, die mit den rechtlich maßgeblichen Gründen einer Entscheidung nichts zu tun haben und sich gleichwohl aus den Urteilen ablesen lassen. Das betrifft etwa den Namen oder das Geschlecht der Parteien oder Anwälte, die Zahl ihrer bisherigen Verfahren oder die Postleitzahl innerhalb eines Gerichtsbezirks.

Die digitale Erfassung einer Vielzahl von Entscheidungen einschließlich ihrer zugrunde liegenden Sachverhalte führt daher nicht zu einer Digitalisierung des Rechts, sondern lediglich zu einer Digitalisierung von Aussagen über das Recht. Das ist technisch beeindruckend, für die juristische Arbeit eine wichtige Hilfe und wird womöglich die Rechtspraxis tiefgreifend verändern. Allerdings beseitigt dies nicht den Unterschied zwischen Aussagen des Rechts und Aussagen über das Recht. Im ersten Fall hat man mit Normen und aus ihnen abgeleiteten Aussagen zu tun, die rechtlich korrekt sind, im letzten Fall mit Aussagen, die allenfalls den Anspruch erheben, Recht zu sein. Ob dieser Anspruch einlösbar ist, hängt nicht von der Ähnlichkeit mit anderen Fällen ab, sondern von der davon unabhängigen Frage, ob sie sich aus dem Recht ableiten lassen.

Die Digitalisierung einer Vielzahl von Entscheidungen in einer Datenbank sowie ihre Auswertung mittels sogenannter neuronaler Netze[23] führt daher aus zwei Gründen nicht zu einem Digitalisat des Rechts. Erstens werden dadurch nicht rechtliche Normen erfasst, sondern lediglich Entscheidungen zu ihnen. Selbst eine große Ähnlichkeit mit bisherigen Fällen ist kein Grund, eine Entscheidung in bestimmter Weise zu treffen. Vielmehr bleiben in all diesen Fällen allein die rechtlich einschlägigen Normen maßgeblich.

Zweitens beschränkt sich die Auswertung nicht auf Aussagen der einzelnen Entscheidungen zu den rechtlich maßgeblichen Gründen, sondern erfasst auch Umstände, die selbst nach Ansicht dieser Entscheidungen keine Rolle spielen. Die Stärke und gleichzeitige Schwäche dieser Auswertung besteht somit darin, an allem anzuknüpfen, was Gerichte über einen Fall sagen, und nicht allein an den Gründen, die sie für tragend halten. Zugrunde gelegt werden Texte und nicht der für eine Entscheidung maßgebliche semantische Gehalt. Das ist erhellend, aber für die Erfassung des Rechts von vornherein unzureichend.

V. Digitale Analyse der Rechtswirklichkeit

Führt man sich die beschriebenen Unterschiede zwischen Norm, Code und Digitalisat vor Augen, so entsteht der Eindruck, als ob sie sich, bildlich gesprochen, in verschiedenen Sphären bewegen und daher nichts miteinander zu tun haben. Daran würde sich auch dann nichts ändern, wenn man den ideellen Code betrachtet, d. h. die abstrakte Folge von Rechenschritten. Denn auch dann haben Recht und Code unterschiedliche Zwecke. Im einen Fall geht es um Rechenoperationen für einen Computer, im anderen Fall um Anordnungen für Menschen.

Diese Verschiedenheit von Recht und Code schließt es allerdings nicht aus, rechtliche Normen und Aussagen über das Recht digital auszuwerten. Möglich ist das deshalb, weil sowohl das Recht wie auch Aussagen über das Recht dieselben semantischen Strukturen enthalten können, die über eine digitale Auswertung der dafür verwendeten Texte erkennbar ist. Werden etwa zwei Begriffe nahezu immer gemeinsam verwendet, liegt es nahe, dass zwischen ihnen eine inhaltliche Verbindung besteht, auch wenn diese

23 *Buscema, Paolo*, The General Philosophy of Artificial Adaptive Systems, in: ders./Tastle (Hrsg.), Intelligent Data Mining in Law Enforcement Analytics, 2013, S. 16 (22).

nicht allein aus dem Umstand folgt, dass sie häufig gemeinsam verwendet werden. Eine digitale Auswertung juristischer Texte vermag daher zumindest, Fragen aufzuwerfen, die in einer dogmatischen Untersuchung dann im Einzelnen zu beantworten sind.

Die mittels einer Datenanalyse geschehende Suche nach wiederkehrenden Mustern ist umso wichtiger, als diese Muster weder dem Gesetzgeber noch Richtern oder Rechtswissenschaftlern bewusst sein müssen. Sowohl in Gesetzen wie in Urteilen können die für die Rechtsentwicklung durch von Savigny beschriebenen „inneren, still wirkenden Kräfte“[24] am Zuge sein, deren man sich noch nicht bewusst geworden ist und bei deren Bewusstwerdung eine Datenanalyse helfen mag. Das liegt vor allem dann nahe, wenn sich ein Muster nicht bereits aus der Analyse einer einzelnen Entscheidung ergibt, sondern erst aus einer Vielzahl von ihnen. So mag eine einzelne Entscheidung abstrakte Voraussetzungen aufstellen, die den Eindruck erwecken, stets bei der Prüfung einer bestimmten Frage zugrunde gelegt zu werden. Die Analyse einer Vielzahl von Entscheidungen mag aber ergeben, dass diese Voraussetzungen nicht stets, sondern nur in einzelnen Konstellationen geprüft werden, ohne dass eine derartige Einschränkung dogmatisch vorgegeben wäre.

Als Beispiel dafür lässt sich die Frage anführen, unter welchen Voraussetzungen die Konkretisierung eines unbestimmten Rechtsbegriffs im Privatrecht der Kontrolle des Revisionsgerichts unterliegt. Im Allgemeinen kontrolliert der BGH diese Konkretisierung durch die Instanzgerichte vollständig, ohne diesen dabei einen Beurteilungsspielraum zuzubilligen. Die Unbestimmtheit und die damit einhergehenden zahlreichen Konkretisierungsmöglichkeiten sind dafür kein Hindernis, was sich etwa an der uneingeschränkten Kontrolle zeigt, wie die Instanzgerichte den Begriff der Sittenwidrigkeit verstanden haben.[25] Schließlich sind in der Revision nach §§ 545 Abs. 1, 546 ZPO jegliche Rechtsfehler zu korrigieren und nicht nur diejenigen, die nicht mit der Konkretisierung eines abstrakten Begriffs zu tun haben. Bei Treu und Glauben ist der BGH hingegen der Ansicht, die Instanzgerichte nur eingeschränkt kontrollieren zu müssen. So soll die für § 242 maßgebliche wertende Betrachtung der Gesamtumstände in erster Linie dem Tatgericht obliegen.[26] Dem Instanzgericht käme bei der dafür

24 *Savigny, Friedrich Carl von*, Vom Beruf unserer Zeit für Gesetzgebung und Rechtswissenschaft, 3. Aufl. 1840, S. 14.

25 BGHZ 225, 316 Rn. 14 = NJW 2020, 1962; BGH NJW 2021, 921 Rn. 15.

26 BGH NJW 2022, 52 Rn. 28; zur Diskussion BeckOGK/*Kähler*, Stand: März 2022, § 242 BGB Rn. 1866 ff.

erforderlichen Interessenabwägung ein Beurteilungsspielraum zu.[27] Es werde nur überprüft, ob ein unbestimmter Rechtsbegriff richtig erfasst sei und ob die Wertung gegen Denk- und Erfahrungssätze verstoße.[28]

Dabei folgt allein aus der mehrfachen Verwendung und Zitierung dieser Ansicht allerdings nicht, dass sie konsequent angewendet wird. Überprüfen ließe sich das vor allem dann, wenn man untersucht, ob diese Einschränkung bei jeder zu § 242 BGB ergehenden Entscheidung kontrolliert wird. Nicht auszuschließen ist dabei, dass sich eine argumentative Asymmetrie[29] zeigt, der eingeschränkte Kontrollmaßstab etwa vor allem dann zitiert wird, wenn die Entscheidung des Instanzgerichts zu § 242 BGB nicht beanstandet wird, während Korrekturen einer Entscheidung nur selten darauf eingehen, ob ein Fehler innerhalb oder außerhalb des Beurteilungsraums liegt. Sollte sich ein derartiges Muster herausstellen, könnte das darauf hindeuten, dass der Verweis des BGH auf einen eingeschränkten Kontrollmaßstab einer Korrektur bedarf.

Gleichwohl könnte sich in diesem Muster „stillwirkend" eine nachvollziehbare rechtliche Intuition Bahn gebrochen haben. Nach ihr hängen Treuwidrigkeitseinschätzungen der Instanzgerichte so stark vom jeweiligen Fall ab, dass man sie im Revisionsgericht nicht umfassend nachprüfen kann. Statt mit einer eingeschränkten Rechtskontrolle kann man diesem Gesichtspunkt indes auch dadurch Rechnung tragen, dass man die Tatsachenwürdigung nur eingeschränkt kontrolliert. Dabei gilt es, sich vor Augen zu halten, dass die Treuwidrigkeit zwar entweder gegeben ist oder nicht, dies aber vom Überschreiten einer Schwelle abhängt. Dafür kommt es auf treuwidrigkeitsbegründende Umstände an, die je nach Sachverhaltskonstellation ein mehr oder weniger großes Gewicht haben. Im Ergebnis kann es daher durchaus gute Gründe geben, instanzgerichtliche Entscheidungen zur Treuwidrigkeit nur eingeschränkt zu kontrollieren, auch wenn diese allein mit der Würdigung des Sachverhalts und nicht mit den darauf anzuwendenden abstrakten Maßstäben zu tun haben.

Ob man der Analyse in diesem Beispiel folgt, ist an dieser Stelle nicht entscheidend. Denn selbst wenn man sie ablehnt, wird man kaum das allgemeine Phänomen bestreiten, dass richtige Entscheidungen unzutreffend begründet sein können. Wenn das der Fall ist, können stillwirkende Kräfte am Werk sein, die für ein bestimmtes Ergebnis sorgen, auch wenn man für

---

27 BGHZ 160, 354 (358 f.) = NZM 2004, 870 (872); BAG NJOZ 2011, 565 Rn. 66.

28 BGH NJW 2015, 3780 Rn. 25; BeckRS 2021, 30581 Rn. 17.

29 Zu diesem Begriff Verfasser, Strukturen und Methoden der Rechtsprechungsänderung, 2. Aufl. 2011, S. 143 ff.

sie bisher keinen adäquaten dogmatischen Ausdruck gefunden hat. Gerade auch deshalb hat rechtswissenschaftliche Arbeit die Aufgabe, Entscheidungen und dogmatische Phänomene auf den Begriff zu bringen. Die digitale Analyse einer Vielzahl von Entscheidungen kann dabei helfen, Muster zu ermitteln, welche auf diese still wirkenden Kräfte hindeuten, indem sie etwa Widersprüche zwischen verschiedenen Entscheidungskonstellationen offenlegen. Statt die Dogmatik zu ersetzen, vermag eine digitale Analyse dann, sie zu unterstützen und zu ergänzen.

Ein zweites Feld, in dem sich die digitale Analyse von Entscheidungen als hilfreich erweisen kann, ist die Untersuchung, ob mit ihr bestimmte Personengruppen privilegiert oder benachteiligt werden. Auch dies zeigt sich vielfach nicht bereits an der Auswertung einer Einzelentscheidung. Vielmehr ist es auch hierbei erforderlich, eine große Zahl von Entscheidungen zu betrachten und auf diese Weise zu analysieren, ob sich bei der Behandlung verschiedener Gruppen durch die Gerichte Unterschiede zeigen. Ähnlich lässt sich eine ungleiche Bezahlung von Frauen und Männern in der Arbeitswelt häufig erst dadurch ermitteln, dass man eine Vielzahl von Arbeitsverhältnissen betrachtet, statt nur nach einer Diskriminierung im Einzelfall zu fragen.[30] Zeigt sich dabei eine systematische Bevorzugung oder Benachteiligung, ist das ein Indiz für eine Diskriminierung im Einzelfall.

In ähnlicher Weise mag man die von Gerichten ausgeurteilten Schmerzensgelder daraufhin untersuchen, ob es auch bei ihnen Muster gibt, die auf eine Diskriminierung hindeuten. So steht nicht von vornherein fest, dass Frauen und Männer bei vergleichbaren Schädigungen dieselben Schmerzensgelder erhalten, das ihnen zugefügte Leid also identisch beurteilt wird. Ebenso ist zumindest denkbar, dass es in der Höhe der Schmerzensgelder einen Unterschied ausmacht, aus welchem Milieu der Kläger und der Beklagte stammen, etwa weil eine Schädigung nicht in allen Fällen als genauso gravierend empfunden wird.

Dass sich derartige Diskriminierungen zeigen, ist keineswegs ausgemacht, sondern eine offene empirische Frage. Mit einer derartigen Untersuchung lässt sich Vermutungen nachgehen, die früh durch die Freirechtsschule[31] und den amerikanischen Rechtsrealismus[32] geäußert worden sind, dass Richter einen großen Freiraum haben und diesen nach eigenen Vor-

30 § 18 Abs. 2 S. 3 EntgTranspG schreibt für das betriebliche Prüfverfahren der Entgeltgleichheit die Verwendung „valider statistischer Methoden“ vor.

31 *Kantorowicz, Hermann*, Der Kampf um die Rechtswissenschaft, Original 1906, 2002, S. 35.

32 *Holmes, Oliver Wendell*, The Path of the Law, Original 1897, 2006, S. 19.

stellungen ausfüllen. Erst eine durch die Digitalisierung ermöglichte Analyse einer Vielzahl von Entscheidungen kann daher Thesen wie „law is politics“[33] überprüfen, die zuvor meist bloße Behauptungen blieben. Die Ergebnisse können sowohl ein Anlass dafür sein, die bisherigen Kontrollmaßstäbe beizubehalten, als auch dafür, sie zu korrigieren. Auch in diesem Fall folgt aus einer digitalen Analyse nicht unmittelbar ein rechtlicher Maßstab. Gleichwohl kann die Feststellung von Mustern und Phänomenen die Augen öffnen, um die faktische Funktion bestimmter dogmatischer Voraussetzungen in der Rechtspraxis zu verstehen.

VI. Ausrichtung des Rechts an digital ermittelten Inhalten

Die kategoriale Trennung von Recht und Code erklärt, warum sich allein aus einer digitalen Erfassung von Rechtstexten keine Schlussfolgerung auf einen bestimmten Inhalt des Rechts ziehen lässt. Wie gesehen, gilt das insbesondere dann, wenn sich die algorithmische Auswertung dieser Texte nicht auf die dort zu findenden Rechtsgründe stützt, sondern auch auf sonstige Umstände, die für das Recht keine Relevanz haben. Das erklärt, warum sich rechtliche Ableitungen nicht durch algorithmische Berechnungen ersetzen lassen. Was geschieht aber, wenn sich das Recht umgekehrt an einer derartigen Berechnung orientiert? Kann das Recht von sich aus auf Algorithmen verweisen und die von diesen errechneten Ergebnisse in sich aufnehmen? Es bräuchte dafür eine für den jeweiligen Sachverhalt geltende Ermächtigung der Form „Recht ist, was der Algorithmus A als Recht vorgibt.“

Bevor man eine derartige Möglichkeit als Kapitulation des Rechts und fernliegende Dystopie zurückweist, ist es sinnvoll, sich darüber bewusst zu werden, dass Sinn und Berechtigung einer derartigen Ermächtigung nicht für alle Konstellationen einheitlich beurteilt werden müssen. Wäre die Ermächtigung umfassend und damit eine Art Grundnorm[34] geschaffen, lägen die Bedenken offen zu Tage. Denn bei einer uneingeschränkten Ermächtigung bestünde noch nicht einmal eine Garantie, dass die Grundrechte gewahrt und andere fundamentale Rechtsprinzipien eingehalten werden. Es gäbe keine Sicherheit, dass der Algorithmus nicht die Tötung

---

33 Dieser Slogan meint insbesondere die These, dass der Rechtsdiskurs den politischen bzw. „ideologischen“ Diskurs durchdringt und mit ihm zum Teil übereinstimmt, dazu *Kennedy, Duncan*, A Critique of Adjudication, 1997, S. 133 ff.

34 Nach *Kelsen, Hans*, Reine Rechtslehre, 2. Aufl. 1960, S. 8 begründet die Grundnorm die Geltung und läge einer derartigen Ermächtigung noch voraus.

von Menschen oder Zerstörungen von Städten vorgibt, weil er aufgrund eines Programmfehlers einen Kriegsbericht zum Maßstab des Rechts gewählt hat.

Eine derartige umfassende Ermächtigung hat aber bisher – soweit erkennbar – noch niemand ernsthaft vorgeschlagen. Wenn überhaupt, so kommen derartige Ermächtigungen nur in eingeschränkter Form in Betracht. Zu den Einschränkungen gehört, dass die Übernahme digital ermittelter Inhalte keine verfassungsrechtlichen oder gesetzlichen Normen außer Kraft setzt. Darüber hinaus kann man diese Übernahme auf eng definierte Fragen beschränken. Etwa ist bei der Regelung der Höchstgeschwindigkeit auf einer Autobahn durch elektronische Anzeigetafeln vorstellbar, dass die dortige Angabe durch einen Algorithmus und nicht mehr händisch festgesetzt wird. Er kann aktuelle Daten über die Wetter-, Straßen- und Verkehrslage berücksichtigten, dabei Unfallzahlen samt ihrer Begleitumstände auswerten sowie sich in Abhängigkeit vom folgenden Geschehen anpassen und in diesem Sinn lernen. Durch Freischaltung eines derartigen Programms wird die vom Algorithmus berechnete Höchstgeschwindigkeit in einen Verwaltungsakt aufgenommen und wird damit Bestandteil des Rechts. Alle übrigen Verkehrsregelungen bleiben dabei in Kraft.

Für eine derartige algorithmische Regelung sind zwei Einschränkungen charakteristisch: Erstens ist das Ergebnis sachlich strikt limitiert, da lediglich eine Vorgabe über die Geschwindigkeit erfolgt, nicht aber etwa eine Entscheidung über einen Zahlungsanspruch. Zweitens steht das Ergebnis unter dem Vorbehalt anderer Normen. Autofahrer müssen etwa gemäß § 3 Abs. 1 S. 2 StVO auch dann eine geringere Geschwindigkeit einhalten als angezeigt, wenn dies die Straßen-, Verkehrs-, Sicht- und Wetterverhältnisse erfordern. Selbst in diesem Fall wird die Rechtslage daher nicht durch einen Algorithmus festgesetzt, sondern ergibt sie sich erst aus dem Zusammenspiel mit anderen, nicht algorithmisch festgesetzten Normen.

Von einer Ermächtigung zur Rechtsetzung lässt sich auch in derartigen Fällen nur im übertragenen Sinn sprechen, weil der Algorithmus keine eigene Entscheidung treffen kann, wie das etwa ein Mensch könnte, den man dazu ermächtigt und der sich bewusst für oder gegen eine bestimmte Regelung entscheiden kann. Vielmehr bleibt die Festsetzung denjenigen Personen zurechenbar, die für die Festsetzung der Geschwindigkeit ein bestimmtes Programm einsetzen. Die Entscheidung zum Einsatz eines derartigen Programms ändert ferner nichts am Umstand, dass es sich dabei um Code und keine Rechtsnorm handelt und zwischen beiden ein kategorialer Unterschied besteht. Möglich ist eine Verbindung zwischen beiden nur dadurch, dass eine Norm auf den propositionalen Gehalt verweist, den ein Programm ausgerechnet hat.

Aufschlussreich an diesem Beispiel ist weiterhin, dass trotz der bewussten Entscheidung zum Einsatz eines derartigen Algorithmus weder anfänglich noch nachträglich bekannt sein muss, auf welche Regeln er sich stützt. Darin unterscheidet er sich von komplexen, aber feststehenden Regeln, die etwa für bestimmte Witterungsbedingungen eine bestimmte Geschwindigkeit festlegen und dabei ebenfalls von einer Vielzahl von Faktoren wie dem Winkel der Sonneneinstrahlung, der Helligkeit, der Regenmenge etc. abhängen mögen. Dass derartige Regeln bei selbstlernenden Algorithmen zumindest anfänglich nicht bekannt sind und sich vielfach auch im Nachhinein kaum feststellen lassen, bringt eine gewisse Intransparenz mit sich.

Eine Intransparenz muss allerdings nicht prinzipiell gegen eine Rechtsetzung sprechen.[35] Denn zwar mag Transparenz[36] als ein Ideal demokratischer Selbstbestimmung erfordern, dass man jede Regelung und die mit ihr einhergehende Freiheitseinschränkung im Einzelnen versteht. Allerdings ändert auch demokratische Selbstbestimmung nichts am Umstand, dass man viele naturwissenschaftliche und soziologische Wirkungsmechanismen bisher nicht umfassend verstanden hat und gleichwohl gezwungen ist, Regelungen in Gebieten zu erlassen, in denen sie wirken. Etwa setzen Medikamente zwar ein umfangreiches Zulassungsverfahren voraus.[37] Dafür muss aber nur nachgewiesen werden, dass sie wirken, während bei fehlender wissenschaftlicher Erkenntnis offen bleiben kann, woran das im Einzelnen liegt.[38]

Unwissenheit bei der Rechtsetzung ist daher kein Phänomen, das erst mit der Digitalisierung aufkommt. Der Einsatz von Algorithmen ist allerdings eine neue Möglichkeit, mit dieser Unwissenheit umzugehen. Man entscheidet sich dann etwa, diejenige Höchstgeschwindigkeit vorzugeben, welche mit größtmöglicher Wahrscheinlichkeit zu den wenigsten Unfällen führt, auch wenn man im Einzelnen noch nicht weiß, woran das liegt. So ist etwa denkbar, dass die Unfallwahrscheinlichkeit auch davon abhängt, wie die Gruppe der Autofahrer zusammengesetzt ist, ob es unter ihnen etwa besonders viele Familien oder Alleinstehende gibt. Erfasst dies ein

---

35 AA *Kotsoglou, Kyriakos*, Subsumtionsautomat 2.0 Über die (Un-)Möglichkeit einer Algorithmisierung der Rechtserzeugung, JZ 2014, S. 451 (456).

36 Stellvertretend *Zalnieriute, Monika/Moses, Lyria/Williams, George*, The Rule of Law and Automation of Government Decision-Making, Modern Law Review Vol. 82 (2019), S. 425 (440 ff); *Hildebrandt* Fn. 18, S. 28.

37 §§ 21 ff AMG.

38 Vgl. § 25 Abs. 2 Nr. 4 AMG.

Algorithmus und passt die Geschwindigkeit daran an, so ist das besser, als wenn man eine größere Zahl von Unfällen nur deshalb hinnimmt, weil man die genaue Geschwindigkeitshöhe selbst festlegen möchte.

Die Ausrichtung des Rechts an durch Algorithmen errechneten Ergebnissen muss dabei nicht mit einer Einbuße an Selbstbestimmung einhergehen. Denn diese beinhaltet nicht, jegliche Handlung selbst vorzunehmen. Autonomie kann vielmehr auch darin bestehen, sich einer bestimmten Entscheidung bewusst zu enthalten, weil andere sie besser treffen können.[39] Daher ist Selbstbestimmung auch dadurch möglich, bestimmte Entscheidungen an Algorithmen zu delegieren, d. h. die von ihnen errechneten Inhalte in die eigene Entscheidung aufzunehmen. Aufgrund der Delegation bleibt dies eine Form der Selbstbestimmung, die schon deshalb keine Selbstaufgabe ist, weil der Zweck dieser Delegation ein selbstgesetzter bleibt. Es ist etwa nicht die Entscheidung des Algorithmus, Unfälle nach Möglichkeit zu reduzieren, sondern eine menschliche Entscheidung, den Straßenverkehr möglichst sicher zu gestalten. Gleiches gilt in anderen Fällen wie etwa einer vertraglich vereinbarten Übernahme einer automatischen Schadensberechnung oder anderer digital ermittelter Inhalte.

Dass bei dieser Form von Selbstbestimmung durch Übernahme digital ermittelter Inhalte auch Gefahren bestehen, steht dem nicht entgegen. Im Falle der errechneten Höchstgeschwindigkeit ist etwa denkbar, das Programm so zu manipulieren, dass Autos einer bestimmten Marke oder mit einem bestimmten Kennzeichen privilegiert werden. Derartige Gefahren gilt es zu reflektieren und Vorkehrungen dagegen zu treffen, statt die Erweiterung von Autonomie durch die Einbeziehung digitaler Techniken von vornherein auszuschließen. Es wäre auch erstaunlich, wenn beim Einsatz von Algorithmen neben einem sinnvollen Gebrauch nicht auch ein Missbrauch möglich sein sollte. Das ist ebenso wie in anderen Fällen aber kein Grund, eine Technik von vornherein zu verbannen.

Vielmehr gilt es, Mechanismen zu entwickeln, um einen Missbrauch zu verhindern und zu korrigieren.[40] Das kann etwa durch Beschwerde- und Überprüfungsmöglichkeiten von Entscheidungen geschehen, welche digital ermittelte Inhalte in sich aufnehmen. Im Falle der algorithmischen Festsetzung der Höchstgeschwindigkeit wäre bei entsprechenden Anhaltspunkten etwa prüfungswürdig, ob dabei tatsächlich bestimmte Automarken bevorzugt werden.

---

39 *Raz, Joseph*, The Authority of Law, 2. Aufl. 2009, S. 26.

40 Für rigorose Testverfahren etwa *Citron, Danielle*, Technological Due Process, Washington University Law Review Vol. 85 (2008), S. 1249 (1311).

Wo im Einzelnen die Grenze zwischen einer sinnvollen und einer rechtsethisch nicht mehr vertretbaren Ausrichtung des Rechts an digital ermittelten Inhalten verläuft, muss an dieser Stelle nicht entschieden werden. Es genügt festzuhalten, dass eine derartige Ausrichtung erstens prinzipiell möglich ist, auch wenn das Recht kategorial etwas anderes ist als der Computercode, der zur Ermittlung dieser Inhalte eingesetzt wird. Denn übernommen werden damit semantische Gehalte, nicht aber ein Code, sodass die ontologische Idealität des Rechts bewahrt bleibt.

Zweitens scheint es zumindest einige Konstellationen zu geben, in denen die Übernahme digital ermittelter Inhalte sinnvoll ist, ohne dass dem eine Intransparenz der Berechnung und die fehlende menschliche Detailgestaltung entgegenstehen. Diese Konstellationen sind insbesondere dadurch geprägt, dass sie sachlich beschränkte Fragen wie etwa die Festsetzung einer optimalen Höchstgeschwindigkeit betreffen, die Menschen nicht mit vertretbarem Aufwand selbst beurteilen können. Sich diese Grenzen einzugestehen und zu versuchen, sie mittels digitaler Techniken zu überwinden, erscheint sinnvoller, als sich der Illusion hinzugeben, alles selbst beurteilen zu können.

Digitale Anwendbarkeit von Rechtsnormen – Auch eine Frage des Rechtskreises?

Stephan Meyer

I. Einführung

Eine juristische Leitdebatte der Gegenwart fragt, ob Systeme Künstlicher Intelligenz (KI) einst Rechtsvorschriften autonom anzuwenden vermögen. Könnten Sie also aufgrund eines vorgegebenen oder selbst ermittelten Sachverhalts das einschlägige Recht identifizieren und dann die vorgesehene Rechtsfolge bestimmen? Erhofft wird eine gesteigerte Rationalität der Rechtsanwendung: Die Ausschaltung eines menschlichen Bias, die Wahrung eines vollständigen Überblicks über *alle* rechtserheblichen Daten, und die Gleichmäßigkeit des Vollzuges. Skeptische Auffassungen verweisen auf die semantische Offenheit von Normen und auf die Relevanz außerrechtlicher Bezüge, die die „Kodierbarkeit" des Rechtsanwendungsvorgangs herausfordern.

Ob solche Herausforderungen auch vom Rechtskreis abhängen, ist der Gegenstand der hiesigen Untersuchung. Verglichen werden der kontinentale Rechtskreis und der Common-Law-Rechtskreis. Der II. Abschnitt schildert kursorisch die erhofften Vorzüge autonomer Rechtsanwendung, die die Automatisierungsdebatte veranlassen. Anschließend werden bereits vorhandene KI-basierte „Legal Tech"-Anwendungen vorgestellt (Abschnitt III). Zu erhoffende Fortschritte würden die regel- und datenbasierte „Legal-Reasoning"-Ansätze zusammenbringen (Abschnitt IV). Sie könnten den Maschinen zumindest in einem gewissen Umfange Weltwissen und die Fähigkeit zu „echtem" Textverstehen verleihen. Abschnitt V setzt solche Fortschritte voraus und fragt auf deren Grundlage nach der Eignung der beiden Rechtskreise zur Automatisierung.

II. Gründe für maschinelle Rechtsanwendung

Eine gesteigerte Rationalität der Rechtsanwendung ist das rechtskreisübergreifende[1] Leitmotiv der erhofften Vorzüge des Maschineneinsatzes. Sie findet Ausdruck in einer größeren Gewähr materieller Richtigkeit, einer größeren Entscheidungstransparenz und -kohärenz und in einer kürzeren Entscheidungsdauer. Erwünschter Nebeneffekt ist die Aussicht auf eine Einsparung oder Umlenkung personeller Ressourcen. Die Verwirklichung der Vorzüge ist in erheblichem Umfange abhängig von den im IV. Abschnitt zu besprechenden Fortschritten bei Technologien autonomer Rechtsanwendung.

1. Materielle Richtigkeit

Aufgrund ihrer nahezu unbegrenzten Verarbeitungskapazität ist Informationstechnologie prinzipiell in der Lage, viel umfassender als menschliche Rechtsanwender fallrelevante Gesichtspunkte zu erheben und zu berücksichtigen. Dies betrifft die Sachverhaltsfeststellung, aber auch die Ermittlung und Berücksichtigung gegebenenfalls anzuwendender Rechtsvorschriften, relevanter Literaturstellen und einschlägiger Rechtsprechung.

Doch nicht nur die schiere Quantität an Informationen, die maschinelle Rechtsanwendung verarbeitet, verheißt einen Richtigkeitsvorsprung. Auch die Verarbeitungs*qualität* übertrifft zum Teil die des Menschen. Die Feststellung einer kartellrechtlich verbotenen Verhaltensabstimmung (Art. 101 Abs. 1 AEUV) diene als ein Beispiel. Sie lässt sich in der Regel nur treffen anhand des äußerlich beobachtbaren Marktgeschehens:

---

1 Aus dem deutschen Schrifttum: *Fries, Martin*, PayPal Law und Legal Tech – Was macht die Digitalisierung mit dem Privatrecht?, NJW 2016, S. 2860 (2863); *Guggenberger, Leonid*, Einsatz künstlicher Intelligenz in der Verwaltung, NVwZ 2019, S. 844 (846 f.); *Hoffmann-Riem, Wolfgang*, Die digitale Transformation als Herausforderung für die Legitimation rechtlicher Entscheidungen, in: Unger/von Ungern-Sternberg (Hrsg.), Demokratie und künstliche Intelligenz, 2019, S. 129 (141). Aus dem Rechtskreis des Common Law: Commonwealth of Australia/Administrative Review Council, Report no. 46, Automated Assistance in Administrative Decision Making, Barton ACT 2004, S. 34 ff.; *Bateman, Will*, Algorithmic Decision-making and Legality: Public Law Dimensions, Australian Law Journal Vol. 94 (2020), S. 520 (523); *Zalnieriute, Monika/Moses, Lyria Bennett/Williams, George*, The Rule of Law and Automation of Government Decision-Making, The Modern Law Review Vol. 82 (2019), S. 425 ff.

„In den meisten Fällen muss das Vorliegen einer wettbewerbswidrigen Verhaltensweise oder Vereinbarung aus einer Reihe von Koinzidenzen und Indizien abgeleitet werden, die bei einer Gesamtbetrachtung mangels einer anderen schlüssigen Erklärung den Beweis für eine Verletzung der Wettbewerbsregeln darstellen können."[2]

Erforderlich ist also, mit anderen Worten, die Aufdeckung wettbewerblich verdächtiger *Muster*. Maschineller Mustererkennung kann dies besser gelingen als Menschen, die sich mit vorhandenen Marktdaten befassen.[3] Ähnliches kann rechtsfolgenseitig gelten, soweit Ermessen eröffnet ist.[4] Man denke etwa an die gefahrvermeidende polizeiliche Steuerung von Bewegungsströmen bei Großveranstaltungen.

2. *Größere Entscheidungstransparenz und -kohärenz*

Vor allem bei *staatlicher* autonomer Rechtsanwendung kann die Entscheidungstransparenz profitieren.

Neben einem bewussten oder unbewussten Bias des einzelnen menschlichen Amtswalters sind auch institutionelle Defizite zu besorgen. Behörden mögen aufgrund zweckprogrammfremder Motive eine Verwaltungs-

---

2 EuGH, Urt. v. 07.01.2004 – verb. Rs. C-204/00 P (*Aalborg*), Rn. 57, stRspr; zuletzt EuG, Urt. v. 11.07.2019 – Rs. T-582/15, Rn. 26. Der Gerichtshof vermerkte ausdrücklich, dass diese Formel von den Mitgliedstaaten bei der Bestimmung des Beweismaßes zu beachten ist, EuGH, Urt. v. 21.01.2016 – Rs. C-74/14 Rn. 35 ff.

3 Zu einem solchen Anwendungsfall für KI und zu einhergehenden Rechtsfragen *Meyer, Stephan*, Sekundärrechtliche Vorgabe einer Verwendung Künstlicher Intelligenz bei der mitgliedstaatlichen Durchführung des Unionsrechts. Ihre Vereinbarkeit mit der sogenannten „Verfahrensautonomie" und mit materiellrechtlichen Anforderungen, ÖZW 2019, S. 83 ff.; zur informationstechnischen Seite *Massarotto, Giovanna/Ittoo, Ashwin*, Can AI Replace the FTC?, http://dx.doi.org/10.2139/ssrn.3732766. Andererseits setzen Unternehmen selbst KI ein, um ihr eigenes Marktverhalten zu steuern. Daraus können sich wettbewerbswidrige Effekte ergeben (dazu *Ezrachi, Ariel/Stucke, Maurice E.*, Artificial Intelligence & Collusion: When Computers Inhibit Competition, University of Illinois Law Review 2017, S. 1775 ff.; *Petit, Nicolas*, Antitrust and Artificial Intelligence: A Research Agenda, Journal of European Competition Law & Practice 2017, S. 361 f.). Welchen Ausgang das Aufeinandertreffen wirtschaftsteilnehmer- und behördenseitiger KI zeitigt, bleibt abzuwarten.

4 Eine vollständig automatisierte Rechtsanwendung im Ermessensbereich ist allerdings de lege lata aufgrund § 35a VwVfG, § 155 Abs. 4 AO, § 31a SGB X in Deutschland ausgeschlossen.

entscheidung treffen und diese im Nachhinein mit de jure scheinbar[5] genügenden Ermessenserwägungen versehen.

Doch nicht nur im Falle solcher Pathologien besteht Verbesserungspotenzial. So mag die Begründung einer Angemessenheitsbeurteilung zwar den gesetzlichen Anforderungen entsprechen (§ 39 Abs. 1 Satz 2 VwVfG), infolge der unzureichenden normativen Vorstrukturierung der Beurteilung aber dennoch ein Rationalitätsdefizit aufweisen („Abwägungskritik“[6]). Eine autonome Rechtsanwendung kann zwar nicht die normative Unterdeterminiertheit beseitigen. Sie kann aber angesichts des ihr umfassend zugänglichen Fallmaterials eine größere Kohärenz der zu Grunde gelegten Gewichtungen und damit eine größere Vorhersehbarkeit des Abwägungsergebnisses ermöglichen.

Einschränkend anzumerken bleibt, dass die Bereitstellung rechtlich ausreichender und qualitativ hochwertiger Begründungen nicht alleine von technologischen Fortschritten bei der autonomen Rechtsanwendung selbst abhängt. Die Erzeugung einer Begründung ist ein von der Rechtsanwendung zu unterscheidender Vorgang und würde einen Entwicklungssprung im Bereich der massiv beforschten *Explainable AI* (XAI) voraussetzen. Dies gilt gerade für solche KI, die auf statistischen Verfahren beruht (insbesondere Maschinenlernen) und daher zunächst ganz unabhängig von sachlich-inhaltlichen Erwägungen zu ihren Ergebnissen gelangt. XAI zielt darauf, den statistischen Berechnungsvorgang („Black box“) so zu analysieren und aufzubereiten, dass eine für den Menschen verständliche Darstellung der maßgeblichen Entscheidungsdeterminanten erzeugt werden kann. Bereits heute möglich ist, denjenigen Datenanteil anzugeben, der ausschlaggebend für die Systemantwort war.

---

5 Freilich hat die von der Behörde angegebene Begründung denjenigen Gründen zu entsprechen, die die Behörde tatsächlich zu der Maßnahme veranlasst haben (§ 39 Abs. 1 VwVfG), und liegt daher nicht nur ein materieller Fehler (Ermessensfehlgebrauch), sondern auch ein formeller Fehler vor.

6 Überblick über die Abwägungskritik bei *Ramadori*, *Paolo*, Die Abwägung von Freiheit und Sicherheit. Eine rechtsvergleichende Untersuchung der grund- und menschenrechtlichen Vorgaben in Deutschland und im Vereinigten Königreich, 2020, S. 97 ff.; *Möller*, *Thomas*, Der grundrechtliche Schutzbereich der Meinungsfreiheit in Deutschland, England und den USA, 2016, S. 62 ff.

III. Gegenwärtige Anwendungen von KI im Recht

Diverse KI-Anwendungen befinden sich bereits im Praxiseinsatz („Legal Tech"). Der kurze Überblick dient vor allem einer anschaulichen Abgrenzung des heutigen Technologiestandes gegenüber den zu erhoffenden Möglichkeiten zukünftiger Rechtsanwendungs-KI, die in Abschnitt IV diskutiert werden.

Legal Tech, die keine „Intelligenz" besitzt, bleibt nachfolgend unberücksichtigt (einfache Entscheidungsbäume wie etwa flightright und ähnliche Plattformen).

1. eDiscovery

eDiscovery bedeutet eine intelligente automatisierte Durchsicht fallrelevanter Unterlagen. Im Unterschied zu einer „unintelligenten" klassischen Stichwortsuche ermöglicht eDiscovery komplexere thematische Suchanfragen. Der Supreme Court des australischen Bundesstaates Victoria ließ in einem Haftungsprozess zum Bau einer Gaspipeline, zu dem vier Millionen elektronische Dokumente vorlagen, den Einsatz von *Technology Assisted Review* (TAR) zu und erläuterte dabei die Technologie treffend:

> „The TAR process is far more sophisticated than a word search facility. In effect, the software enables a computer to be 'trained' to recognise concepts in the electronic documents fed into the system which are relevant to the issues in the proceeding."[7]

Eine noch frühere, international beachtete Leitentscheidung zum Einsatz von eDiscovery traf ein New Yorker District Court.[8]

eDiscovery arbeitet mit *predictive coding*: Der Algorithmus wird mithilfe eines Trainings auf gewünschte Suchthemen spezialisiert.[9] Die weitere Ent-

---

7 *McConnell Dowell Constructors (Aust) Pty Ltd v Santam Ltd & Ors* (No 1) [2016] VSC [= Victoria Supreme Court] 734 (2 December 2016), Abs.-Nr. 20.

8 *Da Silva Moore et al v Publicis Groupe et al* [24 February 2012] 11 Civ. 1279 (ALC) (AJP) (S.D.N.Y.) [Civ. = Civil; ALC = United States District Judge Andrew L. Carter; AJP = United States Magistrate Judge Andrew J. Peck; S.D.N.Y. = United States District Court for the Southern District of New York].

9 *Bues, Micha-Manuel*, Artificial Intelligence im Recht, in: ders./Hartung/Halbleib (Hrsg.), Legal Tech. Die Digitalisierung des Rechtsmarkts, 2018, Rn. 1182.

wicklung im australischen Fall zeigt allerdings, dass die Trainingsergebnisse noch nicht stets zufriedenstellend sind.[10]

2. *Contract Discovery und Contract Analytics*

Es handelt sich um Verfahren des Vertragsmanagements. *Discovery* dient dem Auffinden und Ordnen von Verträgen im Falle eines großen Bestandes. *Analytics* ist – vergleichbar mit der *eDiscovery* – in der Lage, Verträge nach jeweils interessierenden Inhalten zu untersuchen, etwa spezifische Vertragsbestimmungen, die Vertragslaufzeit etc.[11]

3. *Case-Law-Suche*

Intelligente Suchmaschinen für *Case Law* gehen ebenfalls über eine bloße Stichwortsuche hinaus. Sie identifizieren Leitentscheidungen in Bezug auf die Suchanfrage und stellen spätere Entscheidungen und den Zitationszusammenhang – zum Teil auch visuell – dar.[12]

4. *Predictive Analytics*

Predictive Analytics dient der Vorhersage von Gerichtsentscheidungen, gegebenenfalls auch des Entscheidungsverhaltens eines Einzelrichters. Wichtig für den vorliegenden Zusammenhang ist, dass die Vorhersage nicht auf einer Beurteilung der Rechtslage beruht. Vielmehr kommen statistische Verfahren zum Einsatz. Etwa werden Sprachdaten, die eine große Zahl von Ausgangssachverhalten schildern, und die Texte der dazu ergangenen Gerichtsentscheidungen korreliert und dabei zu Tage tretende Mus-

---

10 *McConnell Dowell Constructors (Aust) Pty Ltd v Santam Ltd & Ors* (No 2) [2017] VSC [= Victoria Supreme Court] 640 (22 September 2017), Abs.-Nr. 23 ff.

11 *Vogl, Roland*, Changes in the US Legal Market Driven by Big Data/Predictive Analytics and Legal Platforms, in: Bues/Hartung/Halbleib (Hrsg.) Fn. 9, Rn. 210.

12 *Ashley, Kevin D.*, Artificial Intelligence and Legal Analytics. New Tools for Law Practice in the Digital Age, 2017, S. 350 ff.; *Rauchegger, Clara*, Artificial Intelligence Approaches to the Analysis of Case Law. The Data-Driven Future of Empirical Legal Research, in: Burger et al. (Hrsg.), Recht und Sprache, 2019, S. 23 (28 ff.); *Vogl*, Fn. 11, Rn. 206.

ter einer Prognose zukünftiger Entscheidungen zugrunde gelegt.[13] Die Beurteilung der Prognosequalität bedarf allerdings wohl eines genauen Blickes auf das jeweils verwendete Verfahren. Die aufsehenerregende Studie von *Aletras* et al.,[14] der in der Presse verkürzend eine neunundsiebzigprozentige Trefferquote bei der Vorhersage von Entscheidungen des Europäischen Gerichtshofs für Menschenrechte zugeschrieben worden ist, verwendete als Vorhersagebasis den Abschnitt „Circumstances" des bereits veröffentlichten „vorherzusagenden" Urteils. Die Autoren begründen dies mit der Unzugänglichkeit der Beschwerdeschriften. Sie nehmen hilfsweise eine nennenswerte textliche Übereinstimmung der Beschwerdeschriften mit den gerichtlich formulierten „Circumstances" an.[15] Diese Annahme erscheint indes wenig realistisch.[16]

Anstelle einer bloßen Ergebnisvorhersage kann *Predictive Analytics* auch dazu eingesetzt werden, auffällige *außerrechtliche* – und damit aus juristischer Sicht irrationale – Einflussfaktoren auf das Entscheidungsverhalten zu identifizieren.[17] In Frankreich sind derartige Erkenntnisse nicht erwünscht; in Art. L111–13 Code de l'organisation judiciaire wurde daher als Absatz 3[18] ein pönalisiertes Verbot einer auf den Einzelrichter bezo-

---

13 *Alarie, Benjamin/Niblett, Anthony/Yoon, Albert Hyun*, How Artificial Intelligence will Affect the Practice of Law, University of Toronto Law Journal LXVIII (2018), Supplement 1: Artificial Intelligence, Technology, and the Law, S. 106 ff.; *Katz, Daniel Martin/Bommarito II, Michael/Blackman, Josh*, A General Approach for Predicting the Behavior of the Supreme Court of the United States, PLOS ONE 2017; *Medvedeva, Masha/Vols, Michel/Wieling, Martijn*, Using machine learning to predict decisions of the European Court of Human Rights, Artificial Intelligence and Law Vol. 28 (2020), S. 237 ff.

14 *Aletras, Nikolaos/Tsarapatsanis, Dimitrios/Preoţiuc-Pietro, Daniel/Lampos, Vasileios*, Predicting Judicial Decisions of the European Court of Human Rights: A Natural Language Processing Perspective, PeerJ Computer Science 2 (2016), S. 1 ff.

15 Zu dieser Annahme formulieren sie einige Plausibilitätserwägungen. Auf deren Grundlage unterstellen sie, es handele sich bei den Circumstances zumindest um ein „crude proxy" zu der Beschwerdeschrift, *Aletras/Tsarapatsanis/Preoţiuc-Pietro/Lampos* Fn. 14, S. 2, 4 f., 11 f.

16 Deshalb entsprechende Kritik an der Vorgehensweise bei *Pasquale, Frank/Cashwell, Glyn*, Prediction, Persuasion, and the Jurisprudence of Behaviourism, University of Toronto Law Journal LXVIII (2018), Supplement 1: Artificial Intelligence, Technology, and the Law, S. 63 (68 ff.).

17 *Chen, Daniel L.*, Judicial analytics and the great transformation of American Law, Artificial Intelligence and Law Vol. 27 (2019), S. 15 ff. Instruktive Liste solcher Faktoren m.w.N. in *Sourdin, Tania*, Judge v Robot? Artificial Intelligence and Judicial Decision-Making, UNSW Law Journal Vol. 41 (2018), S. 1114 (1128 f.).

18 „Les données d'identité des magistrats et des membres du greffe ne peuvent faire l'objet d'une réutilisation ayant pour objet ou pour effet d'évaluer, d'analyser, de

genen Bewertung, Analyse, Vergleichung oder Vorhersage tatsächlicher oder vermeintlicher Berufspraktiken aufgenommen.[19] Das Verbot enthält allerdings keinen spezifischen KI-Bezug. Tatbestandlich ist also auch eine manuelle Auswertung.

IV. Zukünftig: Vollständig autonome Rechtsanwendung(?)

Die im vorangegangenen Abschnitt beschriebenen Technologien besitzen lediglich eine Unterstützungsfunktion bei der Rechtsanwendung. Dies gilt auch für *Predictive Analytics* (III.4.). Eine ausreichende Vorhersagekraft unterstellt, „löst" sie zwar autonom Rechtsfälle im Sinne einer Ergebnismitteilung. Die verwendete Prognosebasis schließt jedoch aus, dass die Vorhersagen eine auf das materielle Recht gestützte Begründung enthalten. Die Technologie taugt damit allenfalls für eine Abschätzung der Erfolgsaussichten eines potentiellen Rechtsstreits.

Demgegenüber eine auf das materielle Recht abstellende Algorithmisierung des Rechtsanwendungsvorgangs zu erzielen, bedeutet spätestens seit den achtziger Jahren[20] eine zentrale Forschungsanstrengung der Rechtsinformatik. Dies gilt sowohl für Case Law als auch für Gesetzesrecht (*case based* und *rule based*). Die verfolgten Ansätze gehen weit über den Entwurf einfacher Entscheidungsbäume hinaus. Sie versuchen vielmehr, die Komplexität von Rechtsanwendung realistischer zu erfassen. Im Case Law gehört dazu etwa eine Modellierung der argumentativen Entscheidung für *following* oder *distinquishing*.[21] Doch obwohl die Anstrengungen beachtli-

---

comparer ou de prédire leurs pratiques professionnelles réelles ou supposées. La violation de cette interdiction est punie des peines prévues aux articles 226–18, 226–24 et 226–31 du code pénal, sans préjudice des mesures et sanctions prévues par la loi n° 78–17 du 6 janvier 1978 relative à l'informatique, aux fichiers et aux libertés." Zum Hintergrund knapp *Kalbhenn, Jan*, Frankreich: Regulierung von Legal Tech, MMR-Aktuell 2019, 418742.

19 Änderungsgesetz: Art. 33 LOI n° 2019–222 du 23 mars 2019 de programmation 2018–2022 et de réforme pour la justice (1).

20 Überblick über die Entwicklung bei *Bench-Capon, T. J. M.*, HYPO'S legacy: introduction to the virtual special issue, Artificial Intelligence and Law Vol. 25 (2017), S. 205 ff.

21 Damit gemeint ist die Prüfung, ob ein Präzedenzfall unter Berücksichtigung seiner *ratio decidendi* einem neuen Fall hinreichend ähnlich ist, um ihn zur Falllösung heranziehen zu können oder zu müssen, näher *infra* V.3.d)bb).

che Zwischenerfolge zeitigen,[22] existiert bislang keine Technologie, die das materielle Recht wirklich autonom anwendet. Unter einer autonomen Rechtsanwendung soll hier verstanden werden, dass die Maschine den Sachverhalt in natürlicher Sprache zur Kenntnis erhält und dann selbstständig die einschlägigen Rechtsvorschriften oder Präzedenzfälle identifiziert, *lege artis* anwendet und ein Ergebnis in natürlicher Sprache formuliert und juristisch begründet. Das Desiderat besitzt seine Ursache in der Sprachgebundenheit des Rechts und in der bislang bestehenden Unfähigkeit von Maschinen, Kausalbeziehungen bzw. Kontexte zu erkennen und zu deuten, und auf dieser Grundlage Schlüsse zu ziehen. Denn Rechtsnormen und sonstige Rechtsquellen sind semantisch offen und sinnrelativ. Für einen verständigen Umgang mit Rechtsinhalten ist daher ein erhebliches Weltwissen erforderlich, welches die Grundlage des „Hin- und Herwanderns des Blickes“ bei Normauslegung und -anwendung formt.[23]

Allerdings lassen die aktuellen Entwicklungen sowohl in der Rechtsinformatik als auch in der allgemeinen KI-Forschung die Überwindbarkeit zumindest eines Teiles dieser Automatisierungshindernisse erhoffen. Hohe Erwartungen ruhen auf der Verbindung klassisch-regelbasierter mit den statistischen Verfahren (Maschinenlernen/Mustererkennung). *Natural Language Processing* und *Argument Mining* können zur informationstech-

---

22 Für Viele siehe die Beiträge in *Pagallo, Ugo/Palmirani, Monica/Casanovas, Pompeu/Sartor, Giovanni/Villata, Serena* (Hrsg.), AI Approaches to the Complexity of Legal Systems, 2018, sowie: *Branting, Karl*, Data-centric and logic-based models for automated legal problem solving, Artificial Intelligence and Law Vol. 25 (2017), S. 5 ff.; *Verheij, Bart*, Proof with and without probabilities. Correct evidential reasoning with presumptive arguments, coherent hypotheses and degrees of uncertainty, Artificial Intelligence and Law Vol. 25 (2017), S. 127 ff.; *Waltl, Bernhard/Bonczek, Georg/Scepankova, Elena/Matthes, Florian*, Semantic types of legal norms in German laws: classification and analysis using local linear explanations, Artificial Intelligence and Law Vol. 27 (2019), S. 43 ff.; *Walton, Douglas*, An argumentation framework for contested cases of statutory interpretation, Artificial Intelligence and Law Vol. 24 (2016), S. 51 ff.

23 *Buchholtz, Gabriele*, Legal Tech. Chancen und Risiken der digitalen Rechtsanwendung, JuS 2017, S. 955 ff.; *Hoffmann-Riem, Wolfgang*, Verhaltenssteuerung durch Algorithmen – Eine Herausforderung für das Recht, AöR 142 (2017), S. 1 (15 ff.); *ders.* Fn. 1, S. 140; *Kotsoglou, Kyriakos N.*, Subsumtionsautomat 2.0. Über die (Un-)Möglichkeit einer Algorithmisierung der Rechtserzeugung, JZ 2014, S. 451 ff.; *ders.*, Schlusswort. „Subsumtionsautomat 2.0“ reloaded? – Zur Unmöglichkeit der Rechtsprüfung durch Laien, JZ 2014, S. 1100 ff.; *Unger, Sebastian*, Demokratische Herrschaft und künstliche Intelligenz, in: ders./von Ungern-Sternberg (Hrsg.) Fn. 1, S. 120 f.; *v. Graevenitz, Albrecht*, „Zwei mal Zwei ist Grün“ – Mensch und KI im Vergleich, ZRP 2018, S. 238 (239).

nischen Aufbereitung des Rechtsstoffes ohne dessen vorherige manuelle Annotation befähigen.[24] Auch bestehen bereits Verfahren zur Formulierung von Argumenten in natürlicher Sprache.[25] Zudem entwickelt die allgemeine (nichtjuristische) KI-Forschung die „dumme" Mustererkennung zu einer Form des „Verstehens" weiter. Gegenwärtige Mustererkennung weiß nicht, was sie tut. Sie erkennt nicht wirklich eine Katze, sondern sie erkennt, dass ein bestimmter Farbklecks eine statistische Ähnlichkeit mit anderen Farbklecksen besitzt. Erst der Mensch versteht diese „Farbkleckse" inhaltlich als Abbildungen von Katzen, weil er weiß, was eine Katze *ist.* Werden jedoch erkannte Objekte in statistische Kontextnetzwerke eingeordnet, könnte Weltwissen – einschließlich dessen immanenter Unschärfen – immerhin simuliert werden. Auf der Basis solchen Kontextverstehens werden dann auch logische bzw. Alltagsschlussfolgerungen möglich sein.[26] Eine Ausstattung von Maschinen mit der Befähigung zum originär-kreativen Schlussfolgern wird etwa auch für den Bereich der Mathematik versucht.[27]

Ein „Verstehen" in der Form, die Ich-Bewusstsein voraussetzt, wird damit wohl (vorläufig) noch nicht erreicht. Darauf kommt es aber möglicherweise gar nicht an, wenn Kontextualisierung und Schlussfolgerungskompetenz einst zu qualitativ vergleichbaren Ergebnissen führen sollten. Autonome Rechtsanwendung könnte dann in näher auszulotenden Grenzen möglich werden.[28]

---

24 *Ashley* Fn. 12; sowie die Nachweise in Fn. 22.

25 *Slonim, Noam*, An autonomous debating system, Nature Vol. 591 (2021), S. 379 ff.

26 Siehe etwa *Park, Jae Sung/Bhagavatula, Chandra/Mottaghi, Roozbeh/Farhadi, Ali/Choi, Yejin*, VisualCOMET: Reasoning about the Dynamic Context of a Still Image, arXiv:2004.10796v3, 2020.

27 *Ornes, Stephen*, How Close Are Computers to Automating Mathematical Reasoning?, 2020, abrufbar unter: https://www.quantamagazine.org/how-close-are-computers-to-automating-mathematical-reasoning-20200827/ <zuletzt abgerufen am 31.8.2022>.

28 Entsprechende Erwartung auch bei *Martini, Mario/Nink, David*, Subsumtionsautomaten ante portas? – Zu den Grenzen der Automatisierung in verwaltungsrechtlichen (Rechtsbehelfs-)Verfahren, DVBl 2018, S. 1128 (1133).

V. Autonome Rechtsanwendung und Rechtskreis

1. Rechtskreisabhängigkeit des Automatisierungserfolges?

Die nachfolgenden Überlegungen unterstellen, dass autonome Rechtsanwendung im Sinne von Abschnitt IV einst zur Verfügung steht. Maschinen wären dann zumindest grundsätzlich in der Lage, sowohl den Sachverhalt als auch das anzuwendende materielle Recht in natürlicher Sprache aufzunehmen, das materielle Recht auf den Fall anzuwenden und ein Ergebnis mit Begründung in natürlicher Sprache auszugeben. Dies alleine bedeutet indes noch nicht, dass die autonome Rechtsanwendung vollkommen bedenkenfrei ablaufen könnte. Obwohl auch und gerade der menschliche Rechtsanwender über die soeben genannten Fähigkeiten verfügt, besitzt er kognitive Grenzen, die im Einzelfall rechtsfehlerhafte Resultate veranlassen können. Nichts anderes ist für eine autonome Rechtsanwendung zu erwarten. Auch dieser werden aufgrund deren (vom Menschen abweichenden) Eigenarten kognitive Grenzen gesetzt sein. Diese gilt es auszuloten.

Nachgegangen wird im Folgenden der Forschungshypothese, nicht oder nur schwer zu bewältigende kognitive Herausforderungen könnten sich spezifisch aus dem jeweiligen Rechtskreis ergeben. Gegenübergestellt werden das kontinentale Recht (Civil Law) und das Common Law. Anlass für diese Wahl sind – neben der großen Verbreitung beider Rechtskreise – die grundlegenden Unterschiede im jeweiligen Rechtsverständnis. Die kontinentale Denkweise ist deduktiv, sie schließt von der allgemeinen Norm auf den Einzelfall. Besonders für das deutsche Recht hinzu tritt eine umfangreiche Rechtsdogmatik als eine Abstraktion und Systematisierung des Rechtsstoffes. In der Common-Law-Tradition dagegen ist die Denkweise induktiv. Sie verzichtet auf den Zwischenschritt der Abstraktion und blickt vom Besonderen des entschiedenen Einzelfalles auf das Besondere des nächsten zu behandelnden Falles. Das Recht wird als pragmatische Sozialtechnik verstanden und nicht – wie auf dem Kontinent – als ein widerspruchsfreies „logisch-teleologische[s] Sinngebilde“.[29]

2. Anmerkungen zu einzelnen Common-Law-Jurisdiktionen

Europäische Common-Law-Staaten sind das Vereinigte Königreich und die Republik Irland. Sie sind bzw. waren Mitglieder der Europäischen

29 BVerfGE 19, 206 (220); entspr. BVerfGE 125, 39 (83).

Union. Dies wirkt sich in zweierlei Hinsicht aus. Zum einen sind Unionsrechtsätze Teil deren Rechtsordnungen und sie überlagern daher das Common Law bzw. verdrängen es aufgrund des Anwendungsvorrangs des Unionsrechts. Die Ordnungen sind daher hybrid.[30] Dies gilt auch weiterhin für das Vereinigte Königreich, denn der *European Union (Withdrawal) Act* 2018[31] überführt bislang anwendbares Unionsrecht in nationales Recht, um rechtliche Kontinuität zu gewährleisten („retained EU Law"). Zum anderen besteht neben dieser unmittelbaren Einwirkung auch ein mittelbarer Einfluss der Europäischen Union insofern, als der von ihr ausgelöste jahrzehntelange intensive Kontakt zwischen unterschiedlichen Rechtsverständnissen in Europa zu einer Art „Osmose"[32] im Rechtsdenken geführt hat.[33] Für die Republik Irland kommt hinzu, dass der Anpassungsdruck an das Rechtsdenken des eher kontinental geprägten Unionsrechts nach dem Ausscheiden des Vereinigten Königreichs noch zunehmen wird.

Malta, Zypern und Schottland besitzen Mischsysteme. In den USA existiert ein von Staat zu Staat unterschiedliches Common Law. Anders verhält es sich für den australischen Bundesstaat, der ein einheitliches Common Law besitzt,[34] und sich seit dem *Australia Act* von 1986[35] vollständig vom englischen Recht emanzipiert hat. In Neuseeland wurde die Abtrennung vom englischen Recht erst 2004 mit dem *Supreme Court Act*[36] vollzogen. Kanada verwendet weitgehend das Common-Law-System. Zu-

30 Dazu umfassend *Lohse, Eva Julia*, Rechtsangleichungsprozesse in der Europäischen Union, 2017.

31 Clauses 2–4, Act to Repeal the European Communities Act 1972 and make other provision in connection with the withdrawal of the United Kingdom from the EU 2018 chapter 16.

32 *Schønberg, Søren*, Legitimate Expectations in Administrative Law, 2000, S. 26 ff.

33 *Cotter, John/Dewhurst, Elaine*, Lessons from Roman law: EU law in England and Wales after Brexit, The Law Teacher Vol. 53 (2019), S. 173 (184); *Jones, David Lloyd*, Victoria University of Wellington Law Review Vol. 49 (2018), S. 1 (20 ff.).

34 *Lange v Australian Broadcasting Corporation* (1997) 189 CLR [= Commonwealth Law Reports] 520, 562 f.

35 Dieser besteht aus einem australischen Gesetzgebungsakt und einem solchen des Vereinigten Königreichs, Act No. 142 of 1985, An Act to bring constitutional arrangements affecting the Commonwealth and the States into conformity with the status of the Commonwealth of Australia as a sovereign, independent and federal nation (Australia Act 1986 [Cth]) und An Act to give effect to a request by the Parliament and Government of the Commonwealth of Australia 1986 chapter 2 (Australia Act 1986 [UK]).

36 Supreme Court Act 2003 (Public Act 2003 No 53), in Kraft getreten am 1.1.2004.

rückgehend auf den *Quebec Act* von 1774[37] beruht jedoch das Zivilrecht in der Provinz Quebec auf kontinentalem Recht (Code Napoléon).

3. Common Law und autonome Rechtsanwendung

a) Einführende Überlegungen

Zunächst ist eine terminologische Klarstellung zu treffen. Der Begriff „Common Law“ im weiteren Sinne steht häufig für den so bezeichneten Rechtskreis, also für die Gesamtheit der – hauptsächlich angloamerikanischen – Rechtsordnungen, die als einen wesentlichen Bestandteil das Common Law *im engeren Sinne* aufweisen. Das Common Law im engeren Sinne ist das judge-made law in Abgrenzung zu dem in diesen Rechtsordnungen ebenfalls vorhandenen *statutory law* (Gesetzesrecht). Wenn im Folgenden von „Common Law“ ohne den Zusatz „-Rechtskreis“ die Rede ist, meint dies stets das Common Law im engeren Sinne.

Im Gegensatz zum Top-down-Ansatz des kontinentalen Rechts operiert das Common Law bottom-up. Der entschiedene Einzelfall bedeutet eine Rechtsquelle und damit den Ausgangspunkt zukünftiger Rechtsanwendung. Vergleichbare Fälle sind grundsätzlich wie in der Vergangenheit zu entscheiden. Die juristische Denkweise ist inkremental-induktiv. Damit besitzt das Common Law auf den ersten Blick eine besondere Eignung zur Automatisierung. Denn offenbar kommt es auf Faktenwissen an, nämlich auf die Kenntnis des gesamten bisherigen Fallrechts, um Rechtsanwendung *lege artis* zu betreiben. Mit anderen Worten: Rechtsanwendung kommt als ein umfangreicher Datenabgleich daher – und damit als eine Domäne elektronischer Datenverarbeitung. Es nimmt nicht wunder, dass mit der Verbreitung des Personal Computers in den achtziger Jahren auch der Versuch einer algorithmischen Realisierung des Case-Based-Reasoning seinen Take-off erlebte (siehe schon Abschnitt IV.). Eine genauere Untersuchung des induktiven Rechtserzeugungs- und Anwendungsprozesses wird diesen ersten Blick auf das Common Law und auf dessen Automatisierungseignung indes als zu naiv erweisen.

---

37 An Act for making more effectual Provision for the Government of the Province of Quebec in North America, 14 George III, c. 83 (U.K.).

b) Die Rolle des Richters als Kristallisationspunkt der Rechtskreisdifferenzen

Der grundlegende Unterschied zum kontinentalen Recht besitzt kulturell-historische Wurzeln, die am deutlichsten in der andersartigen Rolle des Richters zu Tage treten. Sowohl die Auslegung von Gesetzen als auch der Subsumtionsvorgang bedeuten höchstpersönliche intellektuelle Anstrengungen. Deshalb leistet der kontinentale Richter bei realistischer Betrachtung einen maßgeblichen Eigenbeitrag zur Rechtsfindung. Indes als *institutionelle Rolle* zugedacht ist dem kontinentalen Richter diejenige eines *passiven* Verkünders des im Gesetz präexistenten Staatswillens – „la bouche qui prononce les paroles de la loi“[38]. Dieser Rolle korrespondiert das kontinentale Rechtsdenken mit dem juristischen Syllogismus als seinem Herzstück – die Ergebnisermittlung als formallogische Deduktion aus abstrakten Regeln stilisierend.

Demgegenüber ist angloamerikanisches Denken vom Pragmatismus geprägt. Ein vergleichbar abstraktes Verständnis von Recht lag diesem Kulturkreis daher von Anfang an fern. Das Recht tritt nicht als gesatztes gesellschaftliches Ordnungsschema auf. Vielmehr wartet man den einzelnen Streitfall ab, den der Richter dann zum Anlass einer konstitutiven Lösungsfindung nimmt. Der Richter im Common Law besitzt also die institutionelle Rolle eines *aktiven* gesellschaftlichen Problemlösers im Einzelfall.

c) Die Entscheidung des Einzelfalles als Rechtsschöpfung

Einzelne Gerichtsentscheidungen besitzen daher rechtsetzende Natur: judge-made law. Das Common Law wird inkremental-induktiv geschöpft. Es ist zu jedem Zeitpunkt gerade nur in dem Umfange bereits herausgeschält, wie es die in der Geschichte bis dahin zu entscheidenden Rechtssachen erfordert haben.[39] Pragmatismus und Abstraktionsfeindlichkeit fin-

38 *Montesquieu, Charles Louis de Secondat de*, De l'Esprit des Loix. Ou du rapport que les Loix doivent avoir avec la Constitution de chaque Gouvernement, les Moeurs, le Climat, la Religion, le Commerce, &c., à quoi l’Auteur a ajouté Des recherches nouvelles sur les Loix Romaines touchant les Successions, sur les Loix Françoises, & sur les Loix Féodales, 1748, Band 1, XI. Buch, Kap. VI.

39 Siehe etwa *Roxborough v Rothmans of Pall Mall Australia Limited* [2001] HCA [= High Court of Australia] 68, Abs.-Nr. 72: „To the lawyer whose mind has been moulded by civilian influences, the theory may come first, and the source of the theory may be the writing of jurists not the decisions of judges. However, that is

den zudem Ausdruck in der Vorstellung, der zu entscheidende Sachverhalt selbst diktiere die Falllösung. Mit anderen Worten, das Recht solle dem Sachverhalt entspringen (*ex facto ius oritur*). Ganz wörtlich genommen bedeutete dies einen naturalistischen Fehlschluss. Einen solchen begeht die Theorie des Common Law nicht. Sehr wohl wird unterschieden zwischen dem Sachverhalt – den *facts and circumstances of the case* – und der *ratio decidendi*, die die gerichtliche Entscheidung normativ trägt. Die *ratio decidendi* soll indes keine bloße Anwendung von übergeordneten Gerechtigkeitsprinzipien auf den Einzelfall ausdrücken, sondern vom Einzelfall *konstitutiv inspiriert* sein. Die Entscheidung richtet sich nach dem, was der Richter in Bezug auf den vorliegenden Fall für vernünftig bzw. sachangemessen hält (zu den Maßstäben sogleich). Die Vorstellung, das Recht entspringe dem Sachverhalt, erweist sich damit als regulative Idee, die eine Fehldeutung von Recht als zu vollziehende externe Regeln verhindert.

Eine Abgrenzung zur älteren *Discovery Theory* (z.T. auch *Declaratory Theory* genannt) unterstreicht die originär rechtsetzende Autorität des Richters. Diese Theorie deutete das Common Law als ungeschriebene *präexistente* Verhaltensregeln, die in der Gemeinschaft wurzeln. Richter besäßen als „living oracles“[40] die unabgeleitete Kompetenz, diese Regeln – soweit es der Einzelfall erfordert – aus dem Verborgenen hervorzuholen. Das Common Law würde also vom Richterspruch lediglich *entdeckt*.[41] Insoweit entsprach das Rechtsdenken der idealtypischen kontinentalen Vorstellung der Gesetzes-*Auslegung* als einer bloßen Entdeckung statt Erzeugung des Rechts, nur mit dem Unterschied, dass im Common Law noch nicht einmal ein textlicher Widerhall der zu entdeckenden, eigentlichen Norm existiert. Die *Discovery Theory* wurde indes spätestens im frühen 20. Jahrhundert – auch unter rechtsrealistischem Einfluss – aufgegeben. Die bewusste Überwindung solch substanzhafter Rechtsfindungsvorstellungen führt noch einmal deutlich vor Augen, dass Common Law nicht als Abfolge sporadischer Manifestationen einer unvordenklichen Gerechtigkeitsüberzeugung daherkommt, sondern als höchstpersönliche Einsicht des einzelnen Richters, wie der je vorliegende Streitfall zu befrieden ist. Die zentrale Rolle dieser Einsicht für das Common Law erfährt einen plasti-

---

not the way in which a system based on case law develops; over time, general principle is derived from judicial decisions upon particular instances, not the other way around.“

40 *Blackstone, William*, Commentaries on the laws of England, Vol. 1, 1765, reprint, hrsg. v. Wayne Morrison, 2001, S. 69.

41 *Hinchy, Russell David*, The Australian Legal System. History, Institutions and Method, 2008, S. 237 f.

schen Ausdruck in der Selbstverständlichkeit, im Falle eines mit mehreren Richtern besetzten Spruchkörpers sämtliche *concurring*[42] und *dissenting opinions* stets in den *Case Reporters* zu publizieren.

d) Diskussion der Automatisierungseignung

aa) Keine originäre KI-Rechtsetzungstätigkeit

Der rechtsetzenden Autorität des Richters korrespondiert, dass die Rechtsfindung von keinem spezifischen Maßstab angeleitet wird (sofern Präzedenzfälle fehlen; zu deren Bedeutung sogleich). Vielmehr existiert eine Bandbreite an Topoi, aus denen der Richter letztlich nach pragmatischem Empfinden (practical wisdom[43]) auswählt. Zu diesen Topoi gehören zwar auch die in der Rechtsgemeinschaft jeweils aktuell herrschenden „values, morals and attitudes“[44]. Indes ebenso bedeutsam sind „public interest“[45], „the needs of the society“ bzw. „policy“.

Etwa lautet eine prominente richterliche Äußerung:

> „The common law of England has not always developed on strict logical lines, and where logic leads down a path that is beset with practical difficulties the courts have not been frightened to turn aside and seek the pragmatic solution that will best serve the needs of society.“[46]

Was „Policy“ meint, verdeutlicht die vielbeachtete Entscheidung *Spartan Steel & Alloys Ltd v Martin & Co (Contractors) Ltd.* Dort ging es unter anderem um Schadensersatz für einen Betriebsstillstand in einem Stahlwerk, der von einer versehentlich durchtrennten Stromleitung verursacht wurde. Ein Schadensersatzanspruch wurde unter anderem mit folgenden Erwägungen verneint:

> „At bottom I think the question of recovering economic loss is one of policy. […] This is a hazard [der Stromausfall] which we all run. […]

---

42 Eine *concurring opinion* stimmt dem Entscheidungsergebnis zu, weicht jedoch in den Gründen von der Mehrheit bzw. von anderen *concurring opinions* ab.

43 *Samuel, Geoffrey*, A Short Introduction to Judging and to Legal Reasoning, 2016, S. 115.

44 *Harvey, Callie*, Foundations of Australian Law, 5. Aufl. 2017, S. 107.

45 *Telstra Corporation Limited v Treloar* [2000] FCA [= Federal Court of Australia] 1170, Abs.-Nr. 26 (Wiedergabe des vollständigen Zitats *infra* bb)).

46 Lord Justice of Appeal Griffiths in *Ex parte King* [1984] 3 All ER [= All England Law Reports] 897, 903.

> The supply is usually restored in a few hours, so the economic loss is not very large. Such a hazard is regarded by most people as a thing they must put up with – without seeking compensation from anyone. [...] [M]ost people are content to take the risk on themselves. When the supply is cut off, they do not go running round to their solicitor. They do not try to find out whether it was anyone's fault. They just put up with it. They try to make up the economic loss by doing more work next day. This is a healthy attitude which the law should encourage."[47]

Insoweit ist die richterliche der parlamentarischen Rechtsetzung nicht unähnlich, allein mit dem Unterschied, dass keine parteipolitischen oder sonstigen höchstpersönlichen Ansichten des Richters die Entscheidung anleiten dürfen.[48] Derlei freie Rechtsetzungstätigkeit setzt mehr voraus als nur die Beherrschung der natürlichen Sprache und des juristischen Argumentierens. Die in Abschnitt IV postulierte zukünftige Rechtsanwendungs-KI wird daher zu einer rechtsetzenden Fallbearbeitung nicht ohne weiteres in der Lage sein.

Dieses Bedenken betrifft zumindest Sachverhaltskonstellationen, zu denen keine Präzedenzfälle vorliegen. Sind indes Präzedenzfälle vorhanden, könnte die Rechtsanwendungs-KI vielleicht aufgrund ihres Weltwissens die Sachverhaltsähnlichkeit feststellen und mithilfe ihrer juristischen Argumentationsfähigkeit die *ratio decidendi* des Präzedenzfalles anwenden. Dann käme es auf eine Fähigkeit zur freien Rechtsschöpfung nicht an.

bb) Argumentation mit Präzedenzfällen

Für eine genauere Beurteilung, ob vorhandene Präzedenzfälle die Automatisierungsaussichten tatsächlich verbessern, ist zuerst deren Rolle im Rahmen der richterlichen Argumentation zu bestimmen. Judge-made law wohnt die Gefahr inne, dass die individuellen Entscheidungen über die Zeit inkohärent geraten und damit die Rechtssicherheit leidet. Deshalb entstand früh der *Stare-Decisis*-Grundsatz.[49] Diese Bindung der Gerichte

---

47 *Spartan Steel & Alloys Ltd v Martin & Co (Contractors) Ltd* [1973] QB [= Queen's Bench] 27.

48 *Telstra Corporation Limited v Treloar* [2000] FCA [= Federal Court of Australia] 1170, Abs.-Nr. 25 (Wiedergabe des vollständigen Zitats *infra* bb)).

49 Der Begriff „*stare decisis*" wird zum Teil nur für die Bindung eines Gerichts an die *eigenen* früheren Entscheidungen gebraucht, nicht jedoch für den Umstand, dass ein Präzedenzfall *binding* oder *persuasive* für andere Gerichte sein kann, siehe etwa *Rogers, John M.*, Lower Court Application of the "Overruling Law" of Higher

an die *ratio decidendi* früherer Entscheidungen bedeutet wohl keine echte Rechtsregel, sondern eher geübte Praxis[50] (wodurch eine etwas flexiblere Handhabung des Grundsatzes erleichtert wird[51]).

Innerhalb dieser Praxis zu unterscheiden ist zwischen *binding* und *persuasive precedents*. Ob ein vorhandener Präzedenzfall für ein Gericht *binding* oder nur *persuasive* ist, hängt vor allem[52] von dessen Stellung innerhalb der Gerichtshierarchie ab. *Persuasive precedents* besitzen die Funktion einer Richtschnur, von der grundsätzlich abgewichen werden kann. Sie dürfen allerdings nicht einfach außer Acht gelassen werden. Auch ihre Bindungswirkung ist hoch.[53] Dies trifft insbesondere auch auf höhere Gerichte in Bezug auf deren eigene frühere Entscheidungen zu.

Ob im Einzelfall ein *persuasive precedent* einem *overruling* verfallen soll, erweist sich daher als intrikate Angelegenheit:

> „As has been recognised in [Australia], rigid adherence to the doctrine of precedent preventing a court from overruling its own earlier decisions cannot be justified. Experience and better reasoning, academic and

---

Courts, Legal Theory 1 (1995), S. 179 (180). Der üblichere Gebrauch des Begriffs differenziert indes nicht danach, ob es um frühere eigene Entscheidungen oder um die eines anderen Gerichts geht.

50 *Hinchy* Fn. 41, S. 235 f.; *Telstra Corporation Limited v Treloar* [2000] FCA [= Federal Court of Australia] 1170, Abs.-Nr. 23 („doctrine based on policy").

51 Etwa verabschiedete sich das House of Lords (bis 2009 auch ein oberstes Appellationsgericht des Vereinigten Königreiches) in seinem legendären Practice Statement von der Selbstbindung an eigene Entscheidungen durch schlichte Erklärung: „Their Lordships regard the use of precedent as an indispensable foundation upon which to decide what is the law and its application to individual cases. It provides at least some degree of certainty upon which individuals can rely in the conduct of their affairs, as well as a basis for orderly development of legal rules.[.] Their Lordships nevertheless recognise that too rigid adherence to precedent may lead to injustice in a particular case and also unduly restrict the proper development of the law. They propose therefore to modify their present practice and, while treating former decisions of this House as normally binding, to depart from a previous decision when it appears right to do so.", in: Practice Note (Judicial Precedent) [1966] 3 All ER [= All England Law Reports] 77.

52 Nur *persuasive* sind zudem Präzedenzfälle aus anderen Gerichtszweigen und aus fremden Rechtsordnungen.

53 Siehe etwa *Farah Constructions Pty Ltd v Say-Dee Pty Ltd* [2007] HCA [= High Court of Australia] 22, Abs.-Nr. 135; *C.A.L. No 14 Pty Ltd v Motor Accidents Insurance Board C.A.L. No 14 Pty Ltd v Scott* [2009] HCA 47, Abs.-Nr. 51. Persuasiveness folgt aus materiell-rechtsstaatlichen Erwägungen, siehe etwa *Telstra Corporation Limited v Treloar* [2000] FCA [= Federal Court of Australia] 1170, Abs.-Nr. 23: „The rationale for the doctrine [of stare decisis] can be grouped into four categories: certainty, equality, efficiency and the appearance of justice."

judicial criticism, the observation of unintended consequences, and other factors, may demonstrate judicial error or the need to reconsider a statement of legal principle. However, in those jurisdictions where a superior court will overrule its own decision it is by no means clear in what circumstances it will undertake that task. In the absence of firm rules to indicate when a court will review an earlier decision, there is a risk that reviews will be occasioned by subjective reference to judges' political, social, judicial or moral philosophies.

Speaking generally, appellate courts accept that they should act with caution before reviewing an earlier decision[...] Courts have said it may be done if the earlier decision is "manifestly wrong" or "clearly erroneous", or if "strong reasons" are shown, or if the "maintenance [of the earlier authority][54] is contrary to the public interest"[...] But, apart from suggesting caution, the cases provide little real guidance as to the circumstances in which it will be appropriate to review an earlier decision."[55]

Die Bandbreite an Orientierungspunkten für die Entscheidung, ob von einem *persuasive precedent* abgewichen werden soll, erweist sich damit als nahezu ebenso weit wie bei der Ausübung der originären Rechtsetzungsautorität. Sie wird nur eingeschränkt von der rechtsstaatlichen Pflicht, die nachteilige Wirkung eines *overruling* auf die Rechtssicherheit zu bedenken. Demnach würde der Umgang mit *persuasive precedents* die Rechtsanwendungs-KI in der Regel überfordern. Zu erwägen ist jedoch immerhin ein Einsatz bei Fallgestaltungen, in denen ein *overruling* nicht zur Debatte steht. Dies könnte etwa der Fall sein, wenn die KI eine Rechtsfrage lediglich soweit bearbeiten soll, wie es der Entscheidung eines unteren Gerichts entsprechen würde, dem die Kompetenz zum *overruling* fehlt.

Doch auch solch schlichte Argumentation mit Präzedenzfällen würde die KI vor die schon bekannten Herausforderungen stellen. Denn die *ratio decidendi* ist kein abstrakt-genereller Rechtssatz, der gleich einem Gesetz auf den nächsten Sachverhalt angewendet werden könnte.[56] Zwar besitzt sie den Charakter eines Prinzips und damit einen gewissen Abstraktionsgrad. Doch angesichts der regulativen Idee, dass das Recht dem Sachverhalt entspringt, bleibt sie stets mit dem Präzedenzfall verbunden,

---

54 Dieser Einschub in eckigen Klammern steht so in der Fundstelle.

55 *Telstra Corporation Limited v Treloar* [2000] FCA [= Federal Court of Australia] 1170, Abs.-Nr. 25 f.

56 *Samuel, Geoffrey*, A Short Introduction to the Common Law, 2013, S. 80.

genauer gesagt mit jenen Sachverhaltselementen, die die *ratio decidendi* tragen.[57] Eine Identifikation dieser Elemente erfordert, diejenigen Werte oder öffentlichen Interessen zu erkennen und zu verstehen, mit deren Hilfe die Richter des Präzedenzfalles vom Sachverhalt zur *ratio decidendi* gelangten. Sind diese Elemente einmal identifiziert, so kommt es darauf an, ob der neue Sachverhalt vergleichbare Elemente besitzt. Die Vergleichbarkeit wird indes nicht empirisch, sondern wiederum von der *ratio decidendi* bestimmt. Die Frage lautet dann also: Weist der neue Sachverhalt Elemente auf, die den – die *ratio decidendi* tragenden – Elementen des Präzedenzfalles ausreichend gleichen im Hinblick auf das in der *ratio decidendi* zum Ausdruck kommende Prinzip? Ergebnis dieser Untersuchung kann indes nicht nur die Entscheidung für ein *following* (also der Anwendung des Präzedenzfalles) oder ein *distinguishing* (die Feststellung der Nichtanwendbarkeit des Präzedenzfalles) sein, sondern auch für ein *analogizing*, das heißt für eine inkrementale Erweiterung der in Betracht kommenden Sachverhalte, auf die die *ratio decidendi* des Präzedenzfalls Anwendung finden kann.[58] Ein *analogizing* schafft einen neuen Präzedenzfall.[59]

Following, *distinguishing* oder *analogizing* erweist sich damit als das Ergebnis einer äußerst komplexen diskursiven Argumentation unter Würdigung der pragmatisch ausgewählten Werte oder öffentlichen Interessen, die die Verbindung zwischen *ratio decidendi* und tragenden Sachverhaltselementen herstellen. Für die automatisierte Rechtsanwendung liegt darin ein zweischneidiger Befund. Einerseits beklagt das Schrifttum zum Common Law, dass in diese Argumentation häufig unzulässige rechtspolitische Erwägungen einfließen, etwa die Entscheidung für ein *distinguishing* von den individuellen Vorlieben des Richters abhängen kann. Derartigen Pathologien verfiele automatisierte Rechtsanwendung nicht. Andererseits begegnet die Argumentation mit Präzedenzfällen der gleichen Automatisierungshürde wie die originäre richterliche Rechtsetzung. Stets ist ein Zugang zu einer – nicht-lokalisierten – pragmatischen Vernunft vonnöten.

---

57 *FA & AB Ltd v Lupton* [1971] 3 All ER [= All England Law Reports] 948, 964 (Lord Simon of Glaisdale).

58 Siehe etwa *Woodland v Swimming Teachers Association* [2013] UKSC [= United Kingdom Supreme Court] 66 (Abs. Nr. 28, Lady Hale).

59 *Samuel, Geoffrey*, The Foundations of Legal Reasoning, 1994, S. 143 ff.

e) Ergebnis

Auch eine zukünftige Rechtsanwendungs-KI, die die in Abschnitt IV beschriebenen Eigenschaften besitzt, wird nicht in der Lage sein, den Rechtsschöpfungs- und -anwendungsprozess des Common Law vollständig emulieren zu können. Denn dieser Prozess hängt nicht alleine ab von der Fähigkeit, mit der semantischen Offenheit und Sinnrelativität natürlicher Sprache umgehen zu können. Vielmehr bedarf es auch eines Zugangs zu einer nicht-lokalisierten pragmatischen Vernunft, der den Kern des juristischen Argumentierens im Common Law ausmacht. Für den menschlichen Rechtsanwender gilt „messy but it works"[60], für den Computer dagegen gilt bis auf weiteres nur der erste Teil des Bonmots.

4. Kontinentales Recht und autonome Rechtsanwendung

a) Einführende Überlegungen

Im kontinentalen Rechtskreis dominiert das Gesetz als Rechtsquelle. Vor allem im deutschen Recht hinzu kommt ein erheblicher dogmatischer Überbau, der eine weitere Abstraktion und eine Systematisierung des Rechtsstoffes zum Inhalt hat. Folge ist das syllogistische Denken bei der Rechtsanwendung. Die Deduktion vom Allgemeinen zum Besonderen, die Anwendung der allgemeinen Regel auf den Einzelfall, der Anspruch auf Widerspruchsfreiheit des Regelsystems besitzen die Anmutung eines „Formelgebrauchs" und erscheinen damit auf den ersten Blick wie geschaffen für eine Maschinisierung.[61]

Die semantische Offenheit und Sinnrelativität des Rechts legt nahe, dass dieser erste Blick als zu naiv zu verwerfen ist. Immerhin jedoch bleibt ein wahrer Kern. In einer idealisierten Form, die die Sprachgebundenheit des Rechts ausblendet, verwirklicht das kontinentale Rechtsdenken in der Tat ein Regel-Anwendungs-Schema und besitzt damit eine Nähe zum maschinellen Operieren. Es nimmt nicht wunder, dass der Eigenbeitrag des menschlichen Rechtsanwenders mit dem Gegenbild des Subsumtions*auto-*

---

60 *Kirby, Michael*, Precedent law, practice and trends in Australia, 2007 Australian Bar Review LEXIS 32, 29.

61 Ähnlich *Martini/Nink* Fn. 28, S. 1128 (1129).

maten[62] zur Anerkennung gebracht wird. Dieses Bild funktioniert, weil in ihm die vorhandene mechanistische Komponente kontinentalen Rechtsdenkens *wiedererkannt* wird. Erst dieses Wiedererkennen lässt den Rezipienten dann gleichzeitig die Unvollständigkeit des Erkannten empfinden.

Kontinentale Rechtsanwendung erfordert also in erheblichem Maße eine Vervollständigung mithilfe nichtpositivierter Vernunftsüberlegungen und sie besitzt insoweit eine dem Common Law ähnliche (wenngleich nicht identische[63]) Automatisierungshürde. Daher soll auf den hinlänglich bekannten Befund der unvollständigen Steuerung der Rechtsanwendung durch das Gesetz im Folgenden nicht weiter eingegangen werden.

Vielmehr soll die Aufmerksamkeit sich richten auf eine andere Eigenschaft kontinentalen Rechts, die zumal im deutschen Recht besonders ausgeprägt erscheint.[64] Während im Common Law die Präzedenzfälle (soweit vorhanden) als Rechtsquelle die Rechtsfindung einzig bestimmen, tritt im kontinentalen Recht neben das Gesetz als Rechtsquelle die Dogmatik als Rechtserkenntnisquelle hinzu.

b) Dogmatik als Spezifikum des kontinentalen, insbesondere des deutschen Rechts

Die Dogmatik leistet zunächst die weitere Konkretisierung gesetzlicher Begriffe, um diese intersubjektiv nachvollziehbar und reproduzierbar zu einem subsumtionsfähigen Obersatz formen zu können. Zudem erzeugt die Dogmatik eigenständige sog. (echte) Rechtsbegriffe[65] und dogmatische Figuren,[66] die im Gesetzestext nicht vorkommen und denen aufgrund der

62 Zur Begriffsherkunft *Ogorek*, *Regina*, Richterkönig oder Subsumtionsautomat?, 1986, S. 7 (insb. dort in Fn. 4).

63 Die offen und originär rechtsetzende Tätigkeit des Common-Law-Richters unter Berufung auf pragmatische Vernunft übertrifft in ihrem Stellenwert die ergänzenden Vernunftsüberlegungen, die der kontinentale Richter zur Vervollständigung der Gesetzesbefehle anzustellen hat, und die – jedenfalls in der Praxisperspektive – zumeist der bloßen „Gesetzesauslegung" zugeschlagen werden.

64 *Jestaedt*, *Matthias*, Wissenschaft im Recht. Rechtsdogmatik im Wissenschaftsvergleich, JZ 2014, S. 1 (5).

65 Etwa das allgemeine Lebensrisiko als Begriff im Gefahrenabwehr-, Straf- und Privatrecht.

66 Etwa die institutionellen oder Institutsgarantien. Zu solchen Figuren *Bumke*, *Christian*, Rechtsdogmatik. Überlegungen zur Entwicklung und zu den Formen einer Denk- und Arbeitsweise der deutschen Rechtswissenschaft, JZ 2014, S. 641 (645).

Verdichtung von im Gesetz enthaltenen Grundsätzen oder Wertungen eine Entlastungsfunktion für die Rechtsanwendung zukommt. Schließlich unternimmt die (deutsche) Dogmatik eine Systematisierung und eine Ordnung des Rechtsstoffes, fügt also den Gesamtbestand der Normen aller Ebenen zu einem Sinnganzen zusammen – etwas, was der Gesetzgeber selbst nicht leisten kann. Normen gewinnen letztlich erst auf der Folie dieses Sinnganzen ihre Bedeutung. Hierdurch bewirkt die Dogmatik zum Teil auch eine Fortentwicklung des Rechts, ohne selbst zur Rechtsquelle zu werden.

Die Produktion dieser Inhalte geschieht in Auseinandersetzung mit der Rechtsprechung. Anders als im Common Law bezweckt der Verarbeitungsmodus der Dogmatik, dabei möglichst schnell zu einer Dekontextualisierung der Entscheidungsgehalte von Einzelfällen zu gelangen, also eine Abstraktion zu leisten. Des Weiteren rezipiert die Dogmatik die Universitätslehre. Darin liegt ein fundamentaler Unterschied zum Common-Law-Rechtskreis, der geprägt ist von einem academic/practice divide.[67] Wenngleich die richterlichen Rezeptionskulturen einzelner Common-Law-Jurisdiktionen und -Epochen voneinander abweichen, so eint sie doch ihre gegenüber dem kontinentalen Recht äußerst schwache Ausprägung. Dieser Befund überrascht nicht, spiegelt er doch die zentrale Rolle des Common-Law-Richters bei der inkremental-induktiven Rechtsschöpfung und -anwendung, die einer abstrakt-wissenschaftlichen Aufbereitung des Rechtsstoffes naturgemäß einen bescheideneren Stellenwert belässt.

Sowohl das Common Law als auch das kontinentale Recht verfügen also über einen je spezifischen Wissensspeicher zu den Inhalten des geltenden Rechts: Präzedenzfälle auf der einen Seite, Rechtsdogmatik auf der anderen Seite. Diese beiden Wissensspeicher unterscheiden sich hinsichtlich der Quellen und der Qualität ihrer Inhalte (inkremental-induktive vs. abstrakt-deduktive Bausteine der juristischen Argumentation).

---

67 Begriff hier nach *Cotter/Dewhurst* Fn. 33, S. 177. Ausführl. *Fowler*, *Thomas L.*, Law Reviews and Their Relevance to Modern Legal Problems, Campbell Law Review Vol. 24 (2001), S. 47 ff.; *Kischel*, *Uwe*, Rechtsvergleichung, 2015, § 5 Rn. 37 ff.; *McClintock*, *Michael D.*, The Declining Use of Legal Scholarship by Courts: An Empirical Study, Oklahoma Law Review Vol. 51 (1998), S. 659 ff.; *Samuel* Fn. 56, S. 74 ff.; *Simpson*, *Alfred W. B.*, Legal Theory and Legal History, 1987, S. 394 ff.; *Zweigert*, *Konrad*/*Kötz*, *Hein*, Einführung in die Rechtsvergleichung auf dem Gebiete des Privatrechts, 3. Aufl. 1996, S. 265 f.

c) Dogmatik als Automatisierungshürde

Die Dogmatik besitzt nun die hier interessierende Besonderheit, dass zwar einerseits ihre Berücksichtigung als eine Voraussetzung einer Rechtsanwendung *lege artis* gilt, sie jedoch andererseits nicht autoritativ greifbar ist. Vielmehr flottiert sie frei in einem nicht-lokalisierten Praxisdiskurs zwischen Kommentarliteratur und sonstigem Schrifttum und der Rechtsprechung. Wissenschaftliche Aufbereitung auf der einen Seite, Inspiration durch die und Anleitung der Praxis fließen in einem stetigen Prozess ununterscheidbar ineinander.[68] Es existiert nicht „die eine" Fundstelle, der „die" Dogmatik zu entnehmen und diese dann zwingend auf den Fall anzuwenden wäre. Aus kontinentaler Sicht begründet fehlende Autoritativität freilich gerade die Wissenschaftlichkeit der Rechtslehre. Verbindliche „Anleitungen" sind Sache rein handwerklicher Tätigkeit.

Für eine Automatisierung ist dieser Zustand indes ebenso wenig hilfreich wie eine nicht-lokalisierte pragmatische Vernunft als Erkenntnisquelle des Common-Law-Richters. Der menschliche Rechtsanwender ist in der Lage, aus dem schier unbegrenzten dogmatischen Wissensspeicher kunstfertig auszuwählen, ohne dass die Auswahl einer regelhaften Begründung zugänglich wäre. Die Fähigkeit einer Rechtsanwendungs-KI, mit der semantischen Offenheit und Sinnrelativität natürlicher Sprache umgehen zu können, wird nicht ausreichen, diesen kunstfertigen Umgang zu emulieren.

Eine Beschränkung auf konsentiertes „Lehrbuchwissen" könnte das Problem nicht lösen. Abgesehen von der Frage, ob es Derartiges überhaupt gibt, wäre der in der Praxis geprägte Rechtsanwendungsprozess nicht ordnungsgemäß abgebildet, der dogmatische Gehalte aus verschiedenen Quellen schöpft und diese abwägt.

5. Gesetzesrecht im Common-Law-Rechtskreis

Am Ende sollen einige Anmerkungen zu einer spannenden Schnittstelle des Common-Law-Rechtskreises und des kontinentalen Rechtskreises stehen. Auch im Common-Law-Rechtskreis ist das Gesetzesrecht (*statutory law*) inzwischen zur maßgeblichen Rechtsquelle erwachsen. Diese Ent-

68 *Bumke* Fn. 66, S. 641 ff.; *Jestaedt, Matthias*, Die deutsche Staatsrechtslehre im europäisierten Rechtswissenschaftsdiskurs, JZ 2012, S. 1 (1 ff.); *Lassahn, Philipp/Steenbreker, Thomas*, Gedanken zur Rechtsdogmatik, JR 2015, S. 553 ff.

wicklung führt dazu, dass der Rechtskreis nun Debatten nachholt, die dem Kontinent bereits sehr vertraut sind. Im hiesigen Kontext von Interesse ist der Umgang mit den *statutory precedents*. Dabei handelt es sich um gerichtliche Auslegungen von Rechtsnormen, die für andere Gerichte *binding* oder jedenfalls *persuasive* sind.

Das Common-Law-Schrifttum diskutiert, ob, und, falls ja, unter welchen Voraussetzungen höhere Gerichte von *statutory precedents* abweichen sollten.[69] Hierzu existieren zwei gegensätzliche Auffassungen. Nach klassischer Ansicht gelten die *statutory precedents* als „super-strong“[70], um die Autorität des Gesetzes zu wahren. Eine einmal gefundene Auslegung später infrage zu stellen, könne den Gesetzesinhalt gegenüber den Rechtsunterworfenen als beliebig erscheinen lassen. Erweise sich eine Auslegung als nicht im Sinne des Gesetzgebers, so solle nur dieser Abhilfe schaffen können, indem er das Gesetz präzisiert. Dem steht die Ansicht gegenüber, *statutory precedents* als abweichungsoffen zu betonen. Das soll jedenfalls dann gelten, wenn ein späteres Gericht die Auslegung für offensichtlich falsch hält. Dieser Ansicht liegt derselbe Gedanke zu Grunde, der im kontinentalen Rechtskreis schon die *Stare-decisis*-Regel selbst ausschließt: Der Richter ist ausschließlich an das Gesetz gebunden und muss daher zu einer eigenen Auffassung über den Gesetzesinhalt gelangen dürfen. Die Bedingung des „Für-offensichtlich-falsch-halten-Müssens“ verengt allerdings die Freiheit zu abweichender Auslegung im Vergleich zum kontinentalen Richter. Sie begünstigt damit die Stabilisierung einer einmal gefundenen Auslegung.

Diskutiert wird schließlich, ob gerichtliche Aussagen zur anzuwendenden *Methodik* als Präzedenz gelten sollten und damit ebenfalls eine beding-

---

69 *Barrett, Amy Coney*, Statutory Stare Decisis in the Courts of Appeals, The George Washington Law Review Vol. 73 (2005), S. 317 ff.; *Crawford, Lisa Burton/Meagher, Dan*, Statutory Precedents under the "Modern Approach" to Statutory Interpretation, Sydney Law Review Vol. 42 (2020), S. 209 ff.; *Eskridge Jr., William N.*, Overruling Statutory Precedents, The Georgetown Law Journal Vol. 76 (1988), S. 1361 ff.; *Kozel, Randy J.*, Statutory Interpretation, Administrative Deference, and the Law of Stare Decisis, Texas Law Review Vol. 97 (2019), S. 1125 ff.; *Krishnakumar, Anita S.*, Textualism and Statutory Precedents, Virginia Law Review Vol. 104 (2018), S. 157 ff.; *Solan, Lawrence*, Precedent in Statutory Interpretation, North Carolina Law Review Vol. 94 (2016), S. 1165 ff.

70 Begriff wohl zuerst durch *Eskridge Jr.* Fn. 69, S. 1361 (1362).

te Bindungswirkung besäßen. Auch so ließe sich eine bessere Stabilisierung des Rechtsanwendungsprozesses erzielen.[71]

VI. Ergebnisse

Eine Fähigkeit, mit der semantischen Offenheit und Sinnrelativität natürlicher Sprache umgehen zu können, ebenso eine Ausstattung mit Weltwissen, werden nicht ausreichen, um einer künstlichen Intelligenz eine vollständig autonome Rechtsanwendung zu ermöglichen. Zwar könnte eine derartige KI durchaus zu juristisch vertretbaren Ergebnissen gelangen. Indes würde der tatsächliche Rechtsanwendungsprozess nicht vollständig abgebildet. Beide Rechtskreise kennen nicht-lokalisierte Rechtserkenntnisquellen – pragmatische Vernunft im Common Law und Rechtsdogmatik im kontinentalen Recht –, deren Emulation wohl erst eine starke KI leisten kann. Immerhin erwarten neunzig Prozent befragter Fachleute eine solche KI spätestens zum Jahre 2075.[72] Bis dahin wird KI den Rechtsanwendungsvorgang immerhin maßgeblich unterstützen können.

---

71 *Foster, Sydney*, Should Courts Give Stare Decisis Effect to Statutory Interpretation Methodology?, The Georgetown Law Journal Vol. 96 (2008), S. 1863 ff.; *Kozel* Fn. 69, S. 1125 ff.

72 *Bostrom, Nick*, Superintelligence. Paths, Dangers, Strategies, 2014, S. 19.

Schädigung durch autonom handelnde Maschinen. Verantwortungszuweisung durch Haftungs-, Zurechnungs- und Beweisnormen

Alexander Stöhr

I. Einführung

Fall 1: E ist stolze Eigentümerin eines von U hergestellten autonom fahrenden Autos. Während E auf dem Rücksitz entspannt ein Buch liest, fährt das Auto wegen fehlerhafter Auswertung des Straßenverlaufs in eine Kindergruppe, wodurch es zu Toten und Schwerverletzten kommt.

Fall 2: A begibt sich zu Anlageberater B, um sich eine für ihn geeignete Kapitalanlage empfehlen zu lassen. B verwendet das Programm *BigProfit*, welches aufgrund der von A übermittelten Daten zu seiner Risikobereitschaft usw. eine autonom erstellte Empfehlung abgibt. Das Programm empfiehlt Aktien eines Startups, die A daraufhin erwirbt. Kurz darauf fällt die AG in Insolvenz. Es stellt sich heraus, dass das Programm die wirtschaftlichen Aussichten des Startups falsch eingeschätzt hat.[1]

Dass sich im Zuge der technischen Entwicklungen neue Rechtsfragen stellen, ist ein altes Phänomen. So wurde schon im 19. Jahrhundert im Hinblick auf die Verbreitung der Eisenbahn diskutiert, wer für Schäden verantwortlich ist, die auf einen technischen Defekt der Eisenbahn zurückgehen.[2] Fälle wie die eingangs geschilderten mögen vielleicht noch wie Science Fiction klingen. So sind z.B. vollständig autonome Fahrzeuge derzeit noch nicht marktreif. Daher mag es zunächst überraschen, dass es zu diesem Thema bereits eine wahre Flut an juristischer Literatur gibt.[3] Es ist jedoch davon auszugehen, dass autonom handelnde Maschinen menschli-

---

1 Beide Fälle sind frei erfunden.

2 *Rohr, Wilhelm*, Eisenbahn-Zeit- und Streitfragen, 1876, S. 1; vgl. hierzu *Schirmer, Jan-Erik*, Rechtsfähige Roboter?, JZ 2016, 660.

3 Monographisch zuletzt *Linardatos, Dimitros*, Autonome und vernetzte Aktanten im Zivilrecht, 2021; *Thöne, Meik*, Autonome Systeme und deliktische Haftung, 2020. Eingehend auch *Zech, Herbert*, Entscheidungen digitaler autonomer Systeme: Empfehlen sich Regelungen zu Verantwortung und Haftung?, Gutachten A zum 73. Deutschen Juristentag, 2022.

ches Handeln zunehmend ersetzen und in nicht allzu ferner Zukunft zur Normalität gehören werden. Damit werden sie nahezu zwangsläufig auch die Gerichte befassen. Auch wenn sie durchaus zur Erhöhung der Sicherheit beitragen können, wohnt ihnen ein ganz neues und in seiner Tragweite nur schwer prognostizierbares Gefahrenpotential inne.[4] Die Automatisierung des Straßenverkehrs hat z.B. einerseits das Potential, das Sicherheitsniveau signifikant zu erhöhen.[5] Verhindert werden nämlich die Gefahren durch typisch menschliche Sorgfaltsverstöße wie Übermüdung, Ablenkung oder Trunkenheit am Steuer.[6] In Deutschland beruhen ca. 90 % der Verkehrsunfälle mit Personenschäden auf menschlichem Versagen.[7] Umgekehrt dürfte die komplexe Fahrzeugtechnik mit ihren vielen sensiblen Komponenten (Sensoren, Kameras usw.) die Gefahr von Störungen und Ausfällen vervielfachen.[8] In der Tat wäre es nach einem Bericht von Google an die kalifornische Kfz-Behörde von 2015 in dem 14monatigen Berichtzeitraum zu mehr als 12 Unfällen gekommen, wenn der Fahrer nicht eingegriffen hätte.[9] Auch im Übrigen können autonom handelnde Maschinen gegen Rechtsnormen verstoßen und Schäden verursachen: Pflegeroboter können Patienten verletzen, Chatbots rassistische Äußerungen von sich geben und Systeme der Personalwahl Bewerber aufgrund von Geschlecht, Alter oder Herkunft ausschließen.[10] Gerade die Fähigkeit zur eigenständigen Entscheidungsfindung führt dazu, dass sich Schädigungs-

---

4 *v. Bodungen, Benjamin/Hoffmann, Martin*, Autonomes Fahren – Haftungsverschiebung entlang der Supply Chain? (1. Teil), NZV 2016, S. 449 (451).

5 *Gomille, Christian*, Herstellerhaftung für automatisierte Fahrzeuge, JZ 2016, S. 76.

6 *Wagner, Gerhard*, Produkthaftung für autonome Systeme, AcP 217 [2017], S. 707 (709); *Schirmer, Jan-Erik*, Robotik und Verkehr. Was bleibt von der Halterhaftung?, RW 2018, S. 453 (463); *Gurney, Jeffrey*, Sue My Car Not Me: Products Liability and Accidents Involving Autonomous Vehicles, U. Ill.J.L. Tech. & Pol'y (2013), S. 247 (250 f.); *Vladeck, David*, Machines Without Principals: Liability Rules and Artificial Intelligence, Wash. Law Review Vol. 89 (2014), S. 117 (130).

7 *Scraback, Bianca*, Wer sollte für das „auto-Auto" haften?, in: Husemann et al. (Hrsg.), Strukturwandel im Privatrecht, 2019, S. 293.

8 *v. Bodungen/Hoffmann* Fn. 4, S. 451; *Fleck, Jörg/Thomas, Aline*, Automatisierung im Straßenverkehr. Wohin fahren wir?, NJOZ 2015, S. 1393 (1394); vgl. auch *Scraback* Fn. 7, S. 293.

9 Google Self-Driving Car Testing Report on Disengagements of Autonomous Mode, December 2015, S. 6, abrufbar unter https://www.consumerwatchdog.org/resources/cadmvdisengagereport-dec.2015.pdf <zuletzt abgerufen am 15.10.2022>.

10 *Borges, Georg*, Rechtliche Rahmenbedingungen für autonome Systeme, NJW 2018, S. 977 (979).

handlungen weder beherrschen noch verhindern lassen.[11] Mit der zunehmenden Komplexität geht tendenziell eine zunehmende Fehleranfälligkeit einher.[12] Letztlich wird der Fehlerfaktor Mensch durch den Fehlerfaktor Maschine ersetzt.[13] Vor diesem Hintergrund ist es begrüßenswert, wenn die juristische Diskussion zukünftige Entwicklungen wie diese antizipiert und frühzeitig Lösungsvorschläge erarbeitet.

Im vorliegenden Beitrag soll die Haftung wegen Schädigung durch autonom handelnde Maschinen insbesondere aus normtheoretischer Perspektive behandelt werden. Eine einheitliche Terminologie hat sich in der Rechtswissenschaft und Rechtspraxis noch nicht entwickelt. Statt Maschinen[14] ist z.B. auch von autonomen Robotern,[15] Automaten,[16] Systemen,[17] Softwareagenten[18] oder – ganz allgemein – von Aktanten[19] die Rede. Gemeint ist jeweils ein nichtmenschliches Objekt, dessen Verhalten nicht

---

11 *Sosnitza, Olaf*, Das Internet der Dinge – Herausforderung oder gewohntes Terrain für das Zivilrecht?, CR 2016, S. 764 (769).

12 *Helmig, Ekkehard*, Sicherheitserwartungen für automatisierte und autonome Fahrzeuge: Haftung aus Basis- vs. Zukunftstechnologie, PHi Haftpflicht international 2012, S. 32; *Gomille* Fn. 5, S. 76; *Orthwein, Matthias/Obst, Jean-Stephan*, Embedded Systems – Updatepflichten für Hersteller hardwarenaher Software, CR 2009, S. 1.

13 *Gomille* Fn. 5, S. 76; ähnlich *Wagner*, Fn. 6, S. 758.

14 So z.B. auch *Kersten, Jens*, Menschen und Maschinen Rechtliche Konturen instrumenteller, symbiotischer und autonomer Konstellationen, JZ 2015, S. 1; *Rösinger, Luna*, Autonome Maschinen als „Normadressaten“? Eine Erinnerung an die Bedeutung von Autonomie als Selbstgesetzgebung für das Rechtsverständnis, ZfDR 2021, S. 147.

15 Europäisches Parlament, Berichtsentwurf mit Empfehlungen an die Kommission zu zivilrechtlichen Regelungen im Bereich Robotik (2015/2103(INL)); *Schirmer* Fn. 2, S. 660.

16 *Gruber, Malte-Christian/Bung, Jochen/Ziemann, Sascha* (Hrsg.), Autonome Automaten, 2015; *Matthias, Andreas*, Automaten als Träger von Rechten, 2. Aufl. 2010.

17 *Böhringer, Jacob*, Strafrechtliche Verantwortlichkeit für autonome Systeme, RAW 2019, S. 13; *Grützmacher, Malte/Heckmann, Jörn*, Autonome Systeme und KI – vom vollautomatisierten zum autonomen Vertragsschluss?, CR 2019, S. 553; *Horner, Susanne/Kaulartz, Markus*, Haftung 4.0 Verschiebung des Sorgfaltsmaßstabs bei Herstellung und Nutzung autonomer Systeme, CR 2016, S. 7.

18 *Cornelius, Kai*, Autonome Softwareagenten im Verbandssanktionenrecht, ZRP 2019, S. 8; *Müller-Hengstenberg, Claus D./Kirn, Stefan*, Haftung des Betreibers von autonomen Softwareagents. Mögliche Auswirkungen der Entschließung des Europäischen Parlaments zur Haftung bei KI-Einsatz, MMR 2021, S. 376; *Schuhmacher, Elmar/Fatalin, Markus*, Compliance-Anforderungen an Hersteller autonomer Software-Agenten, CR 2019, S. 200; *Teubner, Gunther*, Digitale Rechtssubjekte?, AcP 218 [2018], S. 155 (186).

19 *Linardatos* Fn. 3, S. 28 ff. et passim.

vollständig vorherbestimmt oder vorhersehbar ist.[20] Gelegentlich wird auch auf den zugrundeliegenden Algorithmus[21] bzw. die zugrundeliegende künstliche Intelligenz[22] abgestellt.

II. Verantwortungszuweisende Normen

Die Zuweisung der Verantwortung erfolgt durch Normen. Diese lassen sich folgendermaßen kategorisieren:

1. Rechtsnormen

a) Haftungsnormen

Für die Haftung relevant sind in erster Linie natürlich die eigentlichen Haftungsnormen, also die Anspruchsgrundlagen. Bei der vertraglichen Haftung steht § 280 Abs. 1 BGB im Zentrum. Bei der deliktischen Haftung kommen zahlreiche Anspruchsgrundlagen in Betracht, neben dem zentralen § 823 Abs. 1 BGB etwa § 1 Abs. 1 ProdHaftG oder § 831 BGB sowie bei der Schädigung durch autonom fahrende Kraftfahrzeuge die §§ 7, 18 StVG. Dabei stellt sich jeweils die Frage des Anspruchsgegners. Neben den naheliegenden Personen wie Hersteller, Verkäufer und Verwender der Maschine wird außerdem de lege ferenda eine Haftung der Maschine selbst diskutiert, was die Anerkennung als Rechtsträger voraussetzen würde.

b) Zurechnungsnormen

Eine wichtige Zurechnungsnorm im Vertragsrecht ist § 278 BGB, wonach in bestehenden Sonderrechtsverhältnissen das Verhalten von Hilfspersonen zugerechnet wird.[23] Werden autonom handelnde Maschinen zur Er-

---

20 *Borges* Fn. 10, S. 978.

21 *Härtel, Ines*, Digitalisierung im Lichte des Verfassungsrechts – Algorithmen, Predictive Policing, autonomes Fahren, LKV 2019, 49. Hierzu eingehend *Linardatos* Fn. 3, S. 46 ff.

22 *Wagner, Gerhard*, Haftung für Künstliche Intelligenz – Eine Gesetzesinitiative des Europäischen Parlaments, ZEuP 2021, 54. Hierzu eingehend *Linardatos*, Fn. 3, S. 48 ff.

23 Grundlegend *Schmidt, Eike*, Zur Dogmatik des § 278 BGB, AcP 170 [1970], S. 502.

füllung einer vertraglichen Pflicht eingesetzt, stellt sich die Frage, ob Fehler der Maschine dem Schuldner analog dieser Vorschrift zugerechnet werden.

c) Beweisnormen

Beweisnormen dienen der Verteilung der Beweislast und damit der Zuweisung der Folgen, wenn ein bestimmter tatsächlicher Umstand nicht bewiesen werden kann.[24] Damit sind sie für die praktische Durchsetzung des materiellen Zivilrechts essentiell, da im Zivilprozess der Beibringungsgrundsatz gilt und haftungsbegründende Umstände nicht berücksichtigt werden können, wenn sie nicht zur Überzeugung des Gerichts nachgewiesen sind.[25] Bei der Frage, ob eine autonom handelnde Maschine fehlerhaft ist bzw. fehlerhaft gehandelt hat, ist diese Frage von besonderer Bedeutung: Da das Handeln einer solchen Maschine technisch bzw. algorithmisch determiniert ist, können Laien die Ordnungsgemäßheit nur schwer beurteilen.

2. Ökonomische Normen

Ökonomische Normen sind auf die Herbeiführung effizienter Zustände gerichtet. Ein grundlegendes Effizienzkriterium ist das Kosten-Nutzen-Verhältnis. Danach ist z.B. eine Haftungsnorm effizient, wenn die hierdurch erzeugten Anreize zur Vornahme von schadensvermeidenden bzw. -reduzierenden Sorgfaltsvorkehrungen geringere Kosten verursachen, als ein möglicher Schaden verursachen würde.[26]Nach dem überwiegend herangezogenen Kaldor/Hicks-Kriterium ist ein Zustand effizient, wenn kein Beteiligter derart besser gestellt werden kann, dass er mit seinem Gewinn

---

24 *Anders/Gehle*, Das Assessorexamen im Zivilrecht, 12. Aufl. 2015, Teil F Rn. 133; *Stein, Fabian*, Die Darlegungs- und Beweislast im Zivilprozess – Ein Überblick, JuS 2016, S. 896 (897). Grundlegend *Prütting, Hanns*, Gegenwartsprobleme der Beweislast, 1983.

25 BGH NJW-RR 1990, 507; *Musielak*, in: Musielak/Voit, ZPO, 18. Aufl. 2021, Vor § 1 Rn. 37.

26 Sog. Learned-Hand-Formel, dazu etwa *Schäfer, Hans-Bernd / Ott, Claus*, Lehrbuch der ökonomischen Analyse des Zivilrechts, 6. Aufl. 2020, S. 210 ff. Grundlegend *Posner, Richard A.*, A Theory of Negligence, Journal of Legal Studies 1972, 29 (32 ff.).

zumindest theoretisch einen anderen Beteiligten für den auf dessen Seite entstehenden Schaden kompensieren könnte.[27] Bezweckt wird damit insgesamt die Steuerung des Verhaltens aller Individuen dahingehend, dass der Wohlstand insgesamt maximiert wird.[28] Unter diesem Gesichtspunkt lässt sich auch die Haftung wegen Schädigung durch autonom handelnde Maschinen betrachten.[29] Maßgeblich ist dabei, welche Anreize durch die in Rede stehende Haftung erzeugt würden und ob diese zu einer effizienten Ressourcenallokation führen würden.

Inwieweit ökonomische Normen im Rahmen der Rechtsanwendung herangezogen werden können, ist sehr umstritten. Richtigerweise ist dies möglich, sofern die in Rede stehende Rechtsnorm einen Interpretationsspielraum belässt und den ökonomischen Gesichtspunkten keine zwingenden Autoritätsargumente wie z.B. ein eindeutiger Wortlaut, eine klare Systematik oder ein ausdrücklicher Wille des Gesetzgebers entgegenstehen.[30] Vertretbar sind ökonomisch orientierte Argumente jedenfalls, wenn die in Bezug genommenen Zusammenhänge in der ökonomischen Fachliteratur vertreten werden. Dabei ist die Überzeugungskraft umso stärker, je anerkannter diese Zusammenhänge sind. Sind sie innerhalb der ökonomischen Fachliteratur umstritten, sind die ökonomisch orientierte Argumente auch in rechtlicher Hinsicht nur überzeugend, wenn die vertretenen ökonomischen Ansichten dargestellt und unter Angabe von Quellen gewürdigt werden.[31] Eine Verpflichtung, sich am Effizienzgedanken zu orientieren, besteht jedoch weder für Gerichte noch für den Gesetzgeber.[32]

---

27 *Eidenmüller, Horst*, Effizienz als Rechtsprinzip, 4. Aufl. 2015, S. 51; *Schäfer, Hans-Bernd/Ott, Claus*, Lehrbuch der ökonomischen Analyse des Zivilrechts, 5. Aufl. 2012, S. 154.

28 *Scraback* Fn. 7, S. 295.

29 Speziell zum autonomisierten Fahrzeug *Scraback* Fn. 7, S. 293 ff.

30 *Grundmann, Stefan*, Methodenpluralismus als Aufgabe -zur Legalität von ökonomischen und rechtsethischen Argumenten in Auslegung und Rechtsanwendung, RabelsZ 66 [1997], S. 423 (442 ff.); *Janson, Gunnar*, Ökonomische Theorie im Recht, 2004, S. 143 ff.; *Ott, Claus/Schäfer, Hans-Bernd*, Die ökonomische Analyse des Rechts – Irrweg oder Chance wissenschaftlicher Rechtserkenntnis?, JZ 1988, S. 213 (215); *Stöhr, Alexander*, Kleine Unternehmen, 2019, S. 206 ff.; kritisch etwa *Eidenmüller* Fn. 27, S. 414 ff.; *Larenz*, Methodenlehre der Rechtswissenschaft, 6. Aufl. 1991, S. 428.

31 *Stöhr* Fn. 30, S. 209 ff.

32 BVerfGE 50, 290 (337 f.); *Eidenmüller* Fn. 27, S. 445; *Martini, Mario*, Der Markt als Instrument hoheitlicher Verteilungslenkung, 2008, S. 232 f.; a.A. *Grundmann* Fn. 30, S. 442, der eine Verankerung des Effizienzgedankens in Art. 14 GG sieht. Für ein verfassungsrechtliches Effizienzgebot *Buchanan, James M.*, The Limits of Liberty, 1975; *Krüger, Herbert*, Allgemeine Staatslehre, 1964, S. VI, S. 835.

III. Begründung der Haftung

1. Vertragliche Haftung

Die zentralen Haftungsnormen des Vertragsrechts finden sich in den §§ 280 ff. BGB. Da bei der Schädigung durch autonom handelnde Maschinen regelmäßig das Integritätsinteresse betroffen ist, geht es um einen (einfachen) Schadensersatz neben der Leistung nach § 280 Abs. 1 BGB. Die Pflichtverletzung kann sowohl in der Verletzung einer Nebenpflicht nach § 241 Abs. 2 BGB oder – wie im Eingangsfall 2 – in der Verletzung einer Hauptleistungspflicht bestehen. Sofern der Schuldner zur Erfüllung seiner Verbindlichkeit eine nichtautonom handelnde Maschine einsetzt, die seiner Kontrolle unterliegt und keine eigenständigen Entscheidungen trifft – etwa einen Bagger oder einen Schneidbrenner – kann unproblematisch an das Verhalten des Schuldners angeknüpft werden, ohne dass es einer Zurechnung bedarf. Verletzt eine Maschine im Einsatz ein Rechtsgut eines Vertragspartners, wird der dahinter stehenden Person die Schädigung zugerechnet: Sie haften als „Veranlasser" aus § 280 Abs. 1 BGB.[33] Trifft die Maschine hingegen eine autonome Entscheidung und ist deren Einsatz als solcher nicht pflichtwidrig, etwa weil die Maschine rechtlich zugelassen ist und bestimmungsgemäß verwendet wird, begeht der Schuldner selbst keine Pflichtverletzung. Die bloße Inbetriebnahme der Maschine wäre ein viel zu weit gefasster Vorwurf. Auch eine Entlastung nach § 280 Abs. 1 S. 2 BGB wäre häufig möglich, da der Verwender die Vermutung gerade im Fall einer für ihn undurchschaubaren, nicht prognostizierbaren Schadensverursachung widerlegen kann.[34] Kann der Verwender nachweisen, dass die Maschine korrekt eingesetzt wurde, ohne dass der Verwender selbst eine Vertragspflicht verletzt hat, dann wäre er von jeglicher Haftung befreit.[35] Ohne eine Zurechnung des Maschinenhandelns analog § 278 BGB bestünde eine Haftungslücke.[36] Zudem wäre automatisiertes Verhalten gegenüber menschlichem Verhalten privilegiert, da menschliche Erfüllungsgehilfen den unmittelbaren Anwendungsbereich des § 278 BGB ausma-

33 *Spindler, Gerald*, Zivilrechtliche Fragen beim Einsatz von Robotern, in: Hilgendorf (Hrsg.), Robotik im Kontext von Recht und Moral, 2014, S. 63 (66 ff.); *Hanisch, Jochen*, Zivilrechtliche Haftungskonzepte für Robotik, in: ebenda, S. 27 (32); *Müller-Hengstenberg/Kirn* Fn. 18, S. 309 ff.

34 *Teubner* Fn. 18, S. 186.

35 *Grundmann, Stefan*, in: MünchKomm-BGB, 9. Aufl. 2022, § 278 Rn. 46; *Teubner* Fn. 18, S. 158 f.

36 *Teubner* Fn. 18, S. 186.

chen. Hätte also in Ausgangsfall 2 Anlageberater B statt des autonom handelnden Computerprogramms einen menschlichen Mitarbeiter konsultiert und hätte dieser zumindest fahrlässig eine fehlerhafte Anlageempfehlung gegeben, so stünde eine Haftung des B außer Frage. Die für eine Analogie erforderliche planwidrige Regelungslücke ist gegeben, da autonom handelnde Maschinen eine neue Erscheinung sind, die der Gesetzgeber bei Einführung des § 278 BGB nicht vorhersehen konnte.[37] Sehr umstritten ist hingegen, ob auch eine vergleichbare Interessenlage besteht.

Die Anwendbarkeit des § 278 BGB wird teilweise mit folgender Erwägung verneint: Wenn der Verwender einer autonom handelnden Maschine alle Kontrollpflichten im vorgelagerten Bereich eingehalten hat, dann dürfe ihn beim Einsatz von Softwareagenten genauso wenig eine Haftung treffen wie auch sonst beim Einsatz anderer gefährlicher Technologien.[38] Dieser Einwand berücksichtigt jedoch nicht die neue Qualität, die beim Entscheidungsversagen autonomer Maschinen im Unterschied zum Versagen herkömmlicher Maschinen entsteht. Gegen eine Analogie wird ferner angeführt, dass § 278 BGB die Zurechnung fremden Verschuldens betreffe, technische Systeme jedoch derzeit nicht verschuldensfähig seien.[39] Dieses Verständnis des § 278 BGB greift jedoch zu kurz. Zugerechnet wird nämlich nicht bloß das Verschulden, sondern das gesamte Verhalten von Hilfspersonen in bestehenden Sonderrechtsverhältnissen.[40] Dies ist auch einsichtig, da das Verschulden nicht losgelöst von dem in Rede stehenden Verhalten bestimmt werden kann. Außerdem wäre es denkbar, eine „funktionale Verschuldensäquivalenz" zu verlangen, sodass derjenige, der sich zur Erfüllung vertraglicher Pflichten einer autonom handelnden Maschine bedient, nicht besser steht als derjenige, der einen Erfüllungsgehilfen einsetzt.[41] Gegen die Analogie soll ferner sprechen, dass der Verwender die Verschuldensvermutung nach § 280 Abs. 1 S. 2 BGB regelmäßig nicht widerlegen könne. Außerdem bestehe kein Bedarf für die Analogie: Es bleibe unklar, welche Pflicht der dahinter stehende Mensch verletzt haben soll und worin sein Verschuldensbeitrag liegt. Letztlich knüpfe die Haftung

---

37 *Linardatos* Fn. 3, S. 206.

38 *Spindler, Gerald*, Digitale Wirtschaft – analoges Recht: Braucht das BGB ein Update?, JZ 2016, S. 805 (816). Gegen die Analogie auch *Grundmann* Fn. 35, Rn. 46.

39 *Hacker, Philipp*, Verhaltens- und Wissenszurechnung beim Einsatz von Künstlicher Intelligenz, RW 2018, S. 243 (259); *Zech, Herbert*, Künstliche Intelligenz und Haftungsfragen, ZfPW 2019, S. 198 (211).

40 *Grundmann, Stefan*, in: MünchKomm-BGB, 8. Aufl. 2019, § 278 Rn. 1; *Lorenz, Stephan*, in: BeckOK-BGB, 59. Edition, Stand. 1.8.2021, § 278 Rn. 50.

41 So auch *Hacker* Fn. 39, S. 259; *Zech* Fn. 39, S. 211.

am Einsatz der Maschine an, der per se für so gefahrgeneigt gehalten wird, dass den Inhaber eine Haftung treffen müsse.[42]

Richtigerweise ist § 278 BGB analog auf autonom handelnde Maschinen anwendbar.[43] Diese Vorschrift beruht auf der Erwägung, dass der Schuldner für solche Verhaltensweisen seines Erfüllungsgehilfen einstehen muss, die, hätte er an dessen Stelle selbst gehandelt, eine Haftung begründen. Dies passt auch auf das Verhalten einer autonom handelnden Maschine.[44] In ökonomischer Hinsicht würde die Analogie außerdem positiv zur Internalisierung der Kosten von Maschinenversagen beitragen, und da der Entscheidungsträger zugleich Kostenträger wäre, hätte er den optimalen Anreiz, Kosten und Nutzen von mehr Maschinensicherheit effizient abzuwägen.[45] Es würde ein Anreiz geschaffen, Maschinen tatsächlich einzusetzen, da die Haftung nach § 278 BGB grundsätzlich abbedungen werden kann.[46]

2. *Deliktische Haftung*

Im Rahmen der deliktischen Haftung wird zunächst die lex lata behandelt (unten a)). Dabei wird nach der Haftung der beteiligten Personen unterschieden und die Rechtslage im Hinblick auf etwaige Haftungslücken gewürdigt. Sodann werden die Einführung einer Eigenhaftung der Maschinen (unten b)) sowie einer Gefährdungshaftung (unten c)) diskutiert.

---

42 Vgl. *Schirmer* Fn. 2, S. 663, der sich jedoch i.E. für eine Analogie ausspricht.

43 *Keßler, Oliver*, Intelligente Roboter – neue Technologien im Einsatz, Voraussetzungen und Rechtsfolgen des Handelns informationstechnischer Systeme, MMR 2017, S. 589 (592 f.); *Hacker* Fn. 39, S. 249 ff.; *Schirmer, Jan-Erik*, Von Mäusen, Menschen und Maschinen – Autonome Systeme in der Architektur der Rechtsfähigkeit, JZ 2019, S. 711; *Teubner* Fn 18, S. 186; differenzierend *Linardatos* Fn. 3, S. 214.

44 *Schirmer* Fn. 2, S. 664.

45 *Grundmann* Fn. 40 Rn. 46, der die Analogie jedoch i.E. ablehnt.

46 *Schirmer* Fn. 2, S. 664.

a) De lege lata

aa) Rechtslage

(1) Haftung des Verwenders

Die Anspruchsgrundlage für einen Anspruch gegen den *Verwender* einer autonom handelnden Maschine ist § 823 Abs. 1 BGB. Eine Haftung nach dieser Vorschrift scheitert jedoch in der Regel daran, dass der Verwender bei einem autonomen Handeln der Maschine keinen Verhaltensbeitrag geleistet hat.[47] Zudem wird es regelmäßig am Verschulden fehlen, wenn die eingesetzte Maschine zugelassen ist. Eine analoge Anwendung von § 831 BGB auf autonom handelnde Maschinen ist zwar möglich.[48] Jedoch wird sich der Verwender regelmäßig nach § 831 Abs. 1 S. 2 BGB exkulpieren können, wenn die Maschine ordnungsgemäß verwendet und etwaige erforderliche Vorkehrungsmaßnahmen getroffen wurden, etwa Wartungsarbeiten oder Software-Updates.

Bei autonomen Fahrzeugen kommt eine Haftung des *Fahrzeugführers* als Verwender nach § 18 StVG in Betracht. Nach § 1a Abs. 4 StVG ist auch der Verwender eines vollständig autonom fahrenden Autos Fahrzeugführer im Sinne dieser Anspruchsgrundlage. Eine Haftung nach dieser Vorschrift würde Anreize für Sorgfaltsmaßnahmen schaffen, etwa zur Kontrolle, ob das System noch ordnungsgemäß funktioniert.[49] Zu klären ist, wer die Beweislast trägt, wenn das automatisierte System aktiviert war. Hier stellt sich die Frage, ob der Fahrer weiter beweisen muss, dass er seiner Überwachungspflicht nachgekommen ist und er keine rechtswidrige Nebentätigkeit ausgeführt hat.[50] Dagegen spricht in ökonomischer Hinsicht, dass sich der Fahrer während eines automatisierten Fahrvorgangs gem. § 1b Abs. 1 StVG ausdrücklich vom Fahrgeschehen abwenden darf und den Unfallhergang damit nicht leichter rekonstruieren kann als andere Personen, weshalb die Beweisbeschaffungskosten des Fahrers im Verhältnis zu denen des Geschädigten steigen.[51] Außerdem wird es bei autonomen Fahrzeugen häufiger Unfälle geben, die auf technischem Versagen beruhen als solche, die auf Fehlern des Fahrzugführers beruhen, weshalb die Fahrlässigkeits-

---

47 Vgl. *Gomille* Fn. 5, S. 82.
48 *Zech* Fn. 39, S. 211.
49 *Scraback* Fn. 7, S. 301.
50 *Scraback* Fn. 7, S. 306.
51 *Lutz, Lennart*, Autonome Fahrzeuge als rechtliche Herausforderung, NJW 2015, S. 119 (120); *Scraback* Fn. 7, S. 307.

wahrscheinlichkeit sinkt.[52] Der *Halter* unterliegt der Gefährdungshaftung des § 7 StVG Abs. 1 StVG. Die Halterhaftung entfällt bei autonomen Fahrzeugen nicht, da die Haltereigenschaft nicht vom Autonomisierungsgrad abhängt.[53] Ein Fehler des Autos könnte allenfalls als höhere Gewalt i.S.v. § 7 Abs. 2 StVG zu bewerten sein. Dagegen spricht jedoch, dass Anreize für eine Wartung der Sensorik und Durchführung von Software-Updates bestehen sollten.[54]

(2) Haftung des Herstellers

Der Hersteller hat die Verkehrssicherungspflicht, die von seinen Produkten ausgehenden Gefahren gering zu halten, soweit dies möglich und zumutbar ist. Ansonsten besteht sowohl eine verschuldensunabhängige Haftung nach § 1 Abs. 1 S. 1 ProdHaftG als auch eine allgemeine verschuldensabhängige Produzentenhaftung nach § 823 Abs. 1 BGB.[55] Die Haftung nach § 823 Abs. 1 BGB erfasst auch die schuldhafte Verletzung von Produktbeobachtungspflichten, welche sich infolge der Vernetzung der Fahrzeuge im Vergleich zu herkömmlichen Fahrzeugen verstärken werden.[56] Bei autonomen Fahrzeugen kommen als Hersteller sowohl die Hersteller des Fahrzeugs als auch die Hersteller der Software in Betracht, sofern sie nicht personenidentisch sind.[57] Ergibt sich ein Fehler der Sensoren oder eine falsche Beurteilung durch die Software, liegt die Annahme eines Konstruktions- oder Fabrikationsfehlers nahe.[58]

Die Frage nach der Beweislast stellt sich sehr komplex dar. Auch im Produkthaftungsrecht gilt der Grundsatz, dass diejenige Partei die Tatsachen vortragen und beweisen muss, die eine für sie günstige Rechtsfolge

52 *Scraback* Fn. 7, S. 308.

53 *Buck-Heeb, Petra/Dieckmann, Andreas*, Zivilrechtliche Haftung von Fahrer und Halter bei (teil-)autonomem Fahren, in: Beck/Stender-Vorwachs/Oppermann (Hrsg.), Autonomes Fahren, 2017, S. 59 (78 ff.); *Scraback* Fn. 7, S. 299; *Wagner* Fn. 6, S. 758. Gegen eine Haftung des Halters noch *Lutz* Fn. 51, S. 120.

54 *Scraback* Fn. 7, S. 299; höhere Gewalt ablehnend auch *Armbrüster, Christian*, Automatisiertes Fahren – Paradigmenwechsel im Straßenverkehrsrecht?, ZRP 2017, S. 83 (84); *v. Bodungen/Hoffmann* Fn. 4, S. 451; *Wagner* Fn. 6, S. 758.

55 *Gomille* Fn. 5, S. 77.

56 *v. Bodungen, Benjamin/Hoffmann, Martin*, Autonomes Fahren – Haftungsverschiebung entlang der Supply Chain? (2. Teil), NZV 2016, S. 503 (506); *Gomille* Fn. 5, S. 80; *Scraback* Fn. 7, S. 312.

57 *v. Bodungen/Hoffmann* Fn. 56S. 507; *Scraback* Fn. 7, S. 311.

58 *Scraback* Fn. 7, S. 311.

auslösen.[59] Danach trägt der Geschädigte die Beweislast dafür, dass der Hersteller das Produkt fehlerbehaftet in den Verkehr gebracht hat.[60] Im Hinblick auf autonome Fahrzeuge werden teilweise Bedenken angemeldet, dem Geschädigten die Beweislast für den Fehler des autonomen Fahrzeugs aufzuerlegen.[61] So sei z.B. der Beweis, dem Softwarehersteller sei die Verwendung sicherer Algorithmen für das Steuerungssystem möglich gewesen, nur schwer zu führen.[62] Da eine Prozesspartei nach deutschem Recht grundsätzlich nicht verpflichtet ist, dem Gegner das beweiserhebliche Material zur Verfügung zu stellen,[63] droht der Beweis des Geschädigten schon daran zu scheitern, dass er keinen Zugang zu dem Quellcode der maßgeblichen Software hat. Dem kann jedoch entgegenhalten werden, dass sich der äußere Unfallhergang mit den überkommenen Methoden auch bei der Beteiligung eines autonomen Systems rekonstruieren lässt. Dieser Hergang kann sodann durch einen Sachverständigen daraufhin überprüft werden, ob ein menschlicher Fahrer den Unfall bei Beachtung der im Verkehr erforderlichen Sorgfalt vermieden hätte.[64] In diesem Fall steht zugleich fest, dass das autonome System im konkreten Fall nicht diejenige Sicherheit gewährleistet hat, die berechtigterweise von ihm erwartet werden kann. Damit wäre zumindest der Anscheinsbeweis für den Fehler geführt.[65]

Ist ein Fehler des autonomen Fahrzeugs nachgewiesen, gibt es für den Hersteller drei Möglichkeiten, eine Haftung zu vermeiden: Er kann (1.) den Gegenbeweis führen, (2.) sich auf fehlendes Verschulden berufen oder (3.) sich auf die Nichterkennbarkeit des Fehlers bei Inverkehrgabe berufen.[66] Der Einwand der Nichterkennbarkeit kann jedoch nur durchgreifen, wenn die potentielle Gefährlichkeit des Produkts nach den aktuell verfügbaren wissenschaftlichen Erkenntnissen von niemandem erkannt werden konnte, weil diese Erkenntnismöglichkeit zum maßgeblichen Zeitpunkt noch nicht vorhanden war. Dieser Beweis kann daher nur geführt werden,

---

59 BGHZ 51, 91 (104); *Wagner, Gerhard*, in: MünchKomm-BGB, 8. Aufl. 2020, § 1 ProdHaftG Rn. 1; *Gomille* Fn. 5, S. 78.

60 BGHZ 51, 91 (104); Staudinger/*Hager, Johannes*, BGB, Neubearbeitung 2021, § 823 Rn. F 39.

61 *Lutz, Lennart/Tang, Tito/Lienkamp, Markus*, Die rechtliche Situation von teleoperierten und autonomen Fahrzeugen, NZV 2013, S. 57 (61).

62 *Gurney* Fn. 6, S. 247.

63 Vgl. BGH NJW 2007, 155 (156).

64 *Gomille* Fn. 5, S. 78.

65 *Vladeck* Fn. 6, S. 135 f.; *Gomille* Fn. 5, S. 78.

66 *Gomille* Fn. 5, S. 78.

wenn der Hersteller seine Produkte vor der Inverkehrgabe einem regelmäßigen Kontrollverfahren unterzieht.[67]

bb) Würdigung

Das BGB konnte bislang die im digitalen Zeitalter auftretenden Probleme, etwa Vertragsschlüsse im Internet oder Daten als Vertragsgegenstand, angemessen erfassen.[68] Dies ist überaus bemerkenswert für ein Gesetz, das in weiten Teilen seit 1900 besteht. Im Folgenden wird untersucht, ob es auch die Herausforderungen durch autonom handelnde Maschinen bewältigen kann. In der Literatur wird teilweise vertreten, dass sowohl im Vertragsrecht als auch im Haftungsrecht sämtliche Gefährdungen „mit tradierten rechtlichen Instrumenten bewältigt werden" können.[69] Es gebe keinen Anlass, von den bewährten Zurechnungstechniken, die das Maschinenverhalten stets als Menschenverhalten ausgeben, abzugehen. Autonom handelnde Maschinen könnten rechtlich ohne Probleme als bloße Instrumente in den Händen ihrer menschlichen Herren behandelt werden.[70]

Im deutschen und auch im internationalen Diskurs wird jedoch zunehmend bezweifelt, dass das überkommene Regime das Haftungsgeschehen angemessen erfasst. Teilweise wird eine Ausuferung der Haftung verbunden mit einem starken Anstieg der Produkthaftungsklagen und der damit verbundenen Rechtsverfolgungskosten befürchtet, namentlich im Hinblick auf automatisierte Fahrzeuge.[71] Vorgeschlagen wird daher eine partielle Freistellung der Hersteller von der Haftung,[72] ggf. unter Beteili-

---

67 *Gomille* Fn. 5, S. 79.

68 Dazu eingehend *Faust, Florian*, Gutachten A zum 71. Deutschen Juristentag, 2016; *Stöhr, Alexander*, Das BGB im digitalen Zeitalter – Eine Herausforderung für das Vertragsrecht, ZIP 2016, S. 1468; *ders.*, Der Einfluss des Internets auf das Zivilrecht, in: Kurzbein et al. (Hrsg.), Metamorphose des Zivilrechts, 2014, S. 93.

69 *Gomille* Fn. 5, S. 82; vgl. auch *Linardatos* Fn. 3, S. 581.

70 Grüneberg/*Ellenberger, Jürgen*, 82. Aufl. 2023, Vor § 116 Rn. 2; Staudinger/*Singer, Reinhard*, BGB, Neubearbeitung 2017, Vor §§ 116 ff. Rn. 57; *Bräutigam, Peter/Klindt, Thomas*, Industrie 4.0, das Internet der Dinge und das Recht, NJW 2015, S. 1137 (1138). Gegen die zwingende Notwendigkeit einer gesetzlichen Änderung auch *Linardatos* Fn. 3, S. 581.

71 *Schubert, Mathias*, Autonome Fahrzeuge – Vorüberlegungen zu einer Reform des Haftungsrechts, PHi 2015, S. 46 (49 ff.); *Boeglin, Jack*, The Cost of Self-Driving Cars: Reconciling Freedom and Privacy with Tort Liability in Autonomous Vehicle Regulation, Yale J.L. & Tech. Vol. 17 (2015), S. 171 (187 f.).

72 *Schubert* Fn. 71, S. 49 ff.; *Boeglin* Fn. 71, S. 188.

gung an den Versicherungskosten des Halters.[73] Richtigerweise wird der Halter jedoch nicht unbillig bevorzugt, da er nun einmal keinen Verhaltensbeitrag geleistet hat.[74] Die Gefahren exorbitanter Prozesskosten dürfen nicht überschätzt werden, da die Beweisführung nicht grundlegend anders verläuft als bei einem manuell gesteuerten Fahrzeug.[75]

Umgekehrt werden Haftungslücken ausgemacht. Das traditionelle Haftungssystem sei im Hinblick auf selbstfahrende Autos unbefriedigend, da es den Umstand nicht berücksichtigt, dass der Hersteller die Steuerung des Fahrzeugs festlegt.[76] Die Zwecke der Kausalhaftung für Kfz-Unfälle – die nach geltendem Recht allein den Halter (§ 7 StVG) trifft – würden dafür sprechen, eine gesetzliche Kausalhaftung des Herstellers für Schäden einzuführen, die durch den Betrieb von Kfz bei aktivierter autonomer Fahrzeugsteuerung verursacht werden.[77] Die technische Entwicklung führt zu weiteren Haftungslücken. Da ist zunächst die zunehmende Computervernetzung, die bei schädigenden Handlungen eine multiple Kausalität erzeugt, die mit den Haftungsnormen des geltenden Rechts nicht mehr erfasst werden kann.[78] Verwiesen wird in diesem Zusammenhang auf den erheblichen Kursverlust des Dow Jones an der Börse in New York vom 6.5.2010, der auf den zeitweise unkontrolliert und unverständlich handelnden Algorithmen der Wall Street beruhte und einen Milliardenverlust zur Folge hatte. Im Hinblick auf Big Data sind Kausalität und Verschulden schwierig zu bestimmen, wenn bei Fehleinschätzungen fehlerhafter Big-Data-Vorhersagen der Grund für die fehlerhafte Berechnung nicht eindeutig festgestellt werden kann.[79] Im deliktischen Bereich entstehen Haftungslücken, weil die Haftung nur auf die Pflichtverletzung des Verwenders, Herstellers oder Programmierers abstellt: Halten die beteiligten Menschen diese Pflichten ein, dann trifft sie keine Haftung.[80] Es wurde bereits gezeigt, dass eine Haftung des Verwenders außerhalb des StVG kaum begründbar ist.

---

73 *Schubert* Fn. 71, S. 49 ff.; ähnlich *Lutz* Fn. 51, S. 121.

74 *Gomille* Fn. 5, S. 82.

75 *Gomille* Fn. 5, S. 82.

76 *Borges, Georg*, Haftung für selbstfahrende Autos, CR 2016, S. 272 (280).

77 *Borges* Fn. 76, S. 280.

78 *Spiecker, Indra*, Zur Zukunft systemischer Digitalisierung – Erste Gedanken zur Haftungs- und Verantwortungszuschreibung bei informationstechnischen Systemen, CR 2016, S. 698 ff.; *Teubner* Fn. 18, S. 158.

79 *Teubner* Fn. 18, S. 158.

80 *Bräutigam/Klindt* Fn. 70, S. 1140; *Spindler* Fn. 38, S. 816; *Teubner* Fn. 18, S. 159.

Vor diesem Hintergrund lässt sich festhalten, dass das überkommene Haftungsregime zu Verantwortungsdefiziten führt.[81] So muss es bei Schädigungen durch autonome Maschinen das schadensauslösende Ereignis ausschließlich auf den Handlungsanteil des Menschen abstellen und kann die Haftungsvoraussetzungen dann nicht mehr im Detail bestimmen.[82] Und im Hinblick auf die Vernetzungen von Multi-Agenten-Systemen besteht allgemeine Ratlosigkeit.[83] Die bisherigen Normen fokussieren sich ausschließlich darauf, ob den Verwendern bzw. Herstellern ein Fehlverhalten vorwerfbar ist, während Fehlentscheidungen der Maschinen selbst nicht sanktionsfähig sind.[84] Nun erfordert zwar nicht jede Schädigung aus rechtsethischer und ökonomischer Sicht, dass jemand dafür einstehen muss. Nicht selten muss eine Schädigung als allgemeines Lebensrisiko in Kauf genommen werden, z.B. ein herabstürzender Ast im Wald oder ein Blitzschlag. Bei der Schädigung durch autonom handelnde Maschinen erschiene es jedoch unbefriedigend, dem Geschädigten eine Kompensation generell zu versagen, da die Maschinen gezielt zur Mehrung von privatem Nutzen entwickelt (Hersteller), in Verkehr gebracht (Verkäufer) und eingesetzt (Verwender) werden. Diese von vornherein von der Haftung freizustellen würde erhebliche Fehlanreize setzen.[85] Zudem würde die gesellschaftliche Bereitschaft sinken, das Potential autonomer Maschinen voll zu nutzen.[86] Schließlich würde es dem Gerechtigkeitspostulat widersprechen, dass an Entscheidungen auch die Verantwortung für die ausgelösten Folgen geknüpft ist.[87] Daher steht das Zivilrecht vor der Wahl, entweder die gegenwärtige Rechtslage beizubehalten und immer mehr Schädigungen in Kauf zu nehmen, für welche kein Verantwortlicher einstehen muss, oder aber gesetzliche Regelungen zu schaffen.[88]

---

81 *Teubner* Fn. 18, S. 159.
82 *Teubner* Fn. 18, S. 160.
83 *Teubner* Fn. 18, S. 160.
84 *Teubner* Fn. 18, S. 189.
85 *Eidenmüller, Horst*, The Rise of Robots and the Law of Humans, Oxford Legal Studies Paper No 27/2017, S. 8; vgl. auch *Grundmann* Fn. 35 Rn. 46.
86 *Teubner* Fn. 18, S. 160.
87 *Teubner* Fn. 18, S. 159.
88 *Teubner* Fn. 18, S. 157.

b) De lege ferenda: Eigenhaftung der Maschinen

Eine Eigenhaftung der Maschinen könnte erreicht werden, indem ihnen volle Rechtsfähigkeit (unten aa)) oder Teilrechtsfähigkeit (unten bb)) zugesprochen wird. In der Diskussion ist mitunter auch von Rechtssubjektivität die Rede. Diese ist mit Rechtfähigkeit weitgehend deckungsgleich, jedoch nicht identisch.[89] Dadurch würde neben natürlichen Personen und juristischen Personen eine dritte Kategorie von Rechtsträgern eingeführt, die häufig als elektronische Person oder e-person bezeichnet wird. Der Unterschied zwischen juristischen und elektronischen Personen verschwimmt in der Diskussion gelegentlich. So treffen z.B. elektronische Personen eigene autonome Entscheidungen, ohne dass sie wie eine juristische Person auf die Vertretung durch organschaftliche Vertreter angewiesen sind. Eine Gemeinsamkeit besteht hingegen darin, dass elektronische Personen ebenso wie juristische Personen mit Kapital ausgestattet werden müssen, um für die Gläubiger einen Haftungsfonds zu schaffen. Demgegenüber sind natürliche Personen von Natur aus rechtsfähig; die Vorschrift des § 1 BGB ist rein klarstellend. Die Rechtsfähigkeit des Menschen lässt sich als überpositiver Grundsatz begreifen und naturrechtlich begründen, da der Mensch ein vernunftbegabtes Wesen ist.[90]

aa) Volle Rechtsfähigkeit

(1) Regelungsvorschläge

In einem vielbeachteten Vorschlag von Januar 2017 hat das Europäische Parlament beschlossen, „einen speziellen rechtlichen Status für Roboter zu schaffen, damit zumindest für die ausgeklügeltsten Roboter ein Status als elektronische Personen mit speziellen Rechten und Verpflichtungen festgelegt werden könnte, dazu gehört auch die Wiedergutmachung sämtlicher Schäden, die sie verursachen.“ Wenn Roboter autonome Entscheidungen fällen, dann sollen sie als „elektronische Personen“, als juristische Personen im Vollsinne, anerkannt werden.[91]

---

89 *Schirmer* Fn. 43, S. 711 f.; a.A. *Klingbeil, Stefan*, Der Begriff der Rechtsperson, AcP 217 [2017], S. 848 (859): Untrennbar miteinander verbunden.

90 *Schirmer* Fn. 2, S. 662.

91 Europäisches Parlament, Fn. 15, S. 13. Dazu etwa *Wagner* Fn. 22, S. 549 ff.

In der Literatur wird vorgeschlagen, elektronischen Personen die Fähigkeit einzuräumen, als juristische Vollpersonen Willenserklärungen in fremdem, aber auch in eigenem Namen abzugeben; dass sie Eigentum haben; über Geld verfügen; Bankkonten und Zugang zu Kredit haben sollen;[92] dass sie für ihre Transaktionen Provisionen kassieren und dieses selbstverdiente Geld dazu benutzen, um für Schädigungen oder Ordnungswidrigkeiten aufzukommen.[93] Sie sollen Träger subjektiver Rechte werden und analog Art. 19 Abs. 3 GG eigene Grundrechte geltend machen können, Rechte auf Entfaltung der Persönlichkeit, auf Nicht-Diskriminierung, auf wirtschaftliche Entfaltungsfreiheit und auf das Recht auf Meinungsfreiheit.[94] Im Haftungsrecht wird eine genuine Eigenhaftung der Softwareagenten gefordert.

Der erforderliche Haftungsfonds soll entweder dadurch geschaffen werden, dass der elektronischen Person ein Fonds eigentumsrechtlich zugeordnet wird, der durch Zahlungen der Beteiligten (Hersteller, Programmierer, Verwender) aufgefüllt wird, oder aber durch Einführung einer (Pflicht-)Versicherung, welche die Eigenschulden der Maschine abdeckt.[95]

(2) Würdigung

Eine Rechtsfähigkeit von autonom handelnden Maschinen ist zumindest nicht von vornherein ausgeschlossen. Solche Maschinen können Informationen aufnehmen, verarbeiten und mit ihrer Umgebung interagieren. Das Recht kann sie unmittelbar ansprechen und ist nicht auf eine Mitt-

---

92 *Mayinger, Samantha Maria*, Die künstliche Person, 2017, S. 227 ff., 230; *Wettig, Steffen/Zehender, Eberhard*, Proceedings of the Workshop on the Law of Electronic Agents, 2003, S. 97 ff.; *Koops, Bert-Japp/Hildebrandt, Mireille/Jaquet-Chiffelle, David-Oliver*, Bridging the Accountability Gap: Rights for New Entities in the Information Society?, Minn. J.L. Sci & Tech. Vol. 11 (2010),S. 497, 554.

93 *Mayinger* Fn. 92, S. 244 f.; *Koops/Hildebrandt/Jaquet-Chiffelle* Fn. 92. S. 497, 554.

94 *Mayinger* Fn. 92, S. 233 ff.; *Ingold, Albert*, Grundrechtsschutz sozialer Emergenz: Eine Neukonfiguration juristischer Personalität in Art. 19 Abs. 3 GG angesichts webbasierter Kollektivitätsformen, Der Staat 2014, S. 193 (205 ff.), *Kersten* Fn. 14, S. 8.

95 *Hilgendorf, Eric*, Können Roboter schuldhaft handeln?, in: Beck (Hrsg.), Jenseits von Mensch und Maschine, 2012, S. 119 (127 f.); *Matthias* Fn. 16, S. 244; *Sartor, Giovanni*, Agents in cyberlaw, Proceedings of the Workshop on the Law of Electronic Agents, 2003; vgl. auch *Fitzi, Gregor*, Roboter als „legale Personen" mit begrenzter Haftung. Eine soziologische Sicht. in: Hilgendorf/Günther (Hrsg.), Robotik und Gesetzgebung, 2013, S. 376 (391 ff.).

lerinstanz angewiesen.[96] Die Idee, eine Eigenhaftung von Maschinen zu begründen, ist nicht neu. Schon im Hinblick auf die Eisenbahn wurde teilweise erwogen, diese als eigenständiges „maschinelles Ensemble" zu verstehen oder ihr gar den Status eines Rechtssubjekts zuzusprechen.[97] Dieser Ansatz wurde jedoch nicht verwirklicht, weil sich die Diskussion zur Rechtssubjektivität am *kantischen* Freiheitsideal orientiert, welches maßgeblich auf die menschliche Willensmacht zur maßgeblichen Maxime abstellt.[98] Durchgesetzt hat sich vielmehr die „kleine Lösung", dass die Eisenbahn nicht selbst rechtsfähig ist, sondern nur von einem rechtsfähigen Unternehmensträger als mögliches Haftungssubjekt betrieben wird, in der Regel einer AG.[99] Auch die Lehren von *Pufendorf* und *Locke* sprechen gegen die Rechtsfähigkeit von Maschinen, da sie ebenfalls maßgeblich auf das Individuum abstellen: Danach ist die Quelle jeder Normativität nicht äußerer Zwang oder Autorität, sondern der Mensch als Moralwesen verbunden mit seiner Fähigkeit, sich aus Freiheit Pflichten selber aufzuerlegen.[100] Darauf baut die Personenlehre *von Savignys* auf, wonach Recht für den Menschen da ist und Menschsein heißt im Willen frei zu sein, und ohne Willensmacht dann auch kein Subjektstatus.[101] Würde die Rechtsfähigkeit entsprechend dieser Lehren die Fähigkeit erfordern, einen freien Willen bilden zu können, wäre dies bei Maschinen als „determinierten Nicht-Menschen" folglich zu verneinen.[102]

Auch in der interdisziplinären Diskussion finden sich Gedanken, die sich für die Frage der möglichen Rechtsfähigkeit von autonom handelnden Maschinen fruchtbar machen lassen. Nach *Teubner* sind Softwareagenten – ebenso wie Unternehmen und andere formale Organisationen – nichts anderes als bloße Informationsströme, die dann zu „Personen" werden, wenn sie im Kommunikationsprozess eine soziale Identität aufbauen und wenn ihnen zusammen mit den notwendigen organisatorischen Vorkehrungen – etwa Vertretungsregeln – eigene Handlungsfähigkeit effektiv

---

96 *Teubner* Fn. 18, S. 164 ff.; ebenso *Kersten, Jens*, Relative Rechtssubjektivität. Über autonome Automaten und emergente Schwärme, ZfRSoz 37 [2017], S. 8 (11 ff.); insoweit auch *Schirmer* Fn. 43, S. 716.

97 Vgl. hierzu *Schivelbusch, Wolfgang*, Geschichte der Eisenbahnreise, 1993, S. 21; *Schirmer* Fn. 2, S. 660.

98 *Schirmer* Fn. 2, S. 661.

99 *Schirmer* Fn. 2, S. 661.

100 Vgl. *Schirmer* Fn. 43, S. 712.

101 Grundlegend *v. Savigny, Friedrich Carl*, System des heutigen römischen Rechts, Bd. 2, Nachdruck 1981, S. 2; vgl. hierzu *Schirmer* Fn. 2, S. 661.

102 Vgl. *v. Savigny* Fn. 101, S. 2; die hiesige Formulierung stammt von *Schirmer* Fn. 2, S. 661.

zugerechnet wird.[103] Die entscheidende juristische Frage sei, ob ein solcher digitaler Informationsstrom darüber hinaus als autonomer Akteur zu qualifizieren ist. Dies hänge nicht nur von seiner sozialen Handlungsfähigkeit ab, sondern zusätzlich davon, mit welchen besonderen Qualitäten er in unterschiedlichen Kontexten als eigenständige Person ausgestattet wird.[104] *Teubner* beruft sich auf den Informationsphilosophen *Floride*, der in drei Dimensionen Schwellenwerte für die Zurechnung von Handlungsfähigkeiten an nicht-menschliche Entitäten festlegt, sowohl an Organisationen als auch an Algorithmen: (1.) Interaktion (mit Mitarbeitern und anderen Organisationen); (2.) Fähigkeit, aus sich selbst Zustandsänderungen herbeizuführen und (3.) Anpassung der Strategien für Entscheidungen.[105] Andere Autoren stellen auf ganz unterschiedliche Eigenschaften ab: Denkfähigkeit, Kommunikationsfähigkeit, Verstehen, rationales Handeln, Nicht-Prognostizierbarkeit ihrer Konditionalprogramme,[106] autonome Raumveränderung ohne menschliche Aufsicht,[107] eigene Zielverfolgung und Mittelwahl[108] oder ein digitales Gewissen. Als rechtliche Autonomiekriterien werden Denkfähigkeit oder künstliche Intelligenz[109] sowie intentionales Handeln[110] genannt. Nicht maßgeblich ist rationales Handeln im Sinne des homo oeconomicus als traditionellem Leitbild der neoklassischen Schule, da es bei Rechtsverletzungen häufig um irrationales Verhalten geht.[111] Überdies hat die Verhaltensökonomik gezeigt, dass Menschen typischerweise weder rational noch eigennützig handeln.[112] Ebenfalls nicht maßgeblich sind innere psychische Zustände.[113] Denn nicht die inneren Eigenschaften der Agenten, sondern die gesellschaftlichen Interaktionen begründen den Algorithmus als Person.[114]

---

103 *Teubner* Fn. 18, S. 168.

104 *Teubner* Fn. 18, S. 168.

105 *Floridi, Luciano*, On the Morality of Artificial Agents, in: Anderson/Anderson (Hrsg.), Machine Ethics, 2011, S. 184 ff.; unter Berufung hierauf *Teubner* Fn. 18, S. 168.

106 *Bräutigam/Klindt* Fn. 70, S. 1137.

107 *Matthias* Fn. 16, S. 35.

108 *Misselhorn, Catrin*, Collective Agency and Cooperation in Natural and Artificial Systems, in: dies. (Hrsg.), Collective Agency and Cooperation in Natural and Artificial Systems, 2015, S. 3 (5 ff.).

109 *Spindler* Fn. 38, S. 816.

110 *Teubner* Fn. 18, S. 172.

111 *Teubner* Fn. 18, S. 173.

112 Eingehend hierzu *Kahneman, Daniel*, Thinking Fast and Slow, 2012.

113 *Luhmann, Niklas*, Organisation und Entscheidung, 2000, Kap. 13 IV; *Teubner* Fn. 18, S. 171.

114 *Teubner* Fn. 18, S. 171.

Ein rechtlich relevantes Kriterium ist nach *Teubner* hingegen die Entscheidung unter Ungewissheit, da ein fundamentaler Zusammenhang von Entscheidung und Verantwortung besteht.[115] Wenn Softwareagenten bei einer voll determinierten Kalkulation Fehler machen, bedürfe es einer bloßen Fehlerkorrektur. Bei nicht-determinierten Entscheidungen unter Ungewissheit genüge dies jedoch nicht. Softwareagenten handeln im Rechtssinne autonom, wenn ihr Verhalten nicht mehr ausschließlich einem Reiz-Reaktions-Schema folgt, sondern wenn sie eigene Ziele haben, abändern, verfolgen und nicht-prognostizierbare Entscheidungen treffen.[116] Dies sei der Fall, wenn ein Softwareagent (1.) so programmiert ist, dass er zwischen Alternativen zu entscheiden hat, er (2.) die Entscheidung als Optimierung verschiedener Kriterien treffen muss, und (3.) ein Programmierer das Verhalten des Softwareagenten weder nachträglich erklären noch für die Zukunft voraussagen kann, sondern nur noch ex post korrigieren kann.[117] Danach stellt sich die Folgefrage, ob der Einsatz von autonomen Algorithmen, die nicht prognostizierbare Entscheidungen treffen, überhaupt zulässig ist. Nach *Zech* ist der Einsatz autonomer Algorithmen de lege lata prinzipiell rechtswidrig.[118] Dafür wird angeführt, dass das Risiko einer echten Entscheidungsdelegation an nicht-menschliche Akteure weder abschätzbar noch beherrschbar ist.[119]

In verfassungsrechtlicher Hinsicht wird gegen die Einführung einer Rechtsfähigkeit die „anthropozentrische Ausrichtung des Grundgesetzes“ angeführt, welche die Rechtssubjektivität auf dem Fundament der Menschenwürde errichtet habe. Außerdem folge aus Art. 19 Abs. 3 GG, dass nichtmenschlichen Akteuren nur in Sonderfällen ein (eingeschränkter) Rechtsstatus eingeräumt wird.[120] Gegen diese Argumentation wendet *Mat-*

---

115 *Teubner* Fn. 18, S. 174; vgl. auch *Jansen, Nils*, Die Struktur des Haftungsrechts, 2003, S. 136 ff.; *Luhmann, Niklas*, Soziologie des Risikos, 1991, S. 197 ff.

116 *Lohmann, Melinda*, Roboter als Wundertüten – eine zivilrechtliche Haftungsanalyse, AJP 2017, S. 152 (154); *Günther, Jan-Philipp*, Roboter und rechtliche Verantwortung, 2016, S. 99; *Teubner* Fn. 18, S. 174.

117 *Teubner* Fn. 18, S. 174.

118 *Zech, Herbert*, Zivilrechtliche Haftung für den Einsatz von Robotern – Zuweisung von Automatisierungs- und Autonomierisiken, in: Gless/Seelmann (Hrsg.), Intelligente Agenten und das Recht, 2016, S. 163 (191 ff.).

119 *Matthias* Fn. 16, S. 33 ff.

120 *Müller-Hengstenberg, Claus*/*Kirn, Stefan*, Intelligente (Software-)Agenten: Eine neue Herausforderung unseres Rechtssystems. Rechtliche Konsequenzen der "Verselbstständigung" technischer Systeme, MMR 2014, S. 307 f.; eingehend *Beck, Susanne*, Brauchen wir ein Roboterrecht? Ausgewählte juristische Fragen zum Zusammenleben von Menschen und Robotern in: Japanisch-Deutsches-

thias ein, dass die entscheidende Legitimation für die Anerkennung als Rechtssubjekt nicht die Willensmacht sei, sondern die Fähigkeit, das eigene Verhalten zu kontrollieren und zu beherrschen. Wer dies kann, sei juristischer Verantwortungsträger im rechtlichen Sinne. Dies gelte auch für autonome Maschinen, weil sie mit „Intentionalität" handeln. Die ihren Entscheidungen zugrundeliegende Programmierung legt nur bestimmte Endziele fest, nicht jedoch den konkreten Weg, also wie – und über welche Zwischenziele – das Endziel erreicht wird.[121] Die Eigenständigkeit komme auch darin zum Ausdruck, dass die autonom handelnden Maschinen sowohl für externe Gründe („Responsivität") als auch für interne „Wünsche zweiter Ordnung" empfänglich sind.[122] Stellt man also in diesem Sinne auf Intentionalität statt auf den Willen sowie auf Wünsche zweiter Ordnung statt auf Bewusstsein ab, ist eine eigene Rechtspersönlichkeit verfassungsrechtlich legitimierbar.[123]

Im Übrigen sprechen jedoch gewichtige Gründe gegen die Einführung einer Rechtsfähigkeit. Der heutigen Realität wird sie nicht gerecht. Es geht nämlich derzeit gar nicht um eigennütziges Handeln der Maschinen, sondern stets um deren fremdnütziges Handeln für Menschen oder Organisationen, insbesondere Wirtschaftsunternehmen.[124] Ökonomisch gesehen handelt es sich bei dieser „digitalen Assistenz" um eine Prinzipal-Agenten-Beziehung, worin der Agent zwar autonom handelt, aber vom Prinzipal abhängig ist.[125] Autonom handelnde Maschinen lassen sich als „digitale Sklaven mit übermenschlichen Fähigkeiten" begreifen.[126] Eine volle Rechtsfähigkeit ist daher erst dann sachgerecht, wenn ihnen in Wirtschaft und Gesellschaft selbst Ressourcen zugeordnet würden, mit denen sie eigene Profitinteressen verfolgen. Die Maschinen treten jedoch zumindest bislang nicht als eigeninteressierte Handlungseinheiten auf, sondern stets in Interaktion mit Menschen, für deren Interessenverfolgung sie autonome Entscheidungen treffen sollen.[127] Da autonom handelnde Maschinen ausschließlich fremdnützig tätig werden, ist es konsequent, zum Schadens-

---

Zentrum (Hrsg.), Mensch-Roboter-Interaktionen aus interkultureller Perspektive, 2010, S. 124 (135 f.).

121 *Matthias* Fn. 16, S. 48 ff.

122 *Matthias*, Automaten als Träger von Rechten, 2008, S. 54 ff., 57 ff.

123 Zu diesem Schluss *Schirmer* Fn. 2, S. 662.

124 *Schirmer* Fn. 2, S. 665; *Teubner* Fn. 18, S. 162.

125 *Hildebrandt, Mireille*, Smart Technologies and the End(s) of Law, 2015, S. 73; *Teubner* Fn. 18, S. 162.

126 *Teubner* Fn. 18, S. 162.

127 *Teubner* Fn. 18, S. 162.

ausgleich denjenigen heranzuziehen, der aus dieser Tätigkeit einen Vorteil zieht, also insbesondere den Verwender der Maschine.[128] Dass fremdnützig handelnde Agenten wie z.B. Arbeitnehmer trotz einer Haftung des Prinzipals nach der gesetzlichen Konzeption grundsätzlich nicht aus der (Dritt-)Verantwortung entlassen werden, braucht nicht auf autonom handelnde Maschinen ausgedehnt zu werden.[129] Aber auch zukünftig werden wohl nicht isolierte digitale Agenten das Geschehen bestimmen, sondern eher echte Mensch-Computer-Verbünde, sodass sich Haftungsnormen weniger auf das Handeln der einzelnen Akteure selbst fokussieren sollten, sondern auf das Gesamthandeln solcher Hybride oder einen umfassenden Vernetzungszusammenhang.[130] In solchen Mensch-Maschinen-Interaktionen ausschließlich den Maschinen Rechte und Pflichten zuzuweisen, wird weder deren eigener Funktion gerecht noch der Rolle der beteiligten Menschen, die einen Beitrag zum gesamten Handlungszusammenhang geleistet haben.[131] Der Rechtsstatus von Maschinen müsste genau auf ihre dienende Rolle in Mensch-Maschinen-Interaktionen zugeschnitten sein.[132] Schließlich könnte die Zuweisung einer Rechtsfähigkeit ausufernde Folgen für das Rechtsleben haben. So werde z.B. der Weg zu maschineneigenen Willenserklärungen oder Vermögen nicht mehr fern. Es würde sich sogar die Frage stellen, ob Maschinen nicht konsequenterweise vollumfängliche Träger von Rechten und Pflichten sein müssten, die eine Ehe eingehen oder ihr Vermögen vererben können.[133] Von der Einführung einer vollen Rechtsfähigkeit ist daher abzusehen.

---

128 *Schirmer* Fn. 2, S. 665.

129 *Schirmer* Fn. 2, S. 665, der insoweit von einem „Grundfehler des BGB" spricht.

130 *Karanasiou, Argyro/Pinotsis, Dimitris*, Towards a Legal Definition of Machine Intelligence: The Argument for Artificial Personhood in the Age of Deep Learning, Conference Paper, 2017, S. 8; *Jones, Meg Leta*, The Ironies of Automation Law: Tying Policy Knots with Fair Automation Practices Principles, Vand. J. Ent. & Tech. L. Vol. 18 (2015), S. 77; *Teubner* Fn. 18, S. 162.

131 *Teubner* Fn. 18, S. 163.

132 *Gruber, Malte Christian*, Was spricht gegen Maschinenrechte? in: Gruber/Bung/Ziemann (Hrsg.), Autonome Automaten, 2015, S. 191 (198); *Kluge, Vanessa/Müller, Anne-Kathrin*, Autonome Systeme, InTeR 2017, 24 (27); *Schirmer* Fn. 2, S. 663 ff.

133 *Schirmer* Fn. 2, S. 662.

bb) Teilrechtsfähigkeit

Als weniger weitgehender Schritt kommt die Anerkennung einer Teilrechtsfähigkeit in Betracht. Auch wenn die Vollrechtsfähigkeit von Rechtssubjekten den gesetzlichen Normalfall darstellt, wäre eine Teilrechtsfähigkeit keineswegs ein Fremdkörper. So meinte schon *Ehrlich*, dass es nicht die eine Rechtsfähigkeit, sondern viele Rechtsfähigkeiten gibt.[134] Und auch in den USA treten einige Autoren für eine „new category of legal subject, halfway between person and object" ein.[135] Im deutschen Recht besteht eine Parallele zum ungeborenen Menschen oder zur GbR, denen Rechtsfähigkeit nur dort zuerkannt wird, so es sinnvoll ist und einen rechtlichen Mehrwert bietet.[136] Daraus lässt sich folgern, dass Maschinen insoweit rechtsfähig sein können, wie es zweckmäßig ist, d.h. wenn ihre Einordnung als selbständiger Akteur zu ihrem Schutz notwendig ist oder für den Rechtsverkehr einen Mehrwert bringt.[137] Vor diesem Hintergrund schlägt *Schirmer* die Einführung eines neuen § 90b BGB vor, der wie folgt gefasst sein soll: „Autonome Systeme sind keine Personen. Auf sie sind die für Hilfspersonen geltenden Vorschriften entsprechend anzuwenden, soweit nicht etwas anderes bestimmt ist."[138]

In eine ähnliche Richtung geht die von *Teubner* vorgeschlagene Einführung einer „digitalen Assistenzhaftung", worunter eine strikte außervertragliche Haftung für Schädigungen durch autonome Maschinen zu verstehen ist. Diese soll aber keine Gefährdungshaftung für den rechtmäßigen Einsatz einer gefährlichen Anlage sein, sondern eine Haftung eines Prinzipals für rechtswidrige Fehlentscheidungen seiner Maschine.[139] Verwirklicht werden könnte dies durch eine Generalklausel, die eine deliktische

---

134 *Ehrlich, Eugen*, Die Rechtsfähigkeit, Berlin 1909.

135 *Calo, Ryan*, Robotics and the Lessons of Cyberlaw, Cal. Law Review Vol. 103 (2015), S. 513 (549); *Balkin, Jack*, The Path of Robotics Law, Cal. Law Review C. Vol. 6 (2015), S. 45 (57).

136 *Schirmer* Fn. 2, S. 663.

137 *Schirmer* Fn. 2, S. 662; vgl. auch *Beck, Susanne*, Über Sinn und Unsinn von Statusfragen – zu Vor- und Nachteilen der Einführung einer elektronischen Person in: Hilgendorf/Günther (Hrsg.) Fn. 95, S. 239 (255); *Gruber, Malte-Christian*, Rechtssubjekte und Teilrechtssubjekte des elektronischen Geschäftsverkehrs in: Beck (Hrsg.) Fn. 95, S. 133 (154); a.A. *Klingbeil* Fn. 89, S. 859, nach dem es keine Zwischenkategorien zwischen Rechtsfähigkeit und Nichtrechtsfähigkeit nicht geben darf.

138 *Schirmer* Fn. 43, S. 717. Weitere, umfangreichere Gesetzesvorschläge macht *Linardatos*, Fn. 3, S. 560 ff.

139 *Teubner* Fn. 18, S. 193; ähnlich *Hanisch* Fn. 33, S. 27 (46).

Veranlasserhaftung für autonome Algorithmen vorschreibt. Diese müsste vorschreiben, dass für schadensverursachendes Handeln der Maschine der Veranlasser einstehen muss, sofern das Handeln der Maschine rechtswidrig war.[140] Diese Lösung führt im Gegensatz zur Gefährdungshaftung zu einer Haftung für rechtswidriges Verhalten der Maschine, die nicht auf Personen- und Sachschäden begrenzt ist. Diese Ansätze dürften in der Tat ein gangbarer Weg sein.

c) De lege ferenda: Einführung einer Gefährdungshaftung

In der Literatur wird teilweise eine Gefährdungshaftung vorgeschlagen.[141] Eine solche führt dazu, dass die Schädiger unabhängig von der angewendeten Sorgfalt für alle Schäden aufkommen müssen, die mit der entsprechenden Handlung zusammenhängen.[142] In ökonomischer Hinsicht würde ein rational eigennützig handelnder Mensch im Sinne des homo oeconomicus ebenso wie bei der Verschuldenshaftung optimale Sorgfalt anwenden: Höhere Sorgfalt würde die Schadenseintrittswahrscheinlichkeit nicht genug reduzieren, um die zusätzlichen Sorgfaltskosten zu kompensieren, während umgekehrt geringere Sorgfaltsaufwendungen die Schadenseintrittswahrscheinlichkeit derartig erhöhen würden, dass die Gesamtkosten steigen würden.[143]

Für eine solche Lösung wird das eigene, neuartige Gefährdungspotential von autonom handelnden Maschinen ins Feld geführt.[144] Außerdem würde dadurch die Risikoabschätzung delegiert und damit nicht nur das Sorgfaltsniveau, sondern auch das Aktivitätsniveau gesteuert, wodurch Anreize für die Weiterentwicklung der Technologie geschaffen würden.[145] Richtigerweise können die Leitprinzipien der Gefährdungshaftung jedoch nicht als Vorbild dienen, da sie den Besonderheiten des digitalen Autonomierisikos nicht gerecht werden: Die Gefährdungshaftung hat den rechtmäßigen Einsatz gefährlicher Anlagen im Blick, während es hier um die

---

140 *Teubner* Fn. 18, S. 196.

141 Europäisches Parlament Fn. 15; *Bräutigam/Klindt* Fn. 70, S. 1140; *Schirmer* Fn. 2, S. 665; *Spindler, Gerald*, Roboter, Automation, künstliche Intelligenz, selbst-steuernde Kfz – Braucht das Recht neue Haftungskategorien?, CR 2015, 76 (775).

142 *Scraback* Fn. 7, S. 296.

143 *Scraback* Fn. 7, S. 296 f.

144 *v. Bodungen/Hoffmann* Fn. 4, S. 451.

145 *Borges* Fn. 76, S. 278; *Zech, Herbert*, Künstliche Intelligenz und Haftungsfragen, ZfPW 2019, S. 198 (214).

rechtswidrige Handlung der autonom entscheidenden Maschine geht. Gefährdungshaftung setzt ein beim Einsatz gefährlicher Sachen, der aber wegen seines gesellschaftlichen Nutzens erlaubt und damit rechtmäßig ist. Bei Maschinen kommt es hingegen nicht auf die Sachgefahr einer falsch funktionierenden Maschine an, sondern auf das Entscheidungsrisiko („Autonomierisiko").[146] Weil die Autonomiegefahr digitaler Entscheidungen nicht mit der Betriebsgefahr der Gefährdungshaftung identisch ist, müssen hier auch unterschiedliche Verantwortungsprinzipien und unterschiedliche Normen eingreifen. Haftungsnormen für Fehlentscheidungen autonomer Maschinen können nicht auf das Kausalrisiko von Sachen abstellen, sondern müssen auf das Entscheidungsrisiko von Akteuren zugeschnitten werden. Die Kausalzurechnung muss durch eine Handlungszurechnung ersetzt werden. Andere Autoren befürworten statt einer Gefährdungshaftung eine Versicherungslösung.[147]

IV. Fazit

Autonom handelnde Maschinen stellen das (Haftungs-)Recht vor neue Herausforderungen. Im Rahmen der vertraglichen Haftung ist eine analoge Anwendung von § 278 BGB möglich und geboten, um Haftungslücken und eine unangemessene Privilegierung von technischen gegenüber menschlichen Gehilfen zu vermeiden. Im Rahmen der deliktischen Haftung bestehen ebenfalls Haftungslücken. Insbesondere der Verwender einer autonom handelnden Maschine ist außerhalb des StVG nur schwer zu belangen. Die Behandlung einer autonom handelnden Maschine als „elektronische Person" durch Ausstattung mit eigener Rechtspersönlichkeit ist jedoch abzulehnen. Vorzugswürdig ist die Einführung einer Teilrechtsfähigkeit, die auf die Haftung der beteiligten Personen für rechtswidriges Handeln der Maschine fokussiert ist.

---

146 *Teubner* Fn. 18, S. 192.

147 *Horner, Susanne/Kaulartz, Markus*, Haftung 4.0: rechtliche Herausforderungen im Kontext der Industrie 4.0, TeR 2016, S. 22 (26); speziell zu autonomen Fahrzeugen *Lutz* Fn. 51, S. 121.

Schädigung durch autonom handelnde Maschinen. Skizzierung einer Verantwortungszuweisung durch Haftungs- und Zurechnungsnormen im Strafrecht[1]

Inês Fernandes Godinho

I. Einleitung

Am Mittwoch, dem 6. Oktober 2021, wurde eine Entschließung des Europäischen Parlaments zu dem Thema „Künstliche Intelligenz im Strafrecht und ihre Verwendung durch die Polizei und Justizbehörden in Strafsachen“ angenommen.[2] Laut dieser Entschließung ist,

> „ein klares Modell für die Zuweisung der rechtlichen Verantwortung für die potenziell schädlichen Auswirkungen von KI-Systemen im Bereich des Strafrechts unerlässlich“.

Darüber hinaus enthält die Entschließung auch die Erwägung, dass

> „die Verwaltungsvorschriften in diesem Bereich stets die menschliche Verantwortlichkeit wahren sollten und in erster Linie darauf abzielen müssen, schädliche Auswirkungen überhaupt zu vermeiden“ (Erwägung J.).

Diese Erwägung der Entschließung ist ein Zeichen dafür, wie die KI-Problematik die Prämissen der Verantwortungszuweisung in Frage gestellt hat. So erschien es notwendig, die Bewahrung der menschliche Verantwortung – und nicht diejenige der Intelligenten Agenten – zu bekräftigen.

---

1 Der vorliegende Text basiert auf dem Kommentar zum Vortrag von Alexander Stöhr, „Schädigung durch autonom handelnde Maschinen – Verantwortungszuweisung durch Haftungs- und Zurechnungsnormen“ (am 18 Juni 2021 gehalten) und hat von der bei dieser Gelegenheit geführten Diskussion stark profitiert. Ich danke Joachim Renzikowski für das Lesen und die Revision des Textes.

2 Abrufbar unter https://www.europarl.europa.eu/doceo/document/TA-9-2021-0405_DE.html <zuletzt abgerufen am 17.8.2022>.

Diese Entschließung beantwortet eine der Fragen, die schon von *Gless/ Weigend* gestellt wurden:

> „Wird durch einen Intelligenten Agenten ein strafrechtlich relevanter Erfolg verursacht (z.B. ein Mensch getötet oder verletzt oder eine Sache zerstört), so stellt sich die Frage nach der Verantwortung: Wer hat gehandelt und wer trägt strafrechtliche Schuld? Der Mensch, der die Technologie in Funktion gesetzt hat? Oder der Intelligente Agent selbst?“[3]

Die Antwort lautet: der Mensch. Dennoch, dieselbe Entschließung

> „erkennt die Herausforderungen an, die sich angesichts der Komplexität der Entwicklung und des Betriebs von KI-Systemen in Bezug auf die korrekte Zuweisung rechtlicher Verantwortung und Haftung für potenzielle Schäden stellen; hält es für notwendig, eine klare und faire Regelung für die Zuweisung der rechtlichen Verantwortung und Haftung für die möglichen nachteiligen Folgen zu schaffen, die durch diese fortgeschrittenen digitalen Technologien verursacht werden; betont jedoch, dass das Ziel in erster Linie darin bestehen muss, das Eintreten solcher Folgen von vornherein zu verhindern; fordert daher die Anwendung des Vorsorgeprinzips bei allen Anwendungen von KI im Rahmen der Strafverfolgung; betont, dass die rechtliche Verantwortung und Haftung immer bei einer natürlichen oder juristischen Person liegen muss, die bei Entscheidungen, die mit Hilfe von KI getroffen werden, immer identifiziert werden muss; betont daher die Notwendigkeit, die Transparenz der Unternehmensstrukturen, die KI-Systeme herstellen und verwalten, sicherzustellen“ (Punkt 13).

Folglich muss nachgefragt werden, wie „eine klare und faire Regelung“ dieser Zuweisung von Verantwortung im Strafrecht ausgestaltet sein kann.

Hier sind zwei Alternativen möglich. Auf der einen Seite kann ein KI-System oder eine KI-autonom handelnde Maschine als Mittel der Herbeiführung einer Tat benutzt werden, etwa wenn die autonome Maschine programmiert wird, um Menschen zu töten. Dieses Beispiel ist ein klarer Fall einer Vorsatztat. Der Programmierer haftet als Täter, denn es gibt im Rahmen der Zuweisung von Verantwortlichkeit keinen Unterschied zwischen der Verwendung einer Maschine und der Verwendung einer Pistole; Beide sind die Mittel für die den Tod verursachende Handlung. D.h., bei

3 *Gless, Sabine/Weigend Thomas*, Intelligente Agenten und das Strafrecht, ZStW 126 (2014), S. 561 (565).

einer vorsätzlichen Tat unterscheidet sich die Zurechnungsproblematik mit KI nicht von den anderen üblichen Fällen.[4]

Auf der anderen Seite stehen die Fälle, in denen das KI-System oder die KI-autonom handelnde Maschine für ein bestimmtes Ziel programmiert wurde – Fahren, Operieren, usw. –, aber in der Durchführung dieser Handlung eine schädigende Auswirkung vorkommt. Beispiele sind etwa Situationen, in denen ein hochautomatisiertes Auto einen Mensch tödlich überfährt, oder in denen ein hochautomatisierter Krankenhausroboter den falschen Eingriff mit erheblichen Schädigungen für die Gesundheit des Patienten vornimmt. In dieser zweiten Gruppe sind die Schwierigkeiten für die Zuweisung von Verantwortlichkeit größer. In Betracht kommt hier eine Fahrlässigkeitshaftung [des Menschen], und damit geht es um die Frage der gebotenen Sorgfalt. Darüber hinaus stellt sich bei KI-autonom handelnden Maschinen die Frage, wer für ihren Einsatz verantwortlich ist: Programmierer, Hersteller, Benutzer, möglicherweise auch juristische Personen.

Vor diesem Hintergrund wird hier eine Skizzierung einer Verantwortungszuweisung durch Haftungs- und Zurechnungsnormen im Strafrecht im Rahmen der Fahrlässigkeit versucht. Möglicherweise handelt es sich um einen untauglichen Versuch.

II. Haftung von Personen für autonom handelnde Maschinen

1. Kurzer Überblick über den regulatorischen Rahmen in der Europäischen Union

Die Entschließung des Europäischen Parlaments vom 6. Oktober 2021 kann nicht ohne Blick auf den Vorschlag für eine Verordnung des Europäischen Parlaments und des Rates zur Festlegung harmonisierter Vorschriften für künstliche Intelligenz (Gesetz über künstliche Intelligenz) und zur Änderung bestimmter Rechtsakte der Union (COM [2021] 206 final) von 21. April 2021[5] verstanden werden.

In der vorgeschlagenen Verordnung zur künstlichen Intelligenz (im Folgenden „KI-VO") wird die Definition des Begriffs „System der künstlichen Intelligenz" auf Software ausgedehnt, die mit einer oder mehreren

---

4 So auch *Gless/Weigend* Fn. 3, S. 579–580.

5 Abrufbar unter https://eur-lex.europa.eu/legal-content/DE/TXT/?uri=CELEX:52021PC0206 <zuletzt abgerufen am 17.8.2022>.

Techniken und Ansätzen entwickelt wurde, die für eine Reihe von Zielen, die von Menschen definiert wurden, „Ergebnisse“ wie Inhalte, Vorhersagen, Empfehlungen oder Entscheidungen erzeugen kann, die die Umgebung, mit der sie interagiert, beeinflusst (vgl. Art. 3 [1] KI-VO).

Da es sich um eine – scheinbar – umfassende Definition handelt, kann man durch die Konsultation von Anhang I verstehen, dass es um Ansätze geht, die mit dem maschinellen Lernen zusammenhängen, wie von *Turing* Ende der 1940er Jahre vorhergesagt.[6] In diesem Sinn hat die Europäische Union (EU) im Jahr 2020 ein Weißbuch veröffentlicht,[7] um Beiträge zu den verschiedenen Aspekten der durch KI aufgeworfenen Fragen zu sammeln[8] und drei Säulen zu präsentieren: Exzellenz, Vertrauen und Verantwortung. Ein Punkt, der sich in den verschiedenen Beiträgen wiederfand, war eben das Vorhandensein hoher Risiken beim Einsatz von KI, insbesondere in Bezug auf die Grundrechte, die Sicherheit und die Verbraucherrechte, für die es keine adäquaten rechtlichen Lösungen gibt.[9]

Mit der vorgeschlagenen Verordnung sollen zwei Ziele gleichzeitig erreicht werden: die Kontrolle der mit KI verbundenen Risiken und die Stärkung des Vertrauens in KI. Mit anderen Worten, das Ziel des Vorschlags für die KI-VO ist es, eine zuverlässige und sichere Entwicklung der KI in Europa zu ermöglichen, wobei die Werte und Rechte der Bürger in vollem

---

6 *Turing, Alan*, Lecture to the London Mathematical Society on 20 February 1947: „It would be like a pupil who had learnt much from his master, but had added much more by his own work. When this happens, I feel that one is obliged to regard the machine as intelligent“, abrufbar unter https://www.vordenker.de/downloads/turing-vorlesung.pdf <zuletzt abgerufen am 17.8.2022>.

7 *White Paper on Artificial Intelligence – A European approach to excellence and trust*, COM (2020) 65 final, abrufbar unter https://ec.europa.eu/info/sites/default/files/commission-white-paper-artificial-intelligence-feb2020_en.pdf <zuletzt abgerufen am 17.8.2022>.

8 Siehe *Godinho, Inês Fernandes/ Flores, Cláudio R./ Marques, Nuno Castro*, Consultation on The White Paper On Artificial Intelligence – A European Approach. Lusófona University Of Porto, Faculty Of Law And Political Science (ULP) Comment on COM(2020) 65 White Paper on Artificial Intelligence – A European approach to excellence and trust, and COM(2020) 64 final – Report on the safety and liability implications of Artificial Intelligence, the Internet of Things and robotics, ULP Law Review, 14 (1), 2020, S. 157 ff.

9 Siehe Communication from the Commission to the European Parliament, the Council, the European Economic and Social Committee and The Committee of The Regions, Fostering a European approach to Artificial Intelligence, COM (2021) 205 final, S. 5–6, abrufbar unter https://eur-lex.europa.eu/legal-content/EN/TXT/?uri=COM:2021:205:FIN&qid=1619355277817 <zuletzt abgerufen am 17.8.2022>.

Umfang respektiert werden. Dabei werden zwei Ansätze verfolgt: einerseits ein System des Vertrauens, das die Rechte der Bürger schützen soll, und andererseits ein System der Exzellenz, das Werte schaffen und die Stärkung von Investitionen, Innovation und Nutzung der KI in der Europäischen Union (EU) fördern soll.

Der Vorschlag folgt einem risikobasierten Ansatz. In dem Vorschlag wird daher zwischen verschiedenen Risikostufen unterschieden: minimales Risiko, begrenztes Risiko, hohes Risiko und inakzeptables Risiko. Die Mindestrisikostufe deckt einfache, kostenlose Software ab (z.B. Spiele mit KI). Auf dieser Ebene sind keine besonderen Regeln oder Verpflichtungen festgelegt. Ein begrenztes Risiko besteht bei KI-Systemen, bei denen eine stärkere Interaktion mit Menschen stattfindet (z.B. Chatboxen). Hier gibt es bereits einige Transparenzpflichten, vor allem die Verpflichtung, Verbraucher oder natürliche Personen darüber zu informieren, dass sie mit einem KI-System interagieren (Art. 52 KI-VO).

Der Hauptumfang des Vorschlags betrifft hohe Risiken. In diesem Zusammenhang weist Artikel 6 des Vorschlags darauf hin, dass KI-Systeme, die als Sicherheitsbauteile von Produkten oder als Produkte verwendet werden sollen und die für das Inverkehrbringen eine Konformitätsprüfung bestehen müssen (z.B. Spielzeug oder medizinische Geräte), als hochriskant gelten sollten, Art. 6 (2). Die KI-VO weist unter Bezugnahme auf Anhang III des Vorschlags ferner darauf hin, dass KI-Systeme in den Bereichen (i) biometrische Identifizierung und Kategorisierung natürlicher Personen, (ii) Verwaltung und Betrieb kritischer Infrastrukturen, (iii) allgemeine und berufliche Bildung, (iv) Beschäftigung, Personalverwaltung und Zugang zur Beschäftigung, (v) Zugang zu und Inanspruchnahme von privaten oder öffentlichen Dienstleistungen und Vorteilen, (vi) Strafverfolgung, (vii) Grenz- und Migrationskontrolle und (viii) Rechtspflege und demokratische Prozesse als mit hohem Risiko behaftet gelten.

Diese Hochrisikosysteme unterliegen besonderen Anforderungen, die in den Artikeln 8 bis 15 der KI-VO festgelegt sind, nämlich – in aller Kürze – die Einhaltung der Anforderungen der KI-VO vor dem Einsatz des KI-Systems,[10] die Implementierung eines Risikomanagementsystems, das Vorhandensein von Kriterien im Datenmanagement (insbesondere, wie die Daten erhoben werden), das Erfordernis einer vorherigen technischen Dokumentation, das Führen von Protokollen während des Betriebs der Systeme, die Transparenz und die Information der Benutzer, die mensch-

---

10 Nach der vorgeschlagenen KI-VO bedeutet „Inverkehrbringen“ das erste Inverkehrbringen eines KI-Systems auf dem EU-Markt (Art. 3(9)).

liche Aufsicht (bei der Risikovermeidung und -minimierung) und schließlich die Genauigkeit, Robustheit und Cybersicherheit des Systems.

Auf der Ebene des inakzeptablen Risikos finden wir den vorgeschlagenen Verbotsumfang. Tatsächlich setzt Art. 5 der KI-VO Grenzen für die erlaubte KI, indem er die KI-Systeme identifiziert, die ein inakzeptables Risiko darstellen und als solche verboten sind, nämlich: (i) KI-Systeme, die unterschwellige Techniken jenseits des menschlichen Bewusstseins anwenden, um das Verhalten von Personen so zu verzerren, dass sie sich selbst oder Dritten Schaden zufügen; (ii) KI-Systeme, die ein Defizit einer bestimmten Personengruppe aufgrund ihres Alters oder einer körperlichen oder geistigen Behinderung ausnutzen, um das Verhalten von Personen, die zu dieser Gruppe gehören, so zu verzerren, dass sie sich selbst oder Dritten Schaden zufügen (iii) KI-Systeme, die von Behörden oder auf deren Ersuchen eingerichtet werden, um Personen auf der Grundlage ihres Sozialverhaltens zu bewerten oder ihr Vertrauen zu gewinnen; (iv) die Verwendung der biometrischen Fernidentifizierung in Echtzeit in öffentlichen oder öffentlich zugänglichen Räumen. Im letzteren Fall sieht der Vorschlag – zugegebenermaßen – eine Ausnahme für einige Situationen vor, in denen die biometrische Identifizierung verwendet werden darf, d.h. die Suche nach Opfern, die Verhinderung von Terroranschlägen, Situationen, in denen das Leben oder die physische Sicherheit (Unversehrtheit) bedroht ist, und schließlich die Suche nach Verdächtigen oder Beschuldigten.

2. *Zurechnung*

Die Voraussetzung für die Möglichkeit der Zurechnung ist die Existenz einer freien Handlung. Im Falle der strafrechtlichen Haftung setzt die strafrechtliche Zurechnung voraus, dass die Handlung des Täters eine Folge seiner Freiheit ist. Die logische Annahme der Strafnorm ist, dass der Adressat als freier[11] und potentiell gesetzestreuer[12] Mensch konzipiert ist, d.h. als jemand, der in der Lage ist, normwidriges Verhalten zu vermeiden.

11 *Jescheck, Hans-Heinrich/Weigend, Thomas,* Lehrbuch des Strafrechts: Allgemeiner Teil, 5. Aufl. 1996, § 37, S. 407 f.; *Renzikowski, Joachim,* Normen als Handlungsgründe, in: Saliger (Hrsg.), Rechtstaatliches Strafrecht. Festschrift für Ulfrid Neumann zum 70. Geburtstag, 2017, S. 335 (342).

12 *Kindhäuser, Urs,* Imputación objetiva y subjetiva em el delito doloso (trad. Nuria Pastor Muñoz), Anuario de Derecho Penal y Ciencias Penales, 2006, S. 63 ff., S. 63.

Im Zusammenhang mit strafrechtlichen Vorschriften ist es möglich, zwischen Verhaltensregeln und Zurechnungsregeln zu unterscheiden, wobei erstere eine prospektive Funktion der Modellierung beinhalten. Die letzteren, die eine rückwirkende Funktion haben, sind die Regeln, die die Bedingungen festlegen, unter denen ein Verhalten als Widerspruch zu einer Norm bejaht werden kann, ohne die die strafende Reaktion auf ein normwidriges Verhalten rechtlich nicht zulässig ist.[13] Daher ist es im Rahmen der Zurechnungskriterien nur sinnvoll, die Merkmale zu berücksichtigen, die die verbindliche Anerkennung der Norm durch die Person (ihren Adressaten) ermöglichen.[14]

Die Zurechnung, d.h. die Zurechnung der Verantwortung für die begangene Tat zum Täter ist bei vorsätzlichen Straftaten ordentlich[15] und bei fahrlässigen Straftaten außerordentlich.[16] Auf der Ebene der Zurechnung ist die Schuld ein Urteil des Tadels, weil der Handelnde anders hätte handeln sollen.[17] Sie entspricht also dem Urteil der Zurechnung, das in der *imputatio iuris* gipfelt. Bei fahrlässigen Straftaten besteht der Vorwurf an den Handelnden also gerade darin, dass von ihm erwartet wird, dass er über das notwendige Wissen verfügt, um die Verwirklichung des Tatbestandes zu vermeiden.[18]

3. *KI, Fahrlässigkeit und Sorgfalt*

Das heutige strafrechtliche Haftungsmodell gründet sich auf Schuld – anders als im Zivilrecht kann es keine objektive Verantwortlichkeit ohne subjektive Schuld geben. In diesem Sinne und mit Blick auf die Leitlinien der Entschließung vom 6. Oktober, eine „klare und gerechte Regelung für die Zuweisung von Verantwortung“ zu schaffen, ist es wichtig, zwei Punkte zu berücksichtigen: erstens die Entwicklung der KI, d.h. inwieweit die

13 *Mañalich, Juan Pablo,* Presupone la *applicatio legis ad factum* una *imputatio facti*?, Enfoques Penales 4 (2018), S. 22.

14 *Kindhäuser, Urs,* Gefährdung als Straftat, 1. Aufl. 1989, S. 29 ff.

15 *Kindhäuser, Urs,* Strafrecht. Allgemeiner Teil, 8. Aufl. 2017, § 33, Rn. 2.

16 Wegen fehlenden Vorsatzes. Siehe *Feuerbach, Paul Johann Anselm*, Lehrbuch des gemeinen in Deutschland geltenden Peinlichen Rechts, 1985 (Nachdr. 1801), S. 47 f.; *Kindhäuser* Fn. 14, S. 61 f., 120 f.; *Renzikowski, Joachim,* Restriktiver Täterbegriff und fahrlässige Beteiligung, 1997, S. 219 ff.

17 *Hruschka, Joachim,* Strafrecht nach logisch-analytischer Methode, 2. Auf., 1988, S. 341 f.; *Costa, Faria,* Direito Penal, 2017, S. 349 f.

18 *Kindhäuser* Fn. 15, § 33, Rn. 3.

KI von heute mehr Probleme aufwirft und mehr Aufmerksamkeit erhält als die KI, die sich seit Mitte des letzten Jahrhunderts entwickelt.

In notwendiger Kürze können wir drei Hauptperioden identifizieren. Die erste begann mit der Erfindung der KI.[19] Eine zweite Periode tritt Ende der 60er Jahre des letzten Jahrhunderts ein, als der Weg des „maschinellen Lernens“ beginnt. Und schließlich eine dritte Periode, die derzeit im Gange ist und um 2010 begann, in der sich das maschinelle Lernen zum *Deep Learning* entwickelte und die Datenverarbeitungskapazität exponentiell anstieg.[20] Der Hauptunterschied besteht darin, dass neuronale Netze beim *Deep Learning* mit Rohdaten „gefüttert“ werden können und daraus eine Repräsentation entdecken, die für die entsprechende Lernaufgabe erforderlich ist.[21] Mit anderen Worten: Obwohl sowohl *Machine Learning* als auch *Deep Learning* Fragen zur Vorhersehbarkeit der „Outputs“ aufwerfen, ist das System im Fall von Deep Learning (noch) unabhängiger von menschlicher Kontrolle.

Hinsichtlich des zweiten Aspekts, der Sorgfaltspflicht, wird es wichtig sein zu verstehen, ob es bereits Sorgfaltsregeln gibt, an denen das Maß der gebotenen Sorgfalt gemessen werden kann. In der vorgeschlagenen KI-VO werden – vorläufig – die Sorgfaltsregeln für die verschiedenen Akteure bei KI definiert, die je nach Risikostufe des KI-Systems oder der KI-Maschine variieren.[22] Das strafrechtliche Problem, wenn ein Rechtsgut von einer autonom handelnden Maschine verletzt wird, wird hier im Kontext der Fahrlässigkeit betrachtet.

Fahrlässigkeit setzt nicht voraus, dass das Ereignis, welches das Rechtsgut verletzt, von dem Täter unmittelbar herbeigeführt wird, sondern dass der Täter die Möglichkeit hatte, dieses Ereignis durch eine andere Entscheidung zu vermeiden. Es handelt sich um eine Pflicht zur Sorgfalt im Umgang mit einer Maschine, was KI letztlich ist. Hier kann es zu einem Problem von Sorgfaltsnormen kommen. Auf der anderen Seite gibt es die Diskussion über „meaningful control“, d.h. ob der Mensch „im

---

19 Mit der Veröffentlichung von *Turings* Computing Machinery and Intelligence.

20 Wir beziehen uns auf die kurze Geschichte der KI, die unter https://www.coe.int/en/web/artificial-intelligence/history-of-ai abrufbar ist <zuletzt abgerufen am 17.8.2022>. Siehe auch *Buchanan, Bruce G.,* A (Very) Brief History of Artificial Intelligence, AI Magazine Vol. 26 Nr. 4 (2006), S. 53.; *Haenlein, Michael/Kaplan, Andreas* A Brief History of Artificial Intelligence: On the Past, Present, and Future of Artificial Intelligence, California Managment Review, Vol. 61, Nr. 4 (2019), S. 5.

21 Siehe *Janiesch, Christian/Zschech, Patrick/Heinrich, Kai,* Machine learning and deep learning, Electronic Markets (2021) 31, S. 685.

22 Siehe insbesondere Art. 8 bis 15 KI-VO.

echten Sinne" überhaupt irgendeine Kontrolle über die Maschine hatte. Gleichwohl erscheint es im Fall von vollautonomen Maschinen, die gerade die Entscheidung von Menschen „erleichtern" sollen, schwierig, noch von Sorgfalt zu sprechen, zumindest aus der Benutzer-Perspektive.

Aus der Hersteller-Perspektive ist die Frage zwiespältig. Zum einen wird in den meisten Fällen der angegebene Hersteller eine juristische Person sein. In Ländern – wie Deutschland –, in denen die strafrechtliche Haftung von juristischen Personen nicht anerkannt ist, käme allenfalls die Strafbarkeit der Programmierer in Betracht. Aber wegen der Voraussetzung der Vorhersehbarkeit der Verletzung würde ein Programmierer nur haften, wenn das Vorgehen der KI-Maschine vorhersehbar war. Mit „deep learning" und der daraus folgenden „black box"-Frage kann diese Vorhersehbarkeit entfallen. Daher müssen diese Probleme diskutiert werden.

III. Schwierigkeiten bei der Zurechnung; insbesondere: die Vorhersehbarkeit

Damit der Täter für seine mangelnde Sorgfalt verantwortlich gemacht werden kann, muss bei Fahrlässigkeitsdelikten der Erfolgseintritt vorhersehbar sein.[23] Bei autonomen handelnden Maschinen mit *Deep Learning*-Fähigkeiten, bei denen der Einfluss des Programmierers oder Herstellers auf die „Ergebnisse" geringer ist, wird die Vorstellung einer solchen Vorhersehbarkeit problematischer, zumal die „innere" Funktionsweise neuronaler Netzwerke schwieriger vorherzusagen (und sogar zu erklären) ist. *Gless/Weigend* zeigen zwei Möglichkeiten auf:

> „Man kann entweder sagen, dass den Betreiber eines autonom agierenden Agenten *nie* eine Fahrlässigkeitsstrafbarkeit treffen kann, da das schädliche Tun der Maschine aufgrund deren eigenständiger Informationsverarbeitung nicht vorhersehbar ist. Oder man kann den genau umgekehrten Schluss ziehen, dass nämlich diejenigen, die Intelligente Agenten betreiben, mit ‚allem' rechnen müssen, dass also jede Art von Schädigung prinzipiell vorhersehbar ist."[24]

Es ist daher wichtig, beide Perspektiven zu berücksichtigen. In der ersten Perspektive wird die Vorhersehbarkeit an der Funktionsweise des KI-Agenten gemessen: Der (menschliche) Agent kann – trotz korrekter Program-

23 *Jescheck/Weigend* Fn. 11, § 55, S. 586 f.; *Renzikowski* Fn. 16, S. 225; *Costa* Fn. 17, S. 413.

24 *Gless/Weigend* Fn. 3, S. 581.

mierung, Herstellung und Handhabung – die „Aktion“ des KI-Agenten nicht vorhersagen. Sie beruht auf einer Logik der Übertragung von Entscheidungsverantwortung auf die Maschine, und zwar unter der Annahme, dass der KI-Agent strafrechtlich relevante Entscheidungen trifft – denn in Wirklichkeit geht es um die Unvorhersehbarkeit der ‚Entscheidungen‘ des KI-Agenten, für die der menschliche Agent nicht verantwortlich gemacht werden kann.

Wenn man nun bedenkt, dass die Adressaten von Strafnormen, wie oben erwähnt, menschliche Agenten sind, haben wir ernsthafte Zweifel, ob wir dieser ersten Perspektive zustimmen können. Auch wenn angedeutet werden kann, dass die KI-Agenten „anders handeln“ könnten, sind sie sich dieser Möglichkeit, „anders zu handeln“, nicht bewusst. Mit anderen Worten: KI-Agenten haben keine Freiheit, zumindest nicht im relevanten Sinne als Normadressaten strafrechtlicher Vorschriften (basierend auf subjektiver Verantwortung). Aber unter Berücksichtigung der Entschließung des Europäischen Parlaments vom Oktober 2021 betrachten wir die Verantwortlichkeit von menschlichen Agenten, d.h. wir arbeiten immer noch mit den aktuellen strafrechtlichen Normen, die von menschlichen Agenten als Normadressaten ausgehen.

Daher kann die Möglichkeit von Vorhersehbarkeit nicht ausgeschlossen werden, indem man eine Übertragung der Haftung auf KI-Agenten akzeptiert.[25] Dies würde zu einer („programmierbaren“) Haftungslücke führen, und zwar in dem Sinne, dass ein Programmierer, Hersteller oder Benutzer niemals für von KI-Agenten verursachte Schäden haftbar gemacht werden könnte. Die zweite Perspektive, die die oben erwähnte Strafbarkeitslücke schließt, geht von der Vorhersehbarkeit aller möglichen Schäden aus.[26]

Wir fragen uns, ob dies nicht auch ein Fall von überzogener Strafbarkeit ist. Unter der Annahme, dass alle Schäden vorhersehbar sind, bedeutet dies, dass die einzig mögliche Entscheidung zur Vermeidung eines Strafbarkeitsrisikos darin besteht, nicht auf KI-Agenten zurückzugreifen, da man andernfalls die Verantwortung für das Risiko eines solchen Rückgriffs übernimmt. Getadelt wird dann die Entscheidung, überhaupt KI zu nutzen. So haftet beispielsweise ein Mensch, der einen Tesla kauft und die Automatik auf einer geraden, wenig befahrenen Straße mit guter Sicht aktiviert, für alle Schäden, die der Tesla während der Zeit des auto-

---

25 Siehe *Beck, Susanne,* Robotics and Criminal Law. Negligence, Diffusion of Liability and Electronic Personhood, in: Hilgendorf/Feldle (Hrsg.), Digitization and the Law, 2018, S. 41, abrufbar unter https://www.nomos-elibrary.de/10.5771/9783845289304.pdf?download_full_pdf=1 <zuletzt abgerufen am 17.8.2022>.

26 So, *Gless/Weigend* Fn. 3, S. 582.

matisierten Fahrens verursacht, selbst wenn dieser Mensch die Risiken – aufgrund der Eigenschaften der Straße und der konkreten Situation – nicht vorhersehen konnte und ihm die Zuverlässigkeit des Tesla-Systems vom Hersteller „zugesichert“ wurde. Da das Risiko autonomer Autos noch nicht zur Normalität gehört – was sich auf die Zurechnung der Haftung auswirken könnte[27] -, erscheint uns die Haftung des Fahrers nach dieser zweiten Perspektive auch nicht im Einklang mit der Idee des *ultima-ratio*-Prinzips im Strafrecht.

Die vorgeschlagene KI-VO kann hier eine zusätzliche Rolle spielen. Dem (menschlichen) Agent wird vorgeworfen, dass er nicht die erforderliche Sorgfalt hat walten lassen. Nun ist das Maß an Sorgfalt, für das KI-Systeme/Maschinen – je nach ihrem Risikograd – eingesetzt werden können, für den Programmierer, den Hersteller und den Benutzer unterschiedlich. Der Entwickler und der Hersteller müssen die Anforderungen erfüllen, damit das KI-System bzw. die Maschine für den Benutzer nutzbar ist. Der Benutzer muss das KI-System bzw. die Maschine gemäß seinen/ihren Spezifikationen verwenden. Nach der Logik der vorgeschlagenen Verordnung ist das KI-System/die KI-Maschine bei Erfüllung der Anforderungen zuverlässig (vorhersehbar) in seinen/ihren „Outputs“; bei Erfüllung der Anwendungsbedingungen durch den menschlichen Agenten ist das KI-System/die KI-Maschine zuverlässig (vorhersehbar) in seinen/ihren „Outputs“.

Es ist daher vorhersehbar, dass das KI-System/die KI-Maschine Schäden anrichten kann, wenn die Anforderungen nicht erfüllt werden (durch den Entwickler oder Hersteller). Ebenso ist es vorhersehbar, dass das KI-System/die Maschine bei Nichtbeachtung der Anwendungsbedingungen (durch den Benutzer) Schäden verursachen kann. In diesem Fall haben wir in beiden Situationen ein bekanntes Maß an Sorgfalt, das von den verschiedenen menschlichen Agenten beachtet werden muss, bei deren Nichtbeachtung ein schädliches Ergebnis vorhersehbar ist.

Wenn man bedenkt, dass die KI nach der Vorstellung der KI-VO dem Menschen dienen und ihn nicht ersetzen soll, kommt diese Perspektive der Vorhersehbarkeit dem nahe, was wir in Bezug auf die Nutzung anderer (wenn auch nicht intelligenter) Maschinen durch menschliche Agenten beobachten können. Das erhebt nicht den Anspruch, eine Lösung zu sein, sondern ist ein Vorschlag, der das Problem der Vorhersehbarkeit

27 Siehe *Gless, Sabine/Silverman, Emily/Weigend, Thomas*, If Robots Cause Harm, Who Is to Blame? Self-Driving Cars and Criminal Liability, New Criminal Law Review, Vol. 19, Nr. 3 (2016), S. 412 (432).

angeht und die vorgeschlagene KI-VO und die Entschließung des Europäischen Parlaments vom Oktober 2021 berücksichtigt.

IV. KI ohne Strafrecht? Fazit

In 2017 hätte sich das EU-Parlament fast für einen speziellen Status der „elektronischen Person“ entschieden. Jedoch wurde dieser Status ziemlich schnell abgelehnt.[28] Der *Terminator* zeigt uns eine Zukunft, in der KI-Agenten (*Androids*) schon Wirklichkeit sind und etwas wie einen „autonomen Willen“ haben (sogar zu töten!). Heute haben wir „nur“ Sophia von *Hansen Robotics* und autonom handelnde Maschinen, was noch weit weg von der Wirklichkeit des *Terminators* ist. Vielleicht wird die strafrechtliche Diskussion über KI-Agenten in einigen Jahren ganz unterschiedlich geführt werden.

Das bringt uns zur letzten Frage: KI ohne Strafrecht? Und die Antwort: grundsätzlich ja. KI-Systeme und Maschinen werden nicht für Verletzungen von (strafrechtlich geschützten) Rechtsgütern haften. In anderen Fällen Personen auch nicht,[29] wenn die Rechtsgutverletzung nicht – wegen Unvorhersehbarkeit des Erfolgs („output“) unter Verfolgung von der Sorgfaltspflicht – fahrlässig zugerechnet werden kann. Mit anderen Worten: Trotz der Entwicklung der KI wird der hier aufgezeigte Weg dazu führen, dass im Bereich der Zurechnung im Strafrecht letztlich alles beim Alten bleibt.

---

28 Von mehreren Seiten, z.B. die Experten-Gruppe „Liability and New Technologies“ der EU-Kommission.

29 Natürlich nur, soweit kein Vorsatz vorliegt, mit K.I eine Verletzung zu verursachen.

Entscheiden im digitalen Zeitalter

Überlegungen zu den Auswirkungen smarter Technologie auf Verhaltenspflichtbildung und Verantwortlichkeit

Svenja Behrendt

Künstliche Intelligenz ist eines der hot topics unserer Zeit. Es durchdringt alle Rechtsgebiete und zwingt zu einer Re-Fokussierung auf eine Vielzahl im Grunde recht alter, grundlegender Fragen. Ein paar davon sind Gegenstand dieses Aufsatzes. Im Folgenden befasse ich mich mit den Auswirkungen, welche die Verfügbarkeit und die Implementierung smarter Technologie auf die Verhaltenspflichten und auf die Verantwortlichkeit des Menschen haben. Es geht um die Frage, welche Auswirkungen die Existenz künstlicher Intelligenz (im Folgenden abgekürzt als KI) rechtstheoretisch auf die Rechtsverhältnisse unter Menschen hat.

Diese Fragestellung bringt erhebliche methodische Probleme mit sich. Zunächst ist das Verhältnis von Verhaltenspflicht und Verantwortung komplexer, als man bei unbefangener Lesart meinen könnte; das Verständnis dieser Begriffe wird erheblich durch konzeptionelle Vorstellungen und im Hintergrund wirkmächtige Theorien beeinflusst. Zudem gibt es phänomenologisch ein breites Spektrum „smarter" Technologien. KI ist eben nicht gleich KI. Die unterschiedlichen Formen divergieren zunächst hinsichtlich der Komplexität ihrer Programmierung, der Art ihres Trainings sowie der Fähigkeit zum selbstständigen Lernen. Darüber hinaus unterscheiden sie sich auch darin, ob und inwiefern sie in der Lage sind, in der sozialen Lebenswelt zu „agieren". Auch die Rollenverteilung und das Interaktionsverhältnis zwischen dem Menschen und der KI sind keineswegs immer gleich gelagert. Das Beziehungsgefüge kann stark interaktionistisch ausgestaltet sein, der Mensch oder die KI kann aber auch im Verhältnis zur Rolle des jeweils anderen Aktanten[1] ziemlich bedeutungslos sein.[2] Hinzukommt, dass die Bandbreite der potentiellen Anwendungsfelder unermesslich weit ist. KI kann eingesetzt werden, um Aufgaben zu erledigen, die von einem Menschen grds. mit einem raschen Blick erledigt werden könnten (z.B. die Erkennung eines Gegenstandes). Es kann indes auch um die Erledigung von Aufgaben gehen, für welche ein Mensch einen erheblichen – vielleicht sogar derzeit ressourcenüberschreitenden – Aufwand betreiben müsste. Es fällt deshalb ungemein schwer, die Auswirkungen smarter Technologie auf die Verhaltenspflichten und die Verantwortung des menschlichen Individuums umfassend in den Blick zu nehmen.

Vorab erscheint es deshalb empfehlenswert zu sein, zu reflektieren, in welcher Hinsicht KI relevant werden kann. Meines Erachtens lassen sich drei Konstellationen – zwar nicht trennscharf, aber zumindest grob – voneinander unterscheiden:

In der *ersten Konstellation* werden die finale, konkrete Entscheidung und ihre Umsetzung der KI überlassen. Die KI schafft selbst Risiken

1 Der Begriff des Aktanten wurde von *Bruno Latour* im Zusammenhang mit der von ihm begründeten Akteur-Netzwerk-Theorie geformt, vgl. *Latour*, Die Hoffnung der Pandora – Untersuchungen zur Wirklichkeit der Wissenschaft, 2000, S. 218. In dem rechtlichen Diskurs zu künstlicher Intelligenz wurde der Begriff u.a. von *Gunther Teubner* aufgegriffen, vgl. *Teubner*, Elektronische Agenten und große Menschenaffen, ZfRSoz 27 (2006), S. 5 (21, 24); *ders.*, Digitale Rechtssubjekte?, AcP 218 (2018), S. 155 (165 f.). Vgl. auch *Kersten, Jens*, Menschen und Maschinen Rechtliche Konturen instrumenteller, symbiotischer und autonomer Konstellationen, JZ 2015, S. 1 m.w.N. Der Begriff hat bei *Latour* eine ganz eigenständige Bedeutung, die sich daraus ergibt, dass nach *Latour* auch „Gegenstände und andere nicht menschliche Wesen vollwertige Akteure […] sind", ebd., S. 211. Das wiederum ist im Zusammenhang mit *Latours* Handlungsbegriff zu sehen: Nach *Latour* „handeln" auch Gegenstände. Ein Aktant ist im Grunde nicht mehr und nicht weniger als ein nicht-menschlicher Akteur. Obgleich der Begriff des Aktanten im Folgenden Verwendung finden wird, so ist damit kein Anschluss an die Akteur-Netzwerk-Theorie intendiert: Der Begriff findet Verwendung, weil er in der Frage, wer Subjekt ist, keine Vorfestlegungen enthält. Der Begriff des Akteurs und des Agenten konnotiert Handlungsfähigkeit und wird vielleicht auch mit der Annahme in Zusammenhang gesetzt, dass es sich um einen „unverursachten Verursacher" handelt. Der Begriff des Aktanten hat kein derartiges Potential für Missverständnisse und axiomatische Fehlannahmen, gerade weil er im Sprachgebrauch noch nicht zementiert ist und weil die Frage der Handlungsfähigkeit noch deutlich offener erscheint. Näheres in *Behrendt*, Rechtstheorie 52 (2021), 45.

2 Vgl. *Cornelius, Kai*, „Künstliche Intelligenz", Compliance und sanktionsrechtliche Verantwortlichkeit, ZIS 2020, S. 51 (63); *Kirste, Moritz*, Augmented Intelligence – Wie Menschen mit KI zusammen arbeiten, in: Wittpahl (Hrsg.), Künstliche Intelligenz – Technologie, Anwendung, Gesellschaft, 2020, S. 58 (61).

und Chancen, beispielsweise durch Abgabe von Erklärungen oder durch einen künstlichen Bewegungsapparat (Robotik). Es findet kein menschlicher „Umsetzungsakt" mehr statt. Hinsichtlich der Verantwortlichkeit des vorgeschalteten menschlichen Entscheidungsträgers stellt sich dann die Frage, ob die Entscheidung für oder gegen den Einsatz eines solchen Aktanten verhaltenspflichtgemäß oder verhaltenspflichtwidrig ist. Wenn die maschinell getroffene „Entscheidung" – oder besser: das maschinell errechnete Ergebnis – und/oder ihre Umsetzung durch den Aktanten vorhersehbar einen Zustand kreieren würde, welcher ein unerlaubtes Risiko schafft, dann wäre die Hinzuziehung des künstlich intelligenten Aktanten verhaltenspflichtwidrig. Das Grundproblem besteht allerdings darin, dass nicht sicher prognostizierbar ist, zu welchem Ergebnis die KI kommen wird sowie ob und welche Risiken die KI schaffen wird. Insofern kommt es dann darauf an, ob die Hinzuziehung ggfs. gerade deshalb verhaltenspflichtwidrig ist, weil vorhersehbar ist, dass Unvorhergesehenes passieren kann.[3] Unterm Strich geht es also um Probleme der Vorhersehbarkeit und die Frage, ob verhaltenspflichtgemäßes Handeln die Kontrolle und die Vorhersehbarkeit der konkreten Risiken, welche durch das Handeln geschaffen werden, voraussetzt. Diese (in der Literatur viel diskutierte)[4] Konstellation wird in diesem Beitrag nicht weiter erörtert.

In der *zweiten Konstellation* geht es primär um Organisation und Verwaltung. KI kann genutzt werden, um die vorhandenen Ressourcen besser und effizienter zu nutzen und Wissen zu verwalten. Insoweit verändert KI die Art und Weise, *wie* wir zu Entscheidungen gelangen. Diesem Feld kommt eine erhebliche Bedeutung zu, da Daten und Informationen die Grundlage für Entscheidungen darstellen – was nicht wahrgenommen wird, kann eine Entscheidung nicht beeinflussen. Hier liegen Chancen, aber auch Risiken, derer man sich gewahr sein muss. Diese Konstellation liegt in gewisser Weise quer zu den übrigen beiden Fallgruppen, weist aber auch Schnittmengen mit ihnen auf.

---

3 *Gless, Sabine/Weigend, Thomas*, Intelligente Agenten und das Strafrecht, ZStW 126 (2014), S. 561 (581 f., zu der gesellschaftlichen Akzeptanz der generell von KI ausgehenden Risiken siehe S. 584).

4 Zu der Diskussion vgl. exemplarisch *Seher, Gerhard*, Intelligente Agenten als „Personen" im Strafrecht, in: Gless/Seelmann (Hrsg.), Intelligente Agenten und das Recht, 2016, S. 45 (51); *Gless/Weigend* Fn. 3, S. 579 ff.; *Klingbeil, Stefan*, Schuldnerhaftung für Roboterversagen, JZ 2019, 718; *Kersten* Fn. 1, S. 1; *Quarck, Lasse*, Zur Strafbarkeit von e-Personen, ZIS 2020, 65; *Behrendt, Svenja*, Entzauberung des Rechts auf informationelle Selbstbestimmung – eine Untersuchung zu den Grundlagen der Grundrechte, i. E., Kap. 24 m.w.N.

Die *dritte Konstellation*, welche in diesem Beitrag schwerpunktmäßig adressiert werden soll, betrifft den Einsatz der KI im Entscheidungsprozess selbst. In dieser Konstellation wird die KI in der Phase der Entscheidungsfindung zwar herangezogen bzw. könnte herangezogen werden, die endgültige Entscheidung über die Schaffung eines Risikos bzw. einer Chance wird jedoch durch einen Menschen getroffen. Insofern drängen sich insbesondere die Fragen auf, ob die Hinzuziehung der KI ins Belieben des Entscheidungsträgers gestellt ist und wie der Entscheidungsträger mit dem von der KI ausgeworfenen Ergebnis umzugehen hat. Es kann insofern um die Frage gehen, ob KI bei der Ermittlung des Sachverhalts und/oder bei der Ermittlung und Evaluierung der Handlungsoptionen zu berücksichtigen ist.

A. *Pflicht zur Hinzuziehung von KI?*

Rechtliche Verhaltenspflichten knüpfen an den objektiven Sachverhalt, objektiv bestehende Risiken und die Beeinflussung durch die Handlungsmöglichkeiten des Rechtsadressaten an. Dies möchte ich den folgenden Überlegungen als Axiom voranstellen. Verhaltenspflichten entstehen aus dem – rechtlich positivierten – Schutz eines Interesses und darauf bezogenen Ansprüchen. Größtmöglich abstrahiert meint das einen Anspruch auf Unterlassen von Handlungen, die dem Erhalt oder der Realisierung dieses Interesses entgegenstehen, und einen Anspruch auf Vornahme solcher Handlungen, die das Interesse erhalten bzw. ermöglichen oder fördern.[5]

I. *Das Entstehen einer Prima-facie-Pflicht zur Hinzuziehung*

Basierend auf dieser Annahme können wir eine erste These formulieren: Grds. ist die Heranziehung der KI immer dann *prima facie* geboten, wenn die zur Vermeidung von Rechtsgutsverletzungen relevanten Kriterien kor-

5 Diese Rechtsbeziehung entspricht dem grundrechtstheoretischen Rechtsverhältnis. Siehe dazu ausführlich *Behrendt* Fn. 4, Kap. 19. Der Grundgedanke, dass Verhaltensnormen wegen des Schutzes der Rechtsgüter entstehen, ist im Strafrecht wohl allgemein anerkannt, vgl. *Freund, Georg*, in: MünchKomm-StGB, 4. Aufl. 2020, Vorbemerkungen zu § 13 Rn. 153; *Freund, Georg/Rostalski, Frauke*, Strafrecht Allgemeiner Teil, 3. Aufl. 2019, § 1 Rn. 29 ff.; *Frister, Helmut*, Strafrecht Allgemeiner Teil, 9. Aufl. 2020, Kap. 3 Rn. 22; *Kindhäuser, Urs/Zimmermann, Till*, Strafrecht Allgemeiner Teil, 9. Aufl. 2020, § 2 Rn. 6.

rekt und zuverlässig ermittelt werden können. Ob ihre Hinzuziehung auch *definitiv* geboten ist,[6] ist eine Frage der alternativen Möglichkeiten zur korrekten Ermittlung der relevanten Kriterien, des Bestehens von Gegengründen und ihrem jeweiligen Gewicht im Verhältnis zur Bedeutung einer korrekten Beurteilung der Risiken (dazu sogleich).

Eine Hinzuziehung ist prima facie geboten, wenn die von der KI zu errechnenden Informationen Kriterien betreffen, auf die es bei der Entscheidung ankommt, und diese errechneten Informationen auch *objektiv richtig* sind. Gleiches gilt, wenn die KI *präzisere* (*und objektiv richtige*) Angaben machen kann, die sich auf die Beurteilung der Handlungsoptionen zur Vermeidung oder Abwendung eines Risikos auswirken. Selbst wenn die Einbindung der KI keine bessere Entscheidungsgrundlage verspricht (weil die objektiv richtigen Daten sowohl mittels smarter Technologie als auch auf anderem Wege ermitteln werden können), kann ihre Hinzuziehung zudem prima facie geboten sein, wenn die erforderlichen Informationen so auf eine *weniger belastende Weise* ermittelt werden können. Grundrechtlich geschützte Interessen werden dann schließlich geschont.

Auch der Zeitfaktor kann sich auf die Verhaltenspflichtbildung auswirken: Sofern die menschlichen Entscheidungsfindungsprozesse für eine einigermaßen datenbasierte Entscheidung zu lange dauern würde, um eine Gefahr für ein rechtlich geschütztes Interesse abzuwenden, ist es zumindest *prima facie* geboten, eine KI bei der Entscheidungsfindung hinzuzuziehen. Bei der Entscheidung über die definitive Gebotenheit ist aber zu

---

6 Diese Unterscheidung zwischen zwei Ebenen geht – jedenfalls in der Hinsicht, wie der Gedanke hier Verwendung findet – auf Robert Alexy zurück, vgl. *Alexy, Robert*, Ideales Sollen, in: Clérico/Sieckmann (Hrsg.), Grundrechte, Prinzipien und Argumentation, 2009, S. 21; *ders.*, in: Saliger (Hrsg.), Rechtstaatliches Strafrecht. Festschrift für Ulfrid Neumann zum 70. Geburtstag, 2017, S. 17. Bei *Alexy* steht allerdings die Unterscheidung zwischen Regeln und Prinzipien im Vordergrund, welche sich über die Zeit auch verändert hat und in der Literatur (auch) kritisch diskutiert wird. Sehr aufschlussreich über die Diskussion und die Entwicklung ist insofern die zwischen ihm und *Ralf Poscher* geführte Debatte über die Tragfähigkeit des normtheoretischen Dualismus. *Poscher* gibt in seinem Beitrag zur „dritten Runde" des Diskurses einen kurzen Überblick, siehe *Poscher, Ralf*, Resuscitation of a Phantom? On Robert Alexy's Latest Attempt to Save His Concept of Principle, Ratio Juris 33 (2020), S. 134 (138 ff.). Die Unterscheidung zwischen der Prima-facie-Verhaltenspflicht und der definitiven Verhaltenspflicht, wie ich sie in diesem Beitrag verwenden möchte, basiert indes auf dem grundrechtstheoretischen Rechtsverhältnis. Dabei handelt es sich im Grunde um ein Modell eines Rechtsverhältnisses unter Gleichgeordneten, weshalb es sich meines Erachtens gut dafür eignet, um die Verhaltenspflichten unter Bürgern in den Blick zu nehmen. Zum Ganzen siehe *Behrendt* Fn. 4, insbes. Kap. 19.

berücksichtigen, dass es um die bestmögliche Entscheidung über die zur Abwendung eines Risikos und zur Schaffung von Chancen erforderlichen Handlungen geht. Schnelligkeit ist kein Faktor, der aus sich heraus die Hinzuziehung von KI gebieten bzw. legitimieren kann.

II. Das Erwachsen in eine definitive Verpflichtung zur Hinzuziehung

Ob eine prima-facie-Pflicht in eine *definitive* Verpflichtung erwächst, ist eine abstrakt-generell schwierig zu beantwortende Frage. Es kommt zunächst darauf an, ob es Alternativen bei der Ermittlung des entscheidungsrelevant korrekten Ergebnisses gibt. Grds. stehen diese Handlungsalternativen dann nebeneinander, es bestehen also mehrere Prima-facie-Pflichten. Ob eine dieser prima facie bestehenden Verhaltenspflichten zu einer definitiven Pflicht wird (und wenn ja, welche), hängt davon ab, wie wichtig die Ermittlung der realen Risiken ist, inwieweit die möglichen Handlungspflichten dem Normadressaten Opfer abverlangen und wie gewichtig gegenläufige Interessen sind. Es kann zum Beispiel sein, dass ein Weg dem Rechtsadressaten einen hohen Aufwand eigener Ressourcen abverlangt und eine andere Möglichkeit seine Interessen stärker schont. Es ist auch möglich, dass die Ermittlung des objektiv richtigen Ergebnisses als solche schon die Grenzen der solidarischen Aufopferung der eigenen Interessen des Rechtsadressaten überschreitet. Es kommt auf Abwägungsprozesse an. Das Ergebnis hängt daher auch von den Gewichtungen durch den jeweiligen Interpreten ab.

Um den Grundgedanken an zwei Beispielen deutlich zu machen: Ermöglicht die KI, die erforderlichen Handlungen zu ermitteln, um eine Kernschmelze im Atomkraftwerk sicher und rechtzeitig zu unterbinden, so ist ihre Hinzuziehung grds. auch dann definitiv geboten, wenn ihre Hinzuziehung aufwändig ist und viel kostet. Ein Hundeführer dürfte aber nicht verpflichtet sein, sich eine KI anfertigen zu lassen, welche die hundefreundlichste Route zum Gassi gehen ermittelt.

III. Die Verletzung von Verhaltenspflichten

Eine Verletzung der Verhaltenspflicht liegt zum einen dann vor, wenn die KI hinzugezogen wird, obwohl sie im konkreten Fall ein entscheidungsrelevant falsches Ergebnis produzieren wird. Zum anderen liegt eine Verletzung der Verhaltenspflicht dann vor, wenn die KI *nicht* hinzugezogen wird, obwohl sie im konkreten Fall ein entscheidungsrelevant richtiges Ergebnis produzieren wird und der Rechtsadressat im konkreten Fall auch definitiv zur Hinzuziehung verpflichtet gewesen ist.

IV. Die Korrektheit des maschinell ausgeworfenen Ergebnisses

Die Korrektheit des maschinell ausgeworfenen Ergebnisses ist – wie gesagt – Dreh- und Angelpunkt des Entstehens einer Prima-facie-Pflicht. Allerdings ist hinlänglich bekannt, dass KI auch falsche Ergebnisse produzieren kann.[7] KI ist kein Mittel zur Erforschung objektiver Wahrheit, sie basiert nur auf Statistik und Korrelationen.[8] Eine Pflicht zur Hinzuziehung kann nicht aus der rein statistischen Wahrscheinlichkeit dafür folgen, dass das maschinell ausgeworfene Ergebnis im konkreten Fall richtig sein wird – Bezugspunkt ist schließlich immer der konkrete Fall. Nur bei korrekter maschineller Analyse und Interpretation des empirischen Sachverhalts und dessen Entwicklung könnte es einen Sorgfaltspflichtverstoß begründen, wenn der Rechtsadressat die KI *nicht* hinzuzieht.

Die Schwierigkeiten, die mit dem Problem der Korrektheit (und der im Folgenden noch thematisierten Erkennbarkeit) verbunden sind, lassen sich mithilfe des folgenden Beispiels aus der Radiologie gut demonstrieren. In der Radiologie scheinen Programme, die Bilder in Bilder „übersetzen", derzeit wegen ihres vielversprechenden Potentials gefeiert zu werden.[9] Bei diesem Prozess werden durch eine KI qualitativ hochwertige Bilder auf der Basis von Röntgenbildern mit schwacher Qualität erstellt. Dadurch entsteht der trügerische Schein, man habe zwei Bilder derselben Sache in unterschiedlicher Qualität. Forscher der Universität Montreal haben

---

7 Siehe exemplarisch *Wischmeyer, Thomas*, Regulierung intelligenter Systeme, AöR 143 (2018), S. 1 (23 f.); *Martini, Mario*, Algorithmen als Herausforderung für die Rechtsordnung, JZ 2017, S. 1017 (1018).

8 *Martini, Mario*, Blackbox Algorithmus – Grundfragen einer Regulierung künstlicher Intelligenz, 2019, S. 47; *ders.* Fn. 8, S. 1018; *Bull, Hans Peter*, Über die rechtliche Einbindung der Technik, Der Staat 58 (2019), S. 57 (80); *Ernst, Christian*, Algorithmische Entscheidungsfindung und personenbezogene Daten, JZ 2017, S. 1026 (1028).

9 Vgl. beispielsweise *Andrade, Catarina/Teixeira, Luís F./Vasconcelos, Maria/Rosado, Luís*, Data Augmentation Using Adversarial Image-to-Image Translation for the Segmentation of Mobile-Acquired Dermatological Images, Journal of Imaging 2021, S. 7(1), 2, abrufbar unter https://www.mdpi.com/2313-433X/7/1/2 <zuletzt abgerufen am 17.10.2022)>; *Haubold, Johannes*, Künstliche Intelligenz in der Radiologie, Der Radiologe 60 (2020), S. 64 (65).

jedoch eindrücklich auf die Gefahren aufmerksam gemacht, indem sie zeigen konnten, dass ein Programm bei der Übersetzung Tumore „hinzufügt“ oder „entfernt“.[10] Das maschinell generierte Röntgenbild sieht zwar völlig authentisch aus, es ist aber – selbst bei fehlerloser Berechnung – ggfs. fehlerhaft. Sofern man den Anspruch stellt, dass es das zu befundende Gewebe abbildet, so wäre es unrichtig, wenn es von einem hochauflösenden Röntgenbild, das ohne Beteiligung smarter Technologie erzeugt wird, in relevanter Weise abweicht. Diese „Fehlerhaftigkeit“ trotz maschinell fehlerloser Berechnung ist dann eigentlich dem Umstand geschuldet, dass das maschinell errechnete Bild als etwas begriffen wird, was es nicht ist. Diese Situation kann dazu führen, dass das maschinell erzeugte Schein-Röntgenbild eine real gar nicht existierende Zellmasse ausweist und eine Behandlungsbedürftigkeit suggeriert, die real gar nicht gegeben ist. Schlimmer noch ist indes der andere, umgekehrte Fall: Das maschinell erzeugte Schein-Röntgenbild enthält keine Abbildung der real existierenden Zellmasse, da diese im Prozess der maschinellen Hochrechnung wegretuschiert wurde.

Da wir oben festgelegt haben, dass es um die realen Gefahren geht, kommt es für das Entstehen einer Prima-facie-Pflicht zur Hinzuziehung der KI auf den konkreten Fall an. Wenn die KI ein *entscheidungsrelevant objektiv korrektes* Ergebnis auswerfen wird, dann besteht eine Prima-facie-Pflicht zur Hinzuziehung und diese Pflicht wird in eine definitive Pflicht erwachsen, wenn die komplexe Abwägung Entsprechendes ergibt. Wenn das Programm in dem konkreten Fall ein entscheidungsrelevant falsches Ergebnis auswerfen wird (es wird eine real nicht existierende Zellmasse angezeigt oder eine real existierende Zellmasse wird wegretouschiert), dann besteht schon keine Prima-facie-Pflicht zur Hinzuziehung. Das maschinell ausgeworfene Ergebnis trägt schließlich nicht zur Ermittlung der realen Gefahren bei.

Man kann sich aber darüber hinaus die Frage stellen, ob es pflichtwidrig wäre, wenn die KI hinzugezogen wird, obwohl eine Hinzuziehungspflicht nicht einmal prima facie besteht. Die Hinzuziehung ohne Weiteres zur Verfügung stehender KI ist zwar – isoliert betrachtet – grds. neutral. Die Schädigung oder Rettung des rechtlich geschützten Interesses wird schließlich erst durch ein späteres Verhalten des Rechtsadressaten in Gang

10 *Cohen, Joseph Paul/Luck, Margaux/Honari, Sina*, Distribution Matching Losses Can Hallucinate Features in Medical Image Translation, in: Frangi/Schnabel/Davatzikos/Alberola-López/Fichtinger (Hrsg.), Medical Image Computing and Computer Assisted Intervention – MICCAI 2018.

gesetzt. Der Rechtsadressat hat aber keine Möglichkeit, die Inkorrektheit des maschinell ausgeworfenen Ergebnisses zu erkennen. Deshalb besteht die Gefahr, dass die Hinzuziehung dazu führen wird, dass das Ergebnis weiteren Entscheidungen – z.B. über die weitere Behandlung – zugrunde gelegt wird.[11] Auf der Basis der hier unterbreiteten Konzeption ist aber erst das Entscheiden über das weitere eigene Verhalten trotz defizitärer Ermittlung des wahren Sachverhalts verhaltenspflichtwidrig.

V. Das Problem der Erkennbarkeit

Kommen wir zu der damit schon angeteaserten Frage, ob der Rechtsadressat eine Pflicht zur Hinzuziehung der KI überhaupt erkennen kann. Nur bei Erkennbarkeit wäre eine Verletzung der Verhaltenspflicht grds. vorwerfbar und kann zu einem Vorverschulden hinsichtlich der sich anschließenden Entscheidung über Handlungsoptionen führen. Dafür ist entscheidend, ob der Rechtsadressat bei sorgfaltsgemäßem Verhalten zu prognostizieren hat, dass die von der KI ausgeworfenen Ergebnisse im konkreten Fall entscheidungsrelevant objektiv richtig sein werden. Die Ermittlung der objektiven Wahrheit ist indes etwas, was die KI gar nicht zu leisten vermag. Das konkret ausgeworfene Ergebnis ist vielmehr eine „Einschätzung“ auf der Basis des Dateninputs, die auf der Anwendung der mathematischen Formeln und Gewichtungen beruht, welche das Resultat des maschinellen Trainings sind.[12] Die KI kontrolliert ihr Ergebnis nicht auf objektive Wahrheit und Korrektheit – das kann die KI gar nicht abprüfen.[13]

Dementsprechend geht es bei der Prognose eigentlich darum, ob das Training bzw. die Programmierung dazu führen wird, dass der konkrete Fall von der KI auch korrekt gelöst wird. Das wird in der Regel voraus-

11 Hinzu kommt, dass eine sinnlose Maßnahme in der Regel mit nicht erforderlichen Beeinträchtigungen (grund-)rechtlich geschützter Interessen einhergeht. Die Vornahme einer Maßnahme, die zu keinem zulässigerweise verwertbaren Ergebnis führt, ist schon nicht geeignet und deshalb auch nicht erforderlich, um eine tragfähige Entscheidungsgrundlage herzustellen.

12 Zu den diversen Formen von „künstlicher Intelligenz“ in einem weit verstandenen Sinne *Niederée, Claudia/Nejdl, Wolfgang*, Technische Grundlagen der KI, in: Ebers/Heinze/Krügel/Steinrötter, Künstliche Intelligenz und Robotik, 2020, § 2.

13 *Rostalski, Frauke*, Entscheiden im digitalen Zeitalter – Zur Bedeutung der technischen Beeinflussung des Menschen bei der Entscheidungsfindung, in: BBAW (Hrsg.), Kompetent eigene Entscheidungen treffen? Auch mit Künstlicher Intelligenz!, 2020, S. 9 (17 f.).

setzen, dass die Software speziell für den konkreten Use Case trainiert wurde. Ob das Training bzw. die (Selbst-)Programmierung – hinsichtlich des konkreten Falles(!) – korrekt erfolgt ist, dürfte allerdings sowohl für Informatiker als auch für Fachleute der jeweiligen Disziplin, welcher der Use Case zuzuordnen ist, schwer zu beurteilen sein. Zu warnen ist im Übrigen davor, die „Korrektheit" der Programmierung im Sinne einer Kunstgerechtigkeit und der Beobachtung des Standes der Technik und der Wissenschaft zu verstehen, denn dieses Begriffsverständnis entspricht *nicht* dem hier maßgeblichen Begriff der Korrektheit.

Dementsprechend kann der Anwender in der Regel gar nicht verlässlich prognostizieren, ob die KI im konkreten Fall ein objektiv richtiges bzw. verlässliches Ergebnis produzieren wird. Um das zu leisten, müsste der Anwender die Rechenoperationen nachvollziehen und in ihrem Bedeutungsgehalt wirklich verstehen können.[14] Zugleich ist für ihn aber auch nicht erkennbar, dass das maschinell ausgeworfene Ergebnis *nicht* entscheidungsrelevant objektiv richtig sein wird. Dem Anwender – also dem Rechtsadressaten – ist die objektive Verhaltenspflicht zur Hinzuziehung bzw. zum Unterlassen der Hinzuziehung in der Regel daher nicht erkennbar.

In den Fällen der Nichterkennbarkeit ist der Rechtsadressat in jedem Fall rechtlich nicht verantwortlich: Ist sein Verhalten (Hinzuziehung/Unterlassen der Hinzuziehung) tatsächlich verhaltenspflichtgemäß, ist das schön für ihn, es ist aber nicht sein Verdienst. Das konnte es gar nicht sein. Verhält er sich tatsächlich verhaltenspflichtwidrig, ist er mangels Erkennbarkeit ebenfalls nicht verantwortlich. Die objektiv bestehenden Verhaltenspflichten im Umgang mit KI in der Rechtsanwendung sind insofern zahnlos. Sie verlaufen schlicht im Sand.

VI. Die Entscheidung über das eigene Verhalten bei Unsicherheit

In Fällen der Nichterkennbarkeit kann der Rechtsadressat zwar nicht wissen, welche der beiden möglichen Prima-facie-Pflichten (die zur Hinzuziehung oder die zum Unterlassen der Hinzuziehung) im konkreten Fall entstanden ist. Da er sich aber entscheiden muss, wird er sich wohl wegen der statistischen Wahrscheinlichkeit eines korrekten Ergebnisses

---

14 Zu diesem Problem vgl. beispielsweise *Martini* Fn. 8, S. 41 ff.; *Coeckelbergh, Mark*, Artificial Intelligence, Responsibility Attribution, and a Relational Justification of Explainability, Science and Engineering Ethics 26 (2020), S. 2051 (2059 ff.).

für die Hinzuziehung entscheiden. Das dürfte angesichts der begrenzten Mittel der Erkenntnis die rationale Entscheidung darstellen: Es ist wahrscheinlicher, dass die Hinzuziehung verhaltenspflichtgemäß ist, als dass sie verhaltenspflichtwidrig ist. Es ist aber wichtig, diese Überlegung über die bestmögliche Vermeidung einer Verhaltenspflichtverletzung nicht mit der Verhaltenspflicht (wie sie sich wegen des realen Sachverhaltes aus der Pflicht, eine Verletzung rechtlich geschützter Interessen zu unterlassen, ergibt) zu vermengen.

Indem nunmehr die Entscheidungssituation des Normadressaten angesprochen wird, verlassen wir die bisherige objektive Betrachtung. Unter dem Axiom, dass jede Entscheidung durch das Recht beeinflusst werden soll, ist die Entscheidungssituation des Normadressaten unter dem Gesichtspunkt der Verhaltenspflichtbildung in den Blick zu nehmen. Das führt dazu, dass der Normadressat sich Gedanken über mögliche Konsequenzen seiner Handlungsoptionen machen muss und man zur Ermittlung des rechtlich gebotenen Verhaltens danach fragen muss, zu welchem Ergebnis ein „objektiver Dritter" in der Rolle des Normadressaten gelangt wäre. Die daraus folgende (schwach) objektiv-rechtliche Betrachtung ist indes nicht mit der zuvor erörterten (streng) objektiv-rechtlichen Betrachtung zu verwechseln: Bei streng objektiv-rechtlicher Betrachtung geht es um Verhaltenspflichten, die sich aus tatsächlichen Kausalverläufen ergeben; bei schwach objektiv-rechtlicher Betrachtung wird die Art und Weise, wie sich ein sorgfältiger Dritter in der Person des Normadressaten verhalten hätte, zum normativen Ideal erhoben.[15] So wie dieser etablierte Maßstab in unserer Rechtsordnung verstanden wird, gibt es immer ein Ergebnis. Der objektive Dritte ist nie paralysiert – er würde sich daher bei Unkenntnis und Unerkennbarkeit der tatsächlichen Risiken angesichts der statischen Wahrscheinlichkeit eines entscheidungsrelevant richtigen Ergebnisses grds. für die Hinzuziehung der KI entscheiden. Wegen der statistischen Wahrscheinlichkeit entsteht eine schwach objektiv-rechtliche Pflicht zur Hinzuziehung.

Die Berücksichtigung der epistemischen Ungewissheit, die diesen schwach objektiv-rechtlichen Maßstab im Unterschied zum streng objektiv-rechtlichen Maßstab kennzeichnet, lässt allerdings eine oben erörterte Problematik in einem anderen Licht erscheinen: Wer KI hinzuzieht, obwohl diese tatsächlich zu keinem richtigen Ergebnis kommen wird,

---

15 Zu diesen unterschiedlichen Maßstäben siehe *Behrendt, Svenja*, Impossibility in criminal law theory and the constructivist discourse-theoretical concept of law, ZfIStW 2023, im Erscheinen.

schafft das Risiko einer späteren streng objektiv verhaltenspflichtwidrigen Entscheidung. Wenn man wegen dieses Zusammenhangs bereits die Hinzuziehung in einem solchen Fall als verhaltenspflichtwidrig einstufen würde, so vermengt man die Maßstäbe. Nach schwach objektiv-rechtlichem Maßstab wäre schließlich auch die spätere Verhaltensentscheidung nur nach Maßgabe dessen zu beurteilen, wie ein „objektiver Dritter" sich verhalten würde. Was streng objektiv verhaltenspflichtwidrig wäre, ist bei schwach objektiv-rechtlicher Betrachtung plötzlich verhaltenspflichtgemäß. Bei einer nach streng objektivem Maßstab nicht geforderten Hinzuziehung kann eine Schädigung im Falle der Inkorrektheit des maschinell errechneten Ergebnisses nur durch ein nach schwach objektiv-rechtlichem Maßstab verhaltenspflichtwidriges Verhalten verhindert werden.

Vor diesem Hintergrund dürfte bereits klar sein, dass schwach objektiv-rechtliche Verhaltenspflichten in Widerspruch zu den Verhaltenspflichten stehen können, wie sie sich nach streng objektivem Maßstab ergeben. Nach Letzterem ist schließlich nur entscheidend, wie die Sachlage tatsächlich ist. Der schwach objektiv-rechtliche Maßstab wird bloß deshalb zur normativen Vorgabe, weil das, was nach dem strengen Maßstab gesollt ist, für den Rechtsadressaten nicht erkennbar ist. Der schwach objektiv-rechtliche Maßstab ist keine große Hilfe, soweit es darum geht, den spezifischen Gefahren bei KI zu begegnen und bestmöglich Schaden an rechtlich geschützten Interessen abzuwenden. Er führt „nur" dazu, dass die Zahl falscher Entscheidungen und die Zahl richtiger Entscheidungen langfristig die Statistik abbilden sollten. Der Preis dafür liegt darin, dass jede einzelne dieser Entscheidungen – gleich ob falsch oder richtig – rechtlich nicht zu beanstanden ist.

VII. Das künstliche Überbrücken der mangelnden Erkennbarkeit

Wenn man dem schwachen objektiv-rechtlichen Standard jedenfalls dort misstraut, wo es um bedeutsame Interessen geht, und man sich zugleich den Vorteilen der KI nicht verschließen möchte, so drängt sich mir nur ein Weg auf: Man enthebt den Rechtsanwender von der Prüfung, ob die KI im konkreten Fall ein korrektes Ergebnis auswerfen wird, und sorgt dafür, dass die statistische Wahrscheinlichkeit allein noch nicht über die Verhaltenspflichten entscheidet. Das würde erfordern, dass man die zu prognostizierende Korrektheit gewissermaßen rechtlich fingiert. Vorstellbar wäre das durch eine gesetzliche Regelung, der zufolge ein Adressat zur Hinzuziehung einer künstlich intelligenten Software in geeigneten Fällen[16] verpflichtet ist, wenn diese für den konkreten Fall von einer bestimmten, unabhängigen Stelle zertifiziert wurde[17] und Anhaltspunkte dafür fehlen, die gegen eine Zuverlässigkeit der KI im konkreten Fall sprechen. Zugleich müsste die Verwendung unzertifizierter Software in Anwendungsszenarien, in denen rechtlich geschützte Interessen von bedeutendem Wert durch falsche Ergebnisse gefährdet werden können, verboten werden.

Wegen der gesetzlichen Anordnung würde die Korrektheit mit der Zertifizierung der Software grds. vermutet. Der Anwender müsste dann nur noch prüfen, ob es im konkreten Fall Anhaltspunkte gibt, die gegen eine Eignung der KI sprechen. Das kann sich etwa daraus ergeben, dass (1.) der Datensatz nicht vollständig maschinenlesbar ist, dass (2.) sich das Anwendungsszenario von denjenigen, für die es zugelassen wurde, unterscheidet oder dass (3.) die physikalischen Bedingungen erwarten lassen, dass sie die mathematischen Berechnungen verfälschen werden. Denkbar ist (4.) auch, dass das Training nicht erwarten lässt, dass die KI im konkreten Fall zur Erarbeitung einer verlässlichen Entscheidungsgrundlage beitragen kann.

Dieser Weg ist rechtstheoretisch problematisch, das wird nach dem zuvor Gesagten kaum überraschen. Durch die gesetzliche Anordnung entstehen rechtliche Verhaltenspflichten, welche allein auf einer rechtlichen Fiktion beruhen. Deshalb kann es zu Fällen kommen, in denen die durch die Zertifizierung „versprochene" objektive Korrektheit real nicht gegeben ist. Streng objektiv ist die Verhaltenspflicht demnach eigentlich gar nicht entstanden. Ein solches Auseinanderfallen der streng objektiven und der auf einer Fiktion begründeten Verhaltenspflicht ist naturgemäß alles andere als unproblematisch. Dem Rechtsadressaten scheint hier die Möglichkeit genommen zu werden, sich gegen die Hinzuziehung der KI

16 Vgl. dazu die Überlegungen von *Rostalski* Fn. 13, S. 9 (11 ff.); *Grunwald, Armin*, Gestaltung der digitalen Transformation – Interdisziplinäre Herausforderungen an Technikfolgenabschätzung, Ethik und Recht, in: Beck/Kusche/Valerius (Hrsg.), Digitalisierung, Automatisierung, KI und Recht – Festgabe zum 10-jährigen Bestehen der Forschungsstelle RobotRecht, 2020, S. 31 (35 ff.).

17 Zu einem solchen Vorschlag („Algorithmen-TÜV") siehe bereits *Martini* Fn. 7, S. 1021; *ders.*, Fn. 8, S. 225 ff.; Europäische Kommission, Weißbuch zur Künstlichen Intelligenz – ein europäisches Konzept für Exzellenz und Vertrauen, 2020, S. 27 f.; Enquete-Kommission Künstliche Intelligenz – Gesellschaftliche Verantwortung und wirtschaftliche, soziale und ökologische Potenziale, BT-Drucks. 19/23700, S. 65, 67. Zur Diskussion exemplarisch: *Hacker, Philipp*, Europäische und nationale Regulierung von Künstlicher Intelligenz, NJW 2020, S. 2142 (2145); *Raue, Benjamin/von Ungern-Sternberg, Antje*, Ethische und rechtliche Grundsätze der Datenverwendung, ZRP 2020, S. 49 (51).

zu entscheiden, weil die Entscheidung künstlich rechtlich überformt wird. Entscheidet er sich – trotz Zertifizierung der KI für den konkreten Fall und trotz des Vorliegens der sonstigen Voraussetzungen zur Entstehung der Verhaltenspflicht *gegen* die Hinzuziehung, so wäre ein entsprechendes Unterlassen verhaltenspflichtwidrig. Er könnte sich grds. auch nicht darauf berufen, dass ihm das Erfordernis, die KI hinzuzuziehen, nicht erkennbar war. Wegen der Fiktion ist ihm dieser Weg rechtlich versperrt.

Genau betrachtet wird dem Normadressat aber bei Beschreitung dieses Weges keine Entscheidungsfreiheit genommen, die er andernfalls hätte, da seine Entscheidung andernfalls am Maßstab des objektiven Dritten gemessen werden würde. Auch wenn dieser Maßstab seine Schwächen hat, bleibt uns als Rechtsgemeinschaft aus in ihren Erkenntnismöglichkeiten beschränkten Wesen nichts anderes übrig, als einander daran zu messen. Sollte die Entscheidung des Rechtsadressaten gegen die Hinzuziehung indes richtig gewesen sein, so darf ihm der Verstoß gegen die *allein* durch die Fiktion begründete Rechtspflicht nicht vorgeworfen werden. Andernfalls würde man den Rechtsadressaten wegen einer im konkreten Fall materiell nicht legitimierten Fiktion sanktionieren.

Der Weg über die Zertifizierung bringt rechtstheoretisch eine Gratwanderung mit sich. Man sollte sich des potentiellen Spannungsverhältnisses zu den streng objektiven Verhaltenspflichten bewusst sein. Ferner sollte einem klar sein, dass man den Rechtsadressaten dazu zwingt, auf KI zurückzugreifen. Angesichts des Umstandes, wie gravierend die Folgen eines fehlerhaften Ergebnisses sein können, ist das kein unwesentlicher Gesichtspunkt. Die Implementierung sollte daher gut durchdacht und kritisch beobachtet werden.

B. *Pflicht zur Verwendung des maschinell ausgeworfenen Ergebnisses?*

Zieht der Anwender die KI hinzu, so stellt sich die Frage, ob der Anwender das von der KI errechnete Ergebnis seiner Entscheidung zugrunde legen darf bzw. ob er dazu sogar verpflichtet ist. Es wird kaum überraschen, dass es bei der Verwendung im Grunde um ähnliche Gesichtspunkte wie bei der Hinzuziehung geht: Da sich die Verhaltenspflichten aus der objektiven Sachlage ableiten, ist der Rechtsanwender verpflichtet, das maschinell ausgeworfene Ergebnis zu befolgen bzw. seiner Entscheidung zugrunde zu legen, wenn es objektiv zutreffend ist. Ist es hingegen objektiv unrichtig, darf er es seiner Entscheidung über die Handlungsoptionen nicht zugrunde legen. Trotz der offensichtlichen Parallelen und des ebenso augenscheinlichen Zusammenhangs handelt es sich um selbstständige Schritte.

I. Grundlegende Überlegungen zu Verhaltenspflichten und Verantwortung im Überblick

Das Problem der Erkennbarkeit stellt sich auch in Bezug auf die Verhaltenspflichten bei der Verwendung. Der Rechtsadressat ist sowohl für ein verhaltenspflichtwidriges als auch für ein verhaltenspflichtgemäßes Verhalten seinerseits nur verantwortlich, wenn und soweit ihm die (In-)Korrektheit der entscheidungsrelevanten Passagen des maschinell ausgeworfenen Ergebnisses erkennbar ist. Wiederum ist die Perspektive des Rechtsadressaten zu berücksichtigen und erneut kann bzw. muss bei der Frage, welche Verhaltenspflichten ihn zur Überwindung des Erkenntnisproblems treffen, auf den Maßstab eines sorgfältigen Dritten abgestellt werden.

Erkennbar wäre die (In-)Korrektheit, wenn und soweit das maschinell ausgeworfene Ergebnis verifizierbar bzw. falsifizierbar ist. Der Rechtsadressat ist also grds. zur Überprüfung des Ergebnisses der KI verpflichtet. Ob und inwieweit die vielfältigen Prima-facie-Pflichten zur Verifizierung/Falsifizierung in definitive Pflichten erwachsen, wird auch durch das (Nicht-)Bestehen von Anhaltspunkten, die eine Fehlerhaftigkeit der maschinellen Berechnungen besorgen lassen, beeinflusst.

Treffen den Rechtsadressaten keine definitiven Pflichten zur Überprüfung oder beweisen die Verifizierungs-/Falsifizierungsmaßnahmen, zu denen er definitiv verpflichtet ist, nicht die Korrektheit bzw. die Inkorrektheit des maschinellen Ergebnisses, so ist dem Rechtsadressaten die (In-)Korrektheit nicht erkennbar. Er ist rechtlich für die Befolgung oder den Verstoß gegen die objektive Verhaltenspflicht nicht verantwortlich.

Unterlässt er eine Verifizierungs- oder Falsifizierungsmaßnahme, zu dessen Durchführung er nach dem schwach objektiv-rechtlichen Standard definitiv verpflichtet gewesen wäre, so kommt es darauf an, ob diese die Frage der Korrektheit geklärt hätte. Wenn nicht, so hat sich die Verletzung dieser Pflicht nicht ausgewirkt. Beleuchtet man den im *Pflichtwidrigkeitszusammenhang* zum Ausdruck kommenden Gedanken im Lichte der konkurrierenden rechtlichen Gefüge (streng objektiv-rechtlich und schwach objektiv-rechtlich), so zeigt sich: Die Verletzung der schwach objektiv-rechtlichen Pflicht ist irrelevant, wenn diese Pflicht gar nicht zur Verwirklichung des streng objektiv-rechtlichen Rechtsgefüges beitragen konnte.

II. Die Pflicht zur Überprüfung und der Sinn des Einsatzes von KI

Eine Pflicht zur Überprüfung des Ergebnisses anhand „anderer“[18] diagnostischer Maßnahmen scheint den Sinn des Einsatzes von KI in Frage zu stellen: Wenn man das von der KI ausgeworfene Ergebnis anschließend noch vollumfänglich verifizieren müsste, um es der sich anschließenden Entscheidung zugrunde zu legen, bestünde allem Anschein nach kein Grund mehr, die KI überhaupt einzusetzen. Der Verzicht auf aufwändige Prüfungen und die Einsparung von Ressourcen ist schließlich ein zentraler Aspekt, welcher dem Einsatz der KI überhaupt Sinn gibt. Allerdings ist KI nun einmal keine Methode zur Ermittlung der Wahrheit. Da sich die rechtlichen Pflichten aus der tatsächlichen Sachlage ableiten, kann der Einsatz von KI immer nur ein Hilfsmittel sein. Allein der Umstand, dass KI in bestimmten Anwendungsfällen statistisch gesehen weniger Fehler macht als ein Mensch, berechtigt und verpflichtet den Menschen daher noch *nicht* dazu, sein Verhalten an dem maschinell ausgeworfenen Ergebnis zu orientieren. Eine solche Pflicht kann selbst nach dem schwach objektiv-rechtlichen Maßstab erst entstehen, wenn zumutbare Verifizierungs-/Falsifizierungsmaßnahmen nicht existieren oder fruchtlos geblieben sind.

Das Ressourcen-Argument spricht ohnehin nur bedingt gegen das Erfordernis einer Verifizierung, denn mit dem maschinell ausgeworfenen Ergebnis hat man immerhin eine überprüfbare Hypothese. Für den Aufwand zur Ermittlung des realen Sachverhaltes kann das eine erhebliche Erleichterung bedeuten. Hat man noch keine Hypothese über den realen Sachverhalt, so kann dessen Ermittlung ungleich aufwändiger sein. In manchen Fällen mag eine Überprüfung ohne größeren Aufwand im Rahmen des Machbaren liegen. Beispielswiese dürfte es grds. möglich sein, zu überprüfen, ob das, was die KI als Katze identifiziert hat, tatsächlich eine Katze darstellt. Problematisch wird es aber, wenn sich nachträglich gar nicht mehr feststellen lässt, was Gegenstand der Interpretation durch die KI gewesen ist. Beispielsweise könnte das Tier, das in das Blickfeld der (nicht aufzeichnenden) Überwachungskamera geraten ist, direkt wieder verschwunden sein.

In vielen Fällen ist die menschliche Beurteilung im Übrigen kein geeignetes Mittel zur Verifizierung. Nehmen wir an, der Radiologe analysiert das maschinell ausgeworfene Röntgenbild und kommt zu einem anderen

18 Ob smarte Technologie als diagnostisches Mittel bezeichnet werden kann, ist angesichts ihrer Funktionsweise (Statistik und Korrelation) zweifelhaft.

Ergebnis. Er kann darin – anders als die KI – nichts erkennen, was auf einen potentiell krankhaften Zustand hindeutet. (Insbesondere) wenn es wahrscheinlicher ist, dass der Mensch sich irrt, dann ist das menschliche Urteil kein geeignetes Mittel, das maschinell ausgeworfene Ergebnis zu falsifizieren.

III. Die Pflicht zur Verifizierung des maschinell ausgeworfenen Ergebnisses

Um das maschinell ausgeworfene Ergebnis auf seine Korrektheit zu überprüfen, muss das objektiv richtige Ergebnis ermittelt werden. Dementsprechend treffen den Rechtsadressaten Prima-facie-Pflichten zur Vornahme der Maßnahmen, die zur Verifizierung oder Falsifizierung geeignet sind. Erneut ist es eine Frage der Abwägung, ob und welche Prima-facie-Pflichten zur Verifizierung und Falsifizierung in definitive Pflichten erwachsen. Bestehen (dem Rechtsadressaten erkennbare) Anhaltspunkte, die an der Korrektheit der maschinellen Entscheidung zweifeln lassen, so wirkt sich das auch darauf aus, ob eine Prima-facie-Pflicht in eine definitiv bestehende Pflicht erwächst. Wenn Anhaltspunkte bestehen, muss der Rechtsadressat ggfs. einen größeren Aufwand betreiben, um das maschinell ausgeworfene Ergebnis zu verifizieren/falsifizieren. Das impliziert, dass der Rechtsadressat jedenfalls prima facie zur Prüfung des Bestehens solcher Anhaltspunkte verpflichtet ist (auch das Erwachsen dieser Nachforschungspflichten in definitive Pflichten ist eine Frage der Abwägung). Derartige Anhaltspunkte können sich daraus ergeben, dass der Rechtsadressat das maschinelle Ergebnis angesichts der sonstigen Umstände des konkreten Falles für unplausibel hält. Zu dieser Plausibilitätsprüfung wird der Rechtsadressat regelmäßig definitiv verpflichtet sein, da es im Grunde das Mindeste ist, was man vom Rechtsadressaten fordern kann und sollte.[19]

Es kann ferner sein, dass der Rechtsadressat zunächst annahm, dass die KI für den konkreten Fall ein entscheidungsrelevant richtiges Ergebnis auswerfen wird und diese ursprüngliche Entscheidung für die Hinzuziehung der KI im Zeitpunkt der Verwendung anders zu bewerten wäre. Hat man zwischenzeitlich Kenntnis von Umständen erlangt, die daran zweifeln lassen, dass die Hinzuziehung der KI (auch) im konkreten Fall zu einer qualitativ besseren Entscheidungsgrundlage führt, bestehen Zweifel an der tatsächlichen Überlegenheit der KI für den konkreten Fall. Das gilt

19 Auf die sich daraus ergebenden Probleme der Deutungshoheit kommt der Beitrag noch zurück.

unabhängig davon, ob die Hinzuziehung aufgrund einer gesetzlichen Fiktion oder nur wegen der bestmöglichen Vermeidung eines streng objektiv pflichtwidrigen Verhaltens geboten war.

Anhaltspunkte für eine Fehlerhaftigkeit der maschinellen Interpretationsentscheidung können sich auch durch eine nicht fehlerfrei funktionierende Soft- oder Hardware ergeben. Dementsprechend müsste man die elektronische Datenverarbeitung daraufhin untersuchen, ob bei der elektronischen Datenverarbeitung ein Fehler erfolgt ist. Ein solcher Fehler könnte beispielsweise durch Einfluss physikalischer Faktoren bei der Datenverarbeitung (Hitze o.ä.) entstanden sein.

Da das maschinelle Ergebnis selbst bei fehlerfreien physikalisch-mathematischen Prozessen „falsch" sein kann (soweit es um die Korrektheit in Bezug auf den konkreten Sachverhalt geht), besteht auch eine Prima-facie-Pflicht zur Prüfung, ob und inwiefern der Algorithmus bzw. die maschinell gebildeten Regeln fehlerhaft gebildet wurden. Dabei besteht eines der zentralen Probleme darin, diese Fehlerhaftigkeit trotz maschineller und rechnerischer Fehlerlosigkeit überhaupt zu erkennen.[20] Das dürfte sich – wenn überhaupt – nur unter erheblichem Aufwand feststellen lassen. Die Grenzen der Zumutbarkeit werden hier in der Regel schnell erreicht sein.[21]

All dies führt dazu, dass Vorfeld-Pflichten wie Schulungen an Bedeutung gewinnen. Jemand der in der konkreten Situation nicht weiß, was ein Anhaltspunkt für die Fehlerhaftigkeit des maschinellen Ergebnisses sein kann, wird häufig mangels Zeit nicht definitiv verpflichtet sein, sich die entsprechenden Kenntnisse für die konkrete Entscheidung noch anzueignen. Verantwortliches Handeln beim konkreten Umgang mit KI bedeutet auch, dass man sich erst einmal selbst in die Lage versetzen muss, Defizite und Mängel überhaupt zu erkennen. Hat man sich die erforderlichen Kenntnisse und Fähigkeiten im Umgang mit smarter Technologie *nicht* angeeignet, obwohl entsprechende Vorfeld-Pflichten definitiv bestanden, begründet das ein Vorverschulden. Dieses Vorverschulden könnte dann auch zu einer Vorwerfbarkeit des späteren, das maschinelle Ergebnis umsetzenden, streng objektiv pflichtwidrigen Verhaltens führen. Denn dann wäre es bei vorfeldpflichtgemäßem Verhalten erkennbar gewesen, dass das maschinell ausgeworfene Ergebnis unrichtig ist. Es dürfte jedoch zu bezweifeln sein, dass ein Gericht auf der Basis des derzeitigen Diskussionsstandes eine solche Verantwortung feststellen könnte und würde. Im

---

20 Vgl. *Coeckelbergh* Fn. 14, S. 2059; *Martini* Fn. 8, S. 48 ff.
21 Vgl. dazu *Martini* Fn. 8, S. 44–47.

Falle des Fahrlässigkeitsvorwurfs müsste nachgewiesen werden, dass der konkrete Erfolg bei verhaltenspflichtgemäßem Verhalten ausgeblieben wäre, weil der Rechtsadressat sich bei grds. rechtstreuem Verhalten dann anders verhalten hätte, um eine Verletzung der rechtlich geschützten Interessen des anderen zu verhindern. Das setzt voraus, dass das Gericht normativ entsprechende Vorfeldpflichten als Sorgfaltspflichten anerkennt und sich auf prozessual zulässige Weise davon überzeugt hat, dass ein verhaltenspflichtgemäßes Verhalten dem Rechtsadressaten ermöglicht hätte, die (In-)Korrektheit des maschinellen Ergebnisses zu erkennen.

Wegen des im Strafrecht so bedeutsamen Gebots der Erkennbarkeit der Verhaltensnorm, deren Verletzung die Strafbarkeit begründet, dürfte es sich empfehlen, derartige Vorfeldpflichten gesetzlich zu regeln. Nur so dürfte man in der Praxis auch erwarten können, dass sie erkannt werden.

IV. Verhaltenspflichten bei Unmöglichkeit oder Unzumutbarkeit der Verifizierung

Es wird zahlreiche Fälle geben, in denen die (In-)Korrektheit des maschinell ausgeworfenen Ergebnisses nicht sicher festgestellt werden kann – entweder, weil es an tauglichen Verifikations-/Falsifikationsmaßnahmen gänzlich fehlt (absolute Unmöglichkeit), oder weil ihre Vornahme nicht zumutbar ist (relative Unmöglichkeit). In einem solchen Zweifelsfall kann der Rechtsadressat einem Schuldvorwurf nur sicher vorbeugen, indem er so handelt, wie es nach dem maschinell ausgeworfenen Ergebnis verhaltenspflichtgemäß wäre. Auch in Bezug auf die Verwendung gibt es eine schwach objektiv-rechtliche Pflicht zur Verwendung des maschinell ausgeworfenen Ergebnisses. Wenn die menschliche Einschätzung der der Maschine statistisch gesehen unterlegen ist, dann muss sich das von der KI ausgeworfene Ergebnis im Zweifel durchsetzen. Zugespitzt formuliert würde das bei unserem Beispielsfall aus der Radiologie bedeuten, dass der Radiologe seiner eigenen Einschätzung in nicht eindeutigen Fällen nicht mehr trauen darf.

Wenn eine solche Pflicht zur Verwendung des maschinell ausgeworfenen Ergebnisses nicht erwünscht ist, so könnte man auf den Gedanken kommen, die sich aus der statistischen Wahrscheinlichkeit eigentlich ergebende (schwach objektive) Pflicht durch Gesetz auszuschließen. Aufgrund der gesetzlichen Anordnung wäre es dann nicht sorgfaltswidrig, sein Handeln *nicht* an dem maschinell ausgeworfenen Ergebnis zu orientieren. Ein solches Verhalten würde schließlich allenfalls ein gesetzlich erlaubtes Risiko begründen. Dennoch ist die Tragfähigkeit eines solchen Weges zu bezweifeln: Bei den erlaubten Risiken handelt es sich grds. um solche Risiken, die im überwiegenden Interesse der Gesellschaft generell erlaubt werden. Es dürfte aber kein überwiegendes Interesse daran geben, dass gegen die statistische Wahrscheinlichkeit gehandelt wird.[22] Eine anderslautende gesetzgeberische Entscheidung würde unvernünftig anmuten. Aus diesem Grund bestehen erhebliche Bedenken an der Tragfähigkeit der Normierung eines solchen Ausschlusses.

C. Generelle Auswirkungen der Existenz von KI

An dem Umstand, dass das menschliche Urteil jedenfalls in schwierigen Fällen ungeeignet ist, die angenommene Überlegenheit der KI zu erschüttern, zeigt sich, dass die Entwicklung künstlicher Intelligenz unser Verständnis von verantwortlichem, menschlichem Handeln ganz allgemein verändert. Das wird besonders deutlich, wenn man den Blick auf die eher subtileren Konsequenzen lenkt: Nehmen wir an, der Radiologe kommt zu demselben Ergebnis wie die KI. Da das von der KI ausgeworfene Ergebnis auch dann entscheidend ist, wenn der Radiologe anderer Ansicht ist, muss er das Ergebnis seinem weiteren Handeln selbstverständlich auch dann zugrunde legen, wenn er sogar zustimmt. Das mag auf den ersten Blick nicht gerade bemerkenswert sein. Die Bedeutung dieses Gedankens erschließt sich erst bei einem zweiten, näheren Blick, denn unterschwellig hat sich das Rechtfertigungsnarrativ für die später getroffene Entscheidung von dem Radiologen zu der KI verlagert. Maßgebend ist dann nicht mehr länger die Interpretation des Röntgenbildes durch den Radiologen, sondern die der Software. Ein Stück Deutungshoheit verlagert sich vom Menschen auf die KI.

Außerdem dürfte die Verfügbarkeit von KI mit der Zeit dazu zu führen, dass Menschen bestimmte Fähigkeiten verlieren bzw. nicht mehr ausbilden und das Vertrauen in die eigenen Fähigkeiten verlieren.[23] Wenn der Mensch bestimmte Aufgaben nicht so gut erfüllen kann wie eine KI, so werden seine Fähigkeiten (auf lange Sicht) in der Regel nicht mehr abgefragt werden. Das birgt ganz eigene Gefahren, da der Mensch in eine zunehmende Abhängigkeit zur Technik gerät. In Bezug auf die Verwen-

---

22 Vgl. *Gless/Weigend* Fn. 3, S. 583; vgl. auch *Rostalski* Fn. 13, S. 15.

23 Siehe *Rostalski* Fn. 13, S. 21 f.; *Herrmann, Isabella/Stock, Günter*, in: BBAW (Hrsg.), Kompetent eigene Entscheidungen treffen? Auch mit Künstlicher Intelligenz!, 2020, S. 24 ff.

dung maschineller Ergebnisse besteht hier die Gefahr, dass Verifizierungs- und Falsifizierungsmaßnahmen aufgrund eines Vertrauens auf die Richtigkeit gar nicht (oder nur unzureichend) vorgenommen werden und die Fähigkeit zur verständigen Plausibilitätskontrolle schwindet. Auch deshalb ist auf die Wahrung der Sorgfaltspflichten im Umgang mit maschinell berechneten Ergebnissen zu achten. Wenn man KI nicht nur als Mittel zur Aufgabenerfüllung einsetzt, sondern Mittel und Wege findet, von smarter Technologie zu lernen und somit die eigenen Entscheidungen und Fähigkeiten zu verbessern,[24] so ist das Bild nicht ganz so düster. Diese Chance wird sich aber nur realisieren, wenn es auf menschliche Entscheidungen und Fähigkeiten überhaupt ankommt; ansonsten wird das Unterfangen des Lernens zu einer sinnlosen Beschäftigung.

Die Verfügbarkeit von KI führt zudem zu einem Verlust an Verantwortung.[25] Zu einer Zeit, in der KI in unserer Lebenswelt noch nicht verfügbar war, wäre der Rechtsadressat für sein Verhalten und den darin ggfs. liegenden Angriff auf den Achtungsanspruch[26] grds. voll verantwortlich. Zwar gab und gibt es auch jenseits der Relevanz von smarter Technologie Verantwortungslücken – durch smarte Technologie verschiebt sich das Gefüge aber wegen der mangelnden Erkennbarkeit der Korrektheit des maschinell ausgeworfenen Ergebnisses in Bezug auf den konkreten Sachverhalt.

Der Umstand, dass KI zu Verantwortungslücken und zur Erosion menschlicher Deutungshoheit führt, bedeutet nicht zwingend, dass die Welt durch den Einsatz von KI gefährlicher ist. Wir geben aber die Gestaltung unserer Welt aus der Hand – zumindest in Teilen. Daher sollten wir umso vorsichtiger entscheiden, wofür wir welche smarte Technologie einsetzen.

---

24 Siehe dazu u.a. *Abdel-Karim, Benjamin M./Pfeuffer, Nicolas/Rohde, Gernot/Hinz, Oliver*, How and What Can Humans Learn from Being in the Loop?, KI – Künstliche Intelligenz 34 (2020), S. 199.

25 Vgl. *Gless/Weigend* Fn. 3, S. 584, 588; *Beck, Susanne*, Die Diffusion strafrechtlicher Verantwortlichkeit durch Digitalisierung und Lernende Systeme, ZIS 2020, S. 41 (43 ff.); *Nida-Rümelin, Julian/Bauer, Nikolaus/Staudacher, Klaus*, Verantwortungsteilung zwischen Mensch und Maschine?, in: Beck/Kusche/Valerius (Hrsg.), FG RobotRecht, 2020, S. 81.

26 Zu dem damit in Bezug genommenen Konzept siehe *Behrendt* Fn. 4, Kap. 19.

Algorithmen in der Rechtsanwendung

Roland Broemel

Dass Algorithmen unterschiedliche gesellschaftliche Bereiche mehr oder weniger stark prägen,[1] ist ebenso ein Allgemeinplatz wie die Einsicht, dass nicht alle Szenarien einer Revolution der Forschung, bahnbrechender technischer Innovationen, sozialer Lebensgewohnheiten und schließlich der missbräuchlichen Überwachung sich als gleichermaßen realistisch erwiesen haben. So ist zwar nicht zu übersehen, dass die Digitalisierung, vor allem durch die effizienzerhöhenden Effekte der Automatisierung sowie die Generierung auf Korrelationen beruhenden, potentiell übertragbaren Wissens, zu einer digitalen Transformation sowohl von ökonomischen Geschäftsmodellen, kultureller Praktiken und Methoden der Forschung geführt hat. Gleichwohl hängen die strukturellen Effekte der Digitalisierung jeweils unter anderem von den Eigenheiten der einzelnen Sachbereiche als auch von den Funktionsbedingungen der algorithmenbasierten Anwendung, etwa der Verfügbarkeit geeigneter Daten, ab. Generelle, zuweilen weitreichende Vorstellungen des zukünftig kontextübergreifend Möglichen[2] zeichnen sich dadurch aus, *outside the box* zu denken und für grundsätzliche Aspekte des innovativen Potentials algorithmenbasierter Anwendungen zu sensibilisieren. Eine belastbare Einschätzung dieses Potentials in einzelnen, jeweils bestimmten Kontexten setzt dabei allerdings eine nähere Bestandsaufnahme sowohl der Leistungsmerkmale und Voraussetzungen algorithmenbasierter Anwendungen als auch der Strukturen des jeweiligen Bereichs voraus.

Für Einschätzungen zum Einsatz von Algorithmen in der Rechtsanwendung soll dazu zunächst eine Bestandsaufnahme der Bandbreite vorgeschlagener sowie bereits eingesetzter Anwendungen einschließlich der entsprechenden Entwicklung des rechtlichen Rahmens erfolgen (I.). Ein

1 Aus der Literatur nur *Nassehi, Armin*, Muster. Theorie der digitalen Gesellschaft, 2019; *Stalder, Felix*, Kultur der Digitalität, 2019; *Reckwitz, Andreas*, Die Gesellschaft der Singularitäten, 2019, S. 225 ff.

2 Aus dem Bereich der Rechtswissenschaften nur *Susskind, Richard*, Tomorrows Lawyers, 2. Aufl. 2017; allgemeiner *Susskind, Richard/Susskind, Daniel*, The Future of the Professions. How Technology will Transform the Work of Human Experts, 2015.

näherer Blick auf die Rahmenbedingungen der Rechtsanwendung führt demgegenüber auf Grenzen der algorithmenbasierten Automatisierung, die für die Rechtsanwendung spezifisch sind. Unscharfe, in Bedeutung und Reichweite entwicklungsfähige Rechtsbegriffe sowie Tatbestände bilden aus Sicht algorithmenbasierter Anwendungen strukturelle Schwächen des Rechts und Hindernisse bei der Realisierung des Effizienzpotentials. Für die Entwicklungsoffenheit des Rechts sind sie hingegen zentral (II.).

I. Algorithmen als Werkzeug zur Automatisierung der Rechtsanwendung

1. Formen der Automatisierung

Algorithmen, die im Zusammenhang mit der Rechtsanwendung eingesetzt werden, weisen eine erhebliche Bandbreite auf.[3] Unter anderem bilden sie Tatbestände und ihre einzelnen positiven und negativen Tatbestandsmerkmale zur Automatisierung nach, generieren passende Dokumente,[4] werten Dokumente auf sachverhaltsrelevante Informationen[5] aus, prognostizieren gerichtliche Entscheidungen im Einzelfall,[6] kombinieren Informationen zu rechtlichen Vorgaben, etwa Geschwindigkeitsbegrenzungen, mit situationsbezogenen Informationen, oder machen in umfangreichen Textkorpora, etwa Entscheidungssammlungen oder Forschungsbeiträgen, Muster und Verläufe von Argumenten sichtbar.[7]

a) Unterschiede in der Automatisierungstiefe

In dieser Bandbreite erfüllen die Anwendungen unterschiedliche Funktionen. Die Vielzahl vor allem der kommerziell entwickelten Anwendungen[8]

---

3 In Kategorien eingeordneter Überblick bei *Timmermann, Daniel*, Legal Tech-Anwendungen, 2020, S. 97–188; *Wagner, Jens*, Legal Tech und Legal Robots, 2. Aufl. 2020, S. 19 ff.

4 Mit Beispielen zu Anwendungen mit und ohne vorcodierten Inhalten *Timmermann* Fn. 3, S. 123 ff.

5 Überblick bei *Timmermann* Fn. 3, S. 114 ff.

6 Zu den unterschiedlichen Geschäftsmodellen der algorithmenbasierten Inkassodienstleistung und Prozessfinanzierung *Timmermann* Fn. 3, S. 162 ff.

7 Beispiele von Kombinationen von Entscheidungshilfesystemen mit Dokumentengeneratoren bei *Timmermann* Fn. 3, S. 133 ff.

8 Besonders deutlich bei der Darstellung der Bandbreite von kommerziellen Anwendungen für den Anwaltsmarkt sowie für Verbraucherinnen und Verbraucher, vgl.

zielt auf eine Erhöhung der Effizienz, insbesondere durch die Senkung der Personalkosten oder der Erhöhung der Geschwindigkeit bei der Rechtsanwendung.[9] Legal Tech-Anwendungen sollen vor allem durch Automatisierung Effizienzpotentiale heben wie in anderen Branchen auch.[10] Wo sich solche Effizienzvorteile realisieren lassen, generieren die Anwendungen komparative Vorteile im Angebot der Rechtsdienstleistung und erzeugen wie auf anderen Märkten auch einen Anpassungsdruck.[11]

Solche Effizienzvorteile durch Automatisierung können sich auf solche Elemente der Rechtsanwendung wie insbesondere die Aufbereitung des Sachverhalts beziehen, die nachfolgenden Schritte der Rechtsanwendung auf den Sachverhalt, der mit Unterstützung von Algorithmen aufbereitet worden ist. Beispiele betreffen etwa die algorithmenbasierte forensische Datenanalyse (*e-Discovery*), die Auswertung mehr oder weniger standardisierter Dokumente auf bestimmte Informationen (*information retrieval*) als Voraussetzung für eine Prüfung im Vorfeld eines Unternehmenskaufs (*due diligence*),[12] aber auch die automatisierte Ermittlung der Rückfallwahrscheinlichkeit bestimmter Personen nach vorgegebenen Kriterien[13] oder die Prognosen zur Gefahrenabwehr (*predictive policing*).[14] In den letzten

---

Timmermann Fn. 3, S. 98–181; auch Anwendungen, die den Zugang zum Rechtssystem erleichtern, unter anderen, indem sie die Kosten der Rechtsverfolgung reduzieren, werden zu einem substantiellen Teil kommerziell bereitgestellt, vgl. die Beispiele bei *Völzmann, Berit*, Digitale Rechtsmobilisierung, DÖV 2021, S. 474 (478 f.). Durch die Automatisierung senkt die Digitalisierung die Kosten der Leistungsbereitstellung unter Umständen so weit, dass in bestimmten Bereichen Zugangshürden auch auf der Basis kommerzieller Angebote abgebaut werden können.

9 Einordnung als *disruptive technologies* bei *Susskind* Fn. 2, S. 43 ff.

10 Für den Anwaltsmarkt *Susskind* Fn. 2, S. 20 f.: efficiency strategy and collaboration strategy.

11 *Wagner* Fn. 3, S. 3 f.: Legal Tech als Antwort auf Effizienz- und Kostendruck; *Gansel, Timo/Caba, Philipp*, Digitalisierung und der Beruf des Anwalts, in: Breidenbach/Glatz (Hrsg.), Rechtshandbuch Legal Tech, 2. Aufl. 2021, 1.2 Rn. 19 f.

12 Zu beidem *Tobschall, Dominik/Kempe, Johann*, Der deutsche Legal-Tech-Markt, in: Breidenbach/Glatz (Hrsg.) Fn. 11, 1.4 Rn. 5; *Wagner* Fn. 3, S. 43 f.

13 Näher *Nink, David*, Justiz und Algorithmen, 2021, S. 376 ff.

14 Für eine evaluierende Bestandsaufnahme zu Anwendungen in Deutschland *Knobloch, Tobias*, Vor die Lage kommen: Predictive Policing in Deutschland, 2018; differenzierend *Kuhlmann, Simone/Trute, Hans-Heinrich*, Predictive Policing als Formen polizeilicher Wissensgenerierung, GSZ 2021, S. 103 ff.; Überblick, zugleich auch zu den USA bei *Singelnstein, Tobias*, Predictive Policing: Algorithmenbasierte Straftatprognosen zur vorausschauenden Kriminalintervention, NStZ 2018, 1 ff.; zur Einpassung des algorithmenbasiert generierten Wissens in die polizeirechtliche Dogmatik *Rademacher, Timo*, Predictive Policing im deutschen Poli-

beiden Fällen dienen die algorithmenbasierten Anwendungen nicht nur Zwecken der Kostensenkung, sondern sollen auch oder sogar überwiegend potentiell diskriminierende Verzerrungen, die eine menschliche Einschätzung der Situation bewusst oder unbewusst beeinflussen, relativieren.[15] Dieses Ziel der Verhinderung von Diskriminierungen und Steigerung der Objektivität in der Rechtsanwendung wird freilich seinerseits durch die Notwendigkeit relativiert, allgemein angemessene Kriterien zu definieren und über geeignete, insbesondere verzerrungsfreie und aussagekräftige, Daten zu verfügen.[16]

b) *Funktionsweise der Automatisierung*

Den verschiedenen Anwendungen liegen unterschiedliche Funktionalitäten von Algorithmen zu Grunde, die ebenso wie in anderen Bereichen auch in komplexen Anwendungen kombiniert werden.

Expertensysteme, in denen Entscheidungsbäume *ex ante* vorbereitet und in einem zweiten Schritt in einer Vielzahl mehr oder weniger gleichgelagerter Fälle angewendet werden, automatisieren Entscheidungsabläufe.[17] Solche Expertensysteme bilden zum Teil Tatbestände nach, indem sie die einzelnen positiven und negativen Tatbestandsmerkmale in der jeweils relevanten Reihenfolge abfragen. Insbesondere für Laien können solche Anwendungen Standard-Fallkategorien mit hoher Praxisrelevanz abdecken und die Rechtslage einfach und kostengünstig zugänglich machen. In einigen Bereichen können solche Anwendungen sowohl durch die Senkung

---

zeirecht, AöR 142 (2017), S. 366 ff.; Beispiele für ein nachlässiges Qualitätsmanagement hinsichtlich der Trainingsdaten und den Folgen bei *Richardson, Rashida /Schultz, Jason/Crawford, Kate*, Dirty Data, Bad Predictions: How Civil Rights Violations impact Police Data, Predictive Policing Systems, and Justice, NYU Law Review Vol. 94 (2019), S. 192 ff.

15 In diese Richtung für das US-amerikanische Recht *Nink* Fn 13, S. 387: Risk-assessment-Tools als sinnvoller Beitrag zu einer rationaleren, weniger vorurteilsbelasteten und verzerrten Entscheidungsfindung; zugleich aber auch zu den Anforderungen an die Ausgestaltung, insbesondere die zulässigen Kriterien.

16 Zu den rechtlichen Anforderungen an den Einsatz solcher Systeme nach dem Vorschlag für einen KI-Act *Rostalski, Frauke/Weiss, Erik*, Der KI-Verordnungsentwurf der Europäischen Kommission, ZfDR 2021, S. 329 (347 ff.), siehe unten I.3.b) cc).

17 Die Geschäftsmodelle beruhen dabei typischerweise auf dem Angebot von Inkassodienstleistungen, Prozessfinanzierungen oder dem endgültigen Abkauf der Forderung, näher *Timmermann* Fn. 3, S. 162 ff.

der Kosten als auch durch die Absenkung der Hemmschwelle den Zugang zu Rechtsdienstleistungen, teilweise einschließlich der Durchsetzung, verbessern.[18]

Diese Form der Automatisierung lässt sich ohne größeren Aufwand kombinieren mit der Bereitstellung einschlägiger Dokumente oder Formulare, in der Justiz etwa mit vorbereiteten Dokumenten für Beschlüsse, Urteile oder Verfügungen, die bereits standardisierbare Elemente wie zum Beispiel Rechtsbehelfsbelehrungen enthalten. Für Rechtssuchende kann es sich um Entwürfe für Kündigungsschreiben, Widerspruchsschreiben oder sonstige mehr oder weniger standardisierbare Erklärungen handeln, wobei die Dokumentengenerationen je nach der Funktionalität der zu Grunde liegenden Algorithmen eher den Charakter einer Formularsammlung haben oder Argumente kontextbezogen aufbereiten.

Ergänzt und vertieft werden Expertensysteme durch Algorithmen, die die Rechtslage anhand einer Prognose von Gerichtsentscheidungen (*prediction of judgements*) ermitteln. Solche typischerweise auf maschinellem Lernen beruhenden Prognosen ziehen als Grundlage zum Teil Daten heran, die mit der Rechtslage in keinem unmittelbaren Zusammenhang stehen, sondern Merkmale der an der konkreten Entscheidung beteiligten Personen auswerten, etwa die Stimmlage der zur Entscheidung berufenen Personen in der mündlichen Verhandlung oder sonstige Verhaltensmerkmale im Laufe des Rechtsstreits.[19] In inhaltlicher Hinsicht leistungsfähiger[20] sind Anwendungen, die Merkmale der bereits ergangenen Entscheidungen als Trainingsdaten heranziehen.[21] Typischerweise beziehen sich solche Anwendungen auf Sachverhalte, zu denen hinreichend Rechtsprechung als aussagekräftige Datengrundlage vorliegt, bei denen die einzelnen entscheidungsrelevanten Sachverhaltsinformationen einfach erhoben werden können und die sich vor allem in konstant großer Zahl ereignen, etwa bei Entschädigung für verspätete oder ausgefallene Flüge[22] oder

---

18 Beispiele bei *Völzmann* Fn. 8, S. 478f.

19 *Dietrich, Bryce/Enos, Ryan/Sen, Maya*, Emotional Arousal Predicts Voting on the U.S. Supreme Court, Political Analysis 2019, S. 237 ff.

20 Gleichwohl werden auch die Modelle, die den Ausgang von Entscheidungen anhand anderer als inhaltlicher Kriterien vorhersagen, auf ihre Generalisierbarkeit trainiert, etwa *Katz, Daniel/Bommarito II, Michael/Blackman, Josh*, A general approach for predicting the behavior of the Supreme Court of the United States, PLoS ONE 12(4): e017498 (2017).

21 *Hildebrandt, Mireille*, Data-driven prediction of judgement. Law's new mode of existence?, LawArXiv, 21 Oct. 2020, abrufbar unter https://doi.org/10.31228/osf.io/q5nrm <zuletzt abgerufen am 20.10.2022>.

22 *Timmermann* Fn. 3, S. 170 ff., S. 175 ff.

bei Mietminderungen.[23] Etablierte Geschäftsmodelle solcher algorithmenbasierten Anwendungen beruhen darauf, im Einzelfall die Erfolgsaussichten der Durchsetzung eines Entschädigungsanspruchs schnell, verlässlich und kostengünstig zu erfassen und auf dieser Grundlage den Entschädigungsanspruch mit einem Abschlag zu erwerben und durchzusetzen.[24] Wirtschaftlich gesehen übernimmt der Anbieter die Rechtsdurchsetzung und bietet den Kundinnen und Kunden nicht nur eine Einschätzung der Rechtslage, sondern unmittelbar die Realisierung der Forderung und zwar typischerweise unabhängig von dem späteren Prozessausgang.[25] Dadurch, dass das Geschäftsmodell ein funktionales Äquivalent zu Rechtsdienstleistungen von Anwältinnen und Anwälten darstellt und in der Sicherheit und Geschwindigkeit der Rechtsdurchsetzung sogar noch über diese hinausgeht, stellte sich die Frage, inwieweit diese formell auf einer Abtretung der Forderung beruhenden Leistungen in den Anwendungsbereich des Rechtsdienstleistungsgesetzes (RDG) fallen.[26]

Andere Legal-Tech-Anwendungen unterstützen ergänzend oder im Schwerpunkt die Ermittlung des Sachverhalts durch die algorithmenbasierte Auswertung von Dokumenten. Auf der Grundlage von Verfahren des maschinellen Lernens werden in Verfahren des *Natural Language Processing* bestimmte Aspekte des Informationsgehalts von Texten, etwa Mietverträgen oder anderen rechtlich relevanten Dokumenten, ermittelt.[27] Die Anwendungen sind jedoch aus unterschiedlichen Gründen zumindest derzeit auf einzelne Bereiche mit spezifischen Typen von Aussagen beschränkt.[28]

---

23 *Timmermann* Fn. 3, S. 168 ff.

24 Zu Flightright *Timmermann* Fn. 3, S. 175 ff.

25 *Timmermann* Fn. 3, S. 181 f., weist darauf hin, dass die Durchsetzung eines etwaigen Rückzahlungsanspruchs für das Geschäftsmodell prohibitiv hohe Transaktionskosten auslösen würde.

26 Siehe unten I.3.a).

27 Überblick über unterschiedliche Entscheidungshilfesysteme bei *Timmermann* Fn. 3, S. 133 ff.; für Ansprüche im Zusammenhang mit ALG II-Bescheiden *Völzmann* Fn. 8, S. 478 f.

28 Zu den Gründen und der offenen Frage einer zukünftigen Verallgemeinerbarkeit der Extraktion strukturierte Informationen *von Bünau, Paul*, Künstliche Intelligenz im Recht, in: Breidenbach/Glatz (Hrsg.) Fn. 11, 3 Rn. 36; erheblich optimistischer *Ashley, Kevin*, Artificial Intelligence and Legal Analytics, 2017, S. 285 ff.

c) Modularisierung, Standardisierung und massentaugliche Individualisierbarkeit

Die Verknüpfung von Elementen algorithmenbasierter Anwendungen mit unterschiedlichen Funktionen wird vereinfacht durch eine Modularisierung und Standardisierung. Einzelne Elemente, etwa zur Texterkennung, werden laufend fortentwickelt und in unterschiedlichen Kontexten eingesetzt. Algorithmenbasierte Anwendungen können dadurch in unterschiedlichen Bereichen auf der Grundlage standardisierter Produkte zu situationsspezifischen Lösungen individualisiert und punktuell angepasst werden. Eine solche Modularisierung und Standardisierung liegt sowohl individualisierten, leistungsfähigen und zugleich kostengünstigen Anwendungen in der Rechtsberatung als auch beispielsweise leistungsfähigen Anwendungen zur Cyberbedrohung (*advanced persistent threats*) zu Grunde, die ebenfalls situationsangepasste, leistungsfähige Anwendungen massentauglich gemacht haben.[29] Die Entwicklung algorithmenbasierter Anwendungen folgt insoweit einer industriellen Logik, die sich auch unabhängig von der Digitalisierung beobachten lässt, aber durch die Effizienzvorteile in der Automatisierung eine Individualisierung auch bei einer hohen Zahl individueller Einsätze ermöglicht.

2. Auswirkungen auf die Rechtsdienstleistungen

Ähnlich wie auch in anderen Bereichen[30] wirken sich die Effizienzerhöhung und die Automatisierung auf die Struktur der Wertschöpfungsketten aus.[31] Zum einen werden einzelne Teile der Wertschöpfungskette überall dort durch algorithmenbasierte Anwendungen ersetzt, wo diese sich sinnvoll einsetzen lassen. Zum anderen ändert sich die Zusammensetzung der Elemente. Die Automatisierung durch algorithmenbasierte Anwendungen macht andere, ergänzende Leistungen, insbesondere bei der situationsspe-

---

29 *Broemel, Roland*, Abwehr von Cyberbedrohungen, in: Dietrich/Fahrner/Gazeas/von Heintschel-Heinegg (Hrsg.), Handbuch Sicherheits- und Staatsschutzrecht, 2022, § 15 Rn. 28.

30 Etwa *Podszun, Rupprecht*, Handwerk in der digitalen Ökonomie, 2021, S. 18 ff.

31 *Breidenbach, Stephan*, Industrialisierung des Rechts, in: Breidenbach/Glatz (Hrsg.) Fn. 11, 2 Rn. 19 f.; entsprechend für die Aufgaben der Rechtsabteilung eines Unternehmens *Steinbrecher, Alexander*, Legal Tech in der Rechtsabteilung, in: Breidenbach/Glatz (Hrsg.) Fn. 11, 5.22 Rn. 7 ff.

zifischen Konzeption und Begleitung der Anwendung, erforderlich.[32] In dieser Hinsicht sind die Auswirkungen der algorithmenbasierten Automatisierung auf die Art und Weise, in der Produkte und Leistungen bereitgestellt werden, auch nicht anders als bei anderen Formen der Automatisierung, etwa im Zuge der Industrialisierung.[33] Im Zusammenhang mit der Bereitstellung von Rechtsdienstleistungen werden Legal-Tech-Anwendungen teilweise als Vorprodukt eingesetzt, das die Effizienz oder Qualität der anwaltlichen Rechtsdienstleistung erhöht (a.). Teilweise sind sie auch als Ersatz für eine anwaltliche Rechtsdienstleistung oder sogar für die Notwendigkeit einer gerichtlichen Entscheidung konzipiert (b.). In beiden Fällen fördert der Wettbewerbsdruck im Markt für Rechtsdienstleistungen die Verbreitung von Legal-Tech-Anwendungen. Wenn diese einen Effizienz- oder Qualitätsvorteil bei der Bereitstellung der Leistung bieten, der für Kundinnen und Kunden zumindest mittelfristig erkennbar wird, entsteht für andere Anbieterinnen und Anbieter vergleichbarer Leistungen ein Druck, den komparativen Vorteil ebenfalls zu realisieren oder ihn auf andere Weise zu kompensieren. Die Einbettung der Rechtsdienstleistung in Marktprozesse bildet einen wesentlichen Grund dafür, dass die Entwicklung von Legal-Tech-Anwendungen im Wesentlichen in der kommerziellen Praxis erfolgt und auch die Beiträge aus der Forschung zu einem substantiellen Teil an den Perspektiven und Publikationsformaten der Praxis ausgerichtet sind.

a) Legal-Tech als Vorprodukt

Zwei in der Praxis bedeutsame Formen der Verwendung algorithmenbasierter Anwendungen als Unterstützung bei der Bereitstellung von Rechtsdienstleistungen beziehen sich auf die Auswertung von Dokumenten auf bestimmte Informationen sowie die Aufbereitung der für die Rechtslage im Einzelfall relevanten Entscheidungen und Forschungsbeiträge.

aa) Automatisierte Dokumentenanalyse

Anwendungsfälle zur Erhöhung der Effizienz bei der Dokumentenanalyse ergeben sich vor allem dort, wo typischerweise eine große Zahl normativ

32 *Susskind*, Tomorrows Lawyers, 2. Aufl. 2017, S. 123 ff.
33 *Breidenbach* Fn. 31, 2 Rn. 9 ff.

relevanter Dokumente verarbeitet wird.[34] In der Beratungspraxis betrifft das etwa die Vorbereitung von größeren Unternehmenskäufen oder die Nachverfolgung der unternehmensinternen und -externen Kommunikationsflüsse bei der Aufklärung von Rechtsverstößen einschließlich der Kooperation mit den Aufsichtsbehörden. In ähnlicher Weise ziehen Aufsichtsbehörden zur Auswertung großer Dokumentenmengen vergleichbare algorithmenbasierte Anwendungen heran. Darüber hinaus lassen sich Algorithmen für Übersetzungsleistungen unter anderem auch zur Vorbereitung der Rechtsanwendung einsetzen.[35]

bb) Datenbasierte Sachverhaltsvermittlung

Prominent und zum Teil stellvertretend für eine algorithmenbasierte Rechtsanwendung kritisiert sind zudem Anwendungen, die typischerweise auf der Grundlage maschinellen Lernens wahrscheinlichkeitsbasierte Prognosen zur Einordnung des jeweils in Rede stehenden Einzelfalls ermitteln, also beispielsweise die Rückfallwahrscheinlichkeit einer straffällig gewordenen Person abschätzen oder Kriterien der Strafzumessung bewerten.[36] Ferner lassen sich algorithmenbasierte Anwendungen auch zum systematischen Screening potentiell strafbaren Verhaltens im Internet einsetzen.[37]

cc) Aufbereitung der Informationsgrundlage zur Rechtslage

Als Vorprodukt einzuordnen sind zudem Anwendungen, die Gerichtsentscheidungen und Fachliteratur aufbereiten. In dem Maße, in dem in juristischen Datenbanken die Zahl der veröffentlichten Gerichtsentscheidungen sowie der Umfang der verfügbaren Literatur zunehmen, kommt den Kriterien der Auswahl eine stärkere Bedeutung zu, zumal wenn wegen zeitlicher Restriktionen nur eine begrenzte Anzahl an Entscheidungen

---

34 Zu beidem *Wagner* Fn. 3, S. 43 f.

35 *Berlit, Uwe*, „Legal Tech“ in der Rechtsprechung und richterliche Unabhängigkeit?, in: Broemel/Kuhlmann/Pilniok (Hrsg.), Forschung als Handlungs- und Kommunikationszusammenhang, i.E.

36 *Wußler, Sebastian*, Elektronische Hilfe bei der Strafzumessung: Smart Sentencing, DRiZ 2020, S. 8 f.; zu den möglichen Vorteilen *Valerius, Brian*, „Legal Tech“ im Strafverfahren, ZStW 133 (2021), S. 152 (154 ff.); kritisch *Berlit,* Fn. 35, i.E.

37 Näher *Berlit* Fn. 35, i.E.

und eventuell Literaturbeiträge herangezogen werden können.[38] Nicht nur bei der Sammlung, sondern vor allem bei der Filterung des Materials leisten Algorithmen einen zentralen Beitrag. Während früher sich der Kreis der veröffentlichten Entscheidungen im Wesentlichen auf eine Auswahl höchstgerichtlicher Entscheidungen beschränkte und Autorinnen und Autoren einzelner Kommentare als Expertinnen und Experten die relevante Rechtsprechung und Literatur auswählten und aufbereiteten, verschieben sich die Modalitäten der Strukturierung durch die Zunahme an digital verfügbaren Materialien.[39]

b) Legal Tech-Anwendungen als Ersatz

Teilweise ersetzen Legal Tech-Anwendungen auf unterschiedliche Weise menschliche Tätigkeit der Rechtsanwendung, indem sie die Rechtslage im Einzelfall feststellen oder für eine bestimmte Situation passende Rechtsdokumente generieren.

Anwendungen, die die Rechtslage im Einzelfall zur Durchsetzung von Rechtspositionen, vor allem von Schadensersatzansprüchen, ermitteln, fragen die tatbestandsrelevanten Sachverhaltselemente strukturiert ab, bilden also Tatbestände nach, und kombinieren die strukturierte Abfrage oftmals mit einer algorithmenbasierten Analyse der einschlägigen Gerichtsentscheidungen.[40] Die algorithmenbasierten Anwendungen sind auf diese Weise in der Lage, die Erfolgsaussichten einer etwaigen Klage schnell, kostengünstig und verlässlich zu prognostizieren. Unternehmen können auf dieser Informationsgrundlage anbieten, den Anspruch gegen eine erfolgsabhängige Bezahlung durchzusetzen oder unmittelbar zur Durchsetzung zu erwerben. In der Sache übernimmt das Unternehmen damit auf einer algorithmenbasierten Informationsgrundlage die Rechtsdurchsetzung.

Andere Anwendungen fragen in einer Situation, in der Nutzerinnen und Nutzer ein bestimmtes Dokument benötigen, nähere Umstände des Einzelfalls ab und generieren auf der Grundlage allgemeiner Muster individuelle Rechtsdokumente. Mit Blick auf den Umfang der Individualisierung und Flexibilisierung handelt es sich bei den Dokumentengeneratoren typischerweise lediglich um eine flexibilisierte Sammlung von Formularen

---

38 *Morlok, Martin*, Intertextualität und Hypertextualität im Recht, in: Vogel (Hrsg.), Zugänge zur Rechtssemantik, 2015, S. 69 (74).

39 *Morlok* Fn. 38, S. 76 ff.

40 Überblick über die unterschiedlichen Geschäftsmodelle bei *Timmermann* Fn. 3, S. 162 ff.

und Vordrucken[41] oder um eine Prüfung der Rechtslage in einem Einzelfall.

Schließlich können Algorithmen, die Text analysieren, mit Algorithmen verknüpft werden, die Kriterien der inhaltlichen Zulässigkeit bestimmter Texte strukturiert überprüfen, also etwa die Zulässigkeit bestimmter allgemeiner Geschäftsbedingungen im Hinblick auf bestimmte Aspekte überprüfen oder bestimmte, in natürlicher Sprache formulierte Sachverhalte im Hinblick auf bestimmte Fragen überprüfen.[42] Im Kern formalisieren solche Anwendungen sowohl die rechtlichen Tatbestände[43] als auch den zu prüfenden Text und wenden die Kriterien der Tatbestandsmerkmale auf dieser Grundlage auf den Text an.

3. *Rechtliche Rahmenbedingungen*

In der rechtswissenschaftlichen Diskussion zu Algorithmen in der Rechtsanwendung liegt ein Schwerpunkt in der Erörterung der rechtlichen Grenzen. Die rechtlichen Grenzen von kommerziellen Anwendungen zur Rechtsdurchsetzung hängen weniger von einer Bewertung der Algorithmen als von einer Bewertung des Geschäftsmodells nach den Kriterien des Rechtsdienstleistungsgesetzes ab.[44] Induziert durch die Rechtsprechung zeichnet sich eine graduelle Liberalisierung ab, die Raum für Legal Tech-Anwendungen belässt, die sich unmittelbar an Endkundinnen und Endkunden richten und dadurch in dem jeweiligen Segment in einem Wettbewerbsverhältnis zu dem Dienstleistungsangebot von Anwältinnen und

---

41 Vgl. die Einschätzung in der jüngeren Rechtsprechung BGH NJW 2021, 3125 (3127, Rn. 25 f.), näher unten, I.3.a).

42 Anwendungsbeispiel für ein Instrument zur Überprüfung der datenschutzrechtlichen Zulässigkeit bestimmter Sachverhalte mit eingehender Darstellung der konzeptionellen Grundlagen bei *Raabe, Oliver/Wacker, Richard/Oberle, Daniel/Baumann, Christian/Funk, Christian*, Recht ex machina, 2012.

43 Entsprechend ist für die Formalisierung des Rechts von Bedeutung, ob es sich um gesetzliche Tatbestände oder durch Gerichtsentscheidung entwickeltes Recht handelt, *Raabe/Wacker/Oberle/Baumann/Funk* Fn. 43, S. 7 f.

44 Etwa BGH NJW 2020, 208 (220 ff.) zu einem webbasierten Inkassodienstleister, der für die Durchsetzung von Rückzahlungsansprüchen gegenüber dem Vermieter wegen überzahlter Miete eine treuhänderische Abtretung sowie eine erfolgsabhängige Vergütung vorsieht; mit diesem Geschäftsmodell ist allerdings nicht die gesamte geschäftliche Tätigkeit des Anbieters, sondern die im Rahmen dieser Tätigkeit erbrachte einzelne Dienstleistung gemeint, BGH NJW 2021, 3125 (3126, Rn. 18).

Anwälten stehen (a.). Die Zulässigkeit des Einsatzes algorithmenbasierter Anwendungen innerhalb der Justiz hängt von der Funktionsweise der Algorithmen und vor allem von einer Bewertung ihrer Wirkung auf die richterliche Entscheidungsfindung ab (b.).

a) Rahmenvorgaben aus dem Rechtsdienstleistungsgesetz

Dienstleistungen zur Rechtsdurchsetzung, die auf einer algorithmenbasierten Prüfung einer Forderung beruhen, die im Zusammenhang mit der Rechtsdurchsetzung abgetreten wird, fallen bei Übernahme des wirtschaftlichen Risikos als Wahrnehmung einer eigenen Angelegenheit des Diensteanbieters gar nicht in den Anwendungsbereich des Rechtsdienstleistungsgesetzes oder sind andernfalls als Inkassodienstleistung unter erleichterten Bedingungen zulässig. Daneben steht bei dem Angebot von Vertragsgeneratoren in Frage, inwieweit das rechtliche Angebot auf einer rechtlichen Prüfung des Einzelfalls beruht und dadurch als Rechtsdienstleistung in den Anwendungsbereich des Rechtsdienstleistungsgesetzes fällt.

aa) Legal Tech-Anwendungen als Grundlage einer Inkassodienstleistung

Zentraler Anknüpfungspunkt für die Bewertung der algorithmenbasierten Geschäftsmodelle zur Rechtsdurchsetzung nach dem Rechtsdienstleistungsgesetz ist der Begriff der Inkassodienstleistung. Der Anwendungsbereich der besonderen Anforderungen nach dem Rechtsdienstleistungsgesetz stellt darauf ab, dass es sich bei der in Rede stehenden Dienstleistung um eine Tätigkeit in fremden Angelegenheiten handelt.[45] Bei Tätigkeiten in eigener Sache ist die Anwendbarkeit des RDG nach dessen Sinn und Zweck, die Rechtssuchenden, den Rechtsverkehr und die Rechtsordnung vor unqualifizierten Rechtsdienstleistungen zu schützen,[46] nicht erforderlich. Das gilt auch für den endgültigen Kauf einer Forderung (Forderungskauf, echtes Factoring) und deren Durchsetzung.[47] Besteht die Tätigkeit nicht darin, eigene Forderungen auf eigene Rechnung durchzusetzen,

45 § 2 Abs. 1 RDG.

46 Vgl. die Überlegungen in der Begründung zum Gesetzesentwurf der Bundesregierung für ein Gesetz zur Neuregelung des Rechtsberatungsrechts, BT-Drucks. 16/3655, S. 31 sowie zum Anwendungsbereich S. 45.

47 Begründung Regierungsentwurf, BT-Drucks. 16/2655, S. 37 und 48, auch zur vorhergehenden Rechtsprechung.

sondern Forderungen – auch nach einer treuhänderischen Abtretung – auf fremde Rechnung durchzusetzen, handelt es sich um eine Inkassodienstleistung,[48] die in den Anwendungsbereich des RDG fällt, für deren Erbringung jedoch lediglich eine nur eingeschränkten Anforderungen unterliegende Registrierung erforderlich ist.[49] Gegenüber dieser typischen Interessenlage, die dem Forderungskauf oder der Inkassodienstleistung zu Grunde liegt, ändert sich der Akzent bei Massenverfahren, die algorithmenbasiert abgewickelt werden. Die algorithmenbasierte Prüfung, ob und in welcher Höhe ein Anspruch besteht, macht bei den Massenverfahren einen wesentlichen Teil der Wertschöpfung aus; sie steht in der Sache im Zentrum des Geschäftsmodells. Gleichwohl handelt es sich bei Legal Tech-Anwendungen, bei denen die algorithmenbasierte Prüfung der Rechtslage zum endgültigen Kauf der Forderung zur Durchsetzung auf eigene Rechnung des Anbieters führt,[50] nicht um eine Tätigkeit in fremden Angelegenheiten. Erfolgt die Abtretung der Forderung nicht endgültig, sondern nur treuhänderisch zum Zweck der Durchsetzung auf Rechnung der Verbraucherin oder des Verbrauchers, handelt es sich hingegen um eine Inkassodienstleistung.[51] Dabei rechnet die jüngere Rechtsprechung des Bundesgerichtshofs dem Begriff der Inkassodienstleistung (unter Hinweis auf die Veränderungen der Lebenswirklichkeit sowie die Berufsfreiheit und das Eigentumsrecht der Betroffenen)[52] auch die auf die Forderung bezogene rechtliche Beratung des Gläubigers zu.[53] Selbst Aufforderungen gegenüber dem Anspruchsgegner, die nicht auf dessen Verlangen reagieren, sondern zukünftigen Rückerstattungen vorbeugen sollen, sind nach dieser Rechtsprechung von der Inkassodienstleistungsbefugnis noch gedeckt.[54]

---

48 § 2 Abs. 2 S. 1 RDG.

49 §§ 10, 11 Abs. 1, 12 RDG.

50 Zu den Hintergründen siehe Fn. 25.

51 Das gilt nach der jüngeren Rechtsprechung auch dann, wenn das zu Grunde liegende Geschäftsmodell etwa im Wege eines sog. „Sammelklagen-Inkassos“ ausschließlich oder vorrangig auf eine gerichtliche Einziehung der Forderung abzielt, BGH NZG 2021, 1175 (1176 ff., Rn. 12 ff.).

52 BGH NJW 2020, 208 (221, Rn. 110).

53 BGH NJW 2020, 208 (221 ff.), auch zur abweichenden vorhergehenden Rechtsprechung; BGH NZM 2022, 202, (204, Rn. 29); für eine engere Auslegung demgegenüber *Kilian, Matthias*, Trojanische Pferde im Rechtsdienstleistungsrecht?, NJW 2019, 1401 (1402 ff.).

54 Zur Aufforderung an den Vermieter, neben der Rückzahlung überzahlter Miete zukünftig die als überhöht gerügte Miete nicht mehr zu verlangen, BGH NZM 2022, 202, (204, Rn. 30).

Durch die Ergänzung eines Halbsatzes in § 2 Abs. 2 S. 1 RDG, wonach die Inkassodienstleistung auch die auf die Einziehung bezogene rechtliche Prüfung und Beratung einschließt, hat der Gesetzgeber im Jahr 2021 diese Rechtsprechung in der gesetzlichen Regelung nachvollzogen.[55]

bb) Dokumentengeneratoren

Hinsichtlich der Legal Tech-Anwendungen, die automatisiert Dokumente generieren, ist die Rechtsprechung zum Teil davon ausgegangen, dass eine Tätigkeit der Rechtsanwendung im Sinne des § 2 Abs. 1 RDG eine mitdenkende und damit menschliche Aktivität voraussetze.[56] Subsumtionsvorgänge können danach nur durch Menschen erfolgen.[57] Bildet ein Algorithmus einen rechtlichen Tatbestand nach, ist das Programmieren danach noch nicht einzelfallbezogen. Die konkrete Anwendung in einem Einzelfall erfolgt danach jedoch nicht durch den Anbieter, sondern durch die Nutzerinnen und Nutzer.[58] Die Ermöglichung einer automatisierten Einzelfallprüfung durch die Bereitstellung der Legal Tech-Anwendung fällt dadurch aus dem Anwendungsbereich des RDG heraus. Demgegenüber rechnet die jüngere Rechtsprechung des Bundesgerichtshofs auch die automatisierte, algorithmenbasierte Generierung eines individualisierten Vertragsdokuments dem Betreiber der Anwendung zu.[59] Ob es sich bei der Bereitstellung der Dokumente um eine Tätigkeit in konkreten fremden Angelegenheiten handelt, hängt danach davon ab, ob der Dokumentengenerator im Wesentlichen nur ein vorhandenes Dokument aus der Sammlung auswählt und an den vorgesehenen Stellen individuelle Parameter einfügt oder die Rechtslage im Einzelfall prüft.[60] Spiegelbildlich erwarten Nutzerinnen und Nutzer von dem Angebot keine Lösung von Fällen oder Rechtsfragen, sondern sie suchen für ihren jeweiligen Zweck von vorneherein nur ein standardisiertes, aber zugleich individualisiertes Dokument.[61] Le-

---

55 Gesetz vom 10.8.2021, BGBL. I S. 3415; zur Neufassung des § 2 Abs. 2 S. 1 RDG *Fries, Martin*, De minimis curat mercator: Legal Tech wird Gesetz, NJW 2021, 2357 ff.

56 OLG Köln NJW 2020, 2734 (2738 f., Rn. 31).

57 OLG Köln NJW 2020, 2734 (2738 f., Rn. 31).

58 OLG Köln NJW 2020, 2734 (2739, Rn. 35).

59 BGH NJW 2021, 3125 (3127, Rn. 25 f.).

60 BGH NJW 2021, 3125 (3128, Rn. 32 f.).

61 Zur entsprechenden teleologischen Auslegung BGH NJW 2021, 3125 (3128, Rn. 38 f.).

gal Tech-Anwendungen, die als Hilfsmittel die eigenständige Erstellung solcher Rechtsdokumente erleichtern, fallen demnach nicht in den Anwendungsbereich des RDG.

b) Richterliche Unabhängigkeit

Das mit der Automatisierung verbundene Effizienzpotential wirft für die Justiz die Frage auf, inwieweit Formen algorithmenbasierter Automatisierung in der Rechtsanwendung mit den verfassungsrechtlichen Anforderungen an die Unabhängigkeit vereinbar sind.[62] Verbindliche Vorgaben, bestimmte Ergebnisse oder Teilergebnisse der Rechtsanwendungen anhand von Algorithmen ermitteln zu lassen, sind mit den Anforderungen des Verbots inhaltlicher Einflussnahme durch die Exekutive bereits im Ausgangspunkt nicht vereinbar.[63]

aa) Verständnis und Nachvollziehbarkeit

Schwieriger ist die Frage, inwieweit und unter welchen Voraussetzungen eine freiwillige, auf die Initiative der Richterin oder des Richters zurückgehende Nutzung algorithmenbasiert erzeugter Zwischenergebnisse zulässig ist.[64] Mit Blick darauf, dass die Unabhängigkeit für die einzelne Richterin oder den Richter nicht disponibel ist,[65] macht allein die Freiwilligkeit den Rückgriff auf algorithmenbasierte Anwendungen für sich genommen noch nicht unbedenklich. Eine unabhängige, selbst verantwortete Entscheidung über einen algorithmenbasiert generierten Vorschlag setzt vielmehr ein Verständnis für die Funktionsweise voraus. In diesem Zusammenhang zu fordern, dass Richterinnen und Richter jeden einzelnen Schritt einer algorithmenbasierten Anwendung nachvollziehen

---

62 Aus der Literatur *Rollberg, Christoph*, Algorithmen in der Justiz, 2020, S. 92 ff., auch zu den Anforderungen an die Gewährung rechtlichen Gehörs und das Recht auf den gesetzlichen Richter; *Berlit*, Fn. 36, i.E.; *Berlit, Uwe*, Richterliche Unabhängigkeit und die elektronische Akte, JurPC Web-Dok. 77/2012.

63 *Berlit* Fn. 35, i.E.; davon unberührt bleiben Vorgaben zur Nutzung algorithmenbasierter Anwendungen bei richterlichen Amtsgeschäften, die nicht in den Kernbereich der richterlichen Tätigkeit fallen, zu ihnen *Rollberg* Fn. 62, S. 94.

64 Zum Ganzen *Rollberg* Fn. 62, S. 100 ff.

65 *Rollberg* Fn. 62, S. 98 f.

können,[66] gibt die potentiell verzerrenden Einflüsse algorithmenbasierter Anwendungen angesichts ihrer Breite in dieser Allgemeinheit nicht treffend wieder. Zwar ist richtig, dass Legal Tech-Anwendungen, die sich darauf beschränken, die Tatbestandsmerkmale einzelner Tatbestände auf die eine oder andere Weise nachzubilden und dabei die Modalitäten der Konkretisierung offenzulegen, ein Verständnis für die Funktionsweise vermitteln können und in diesem Fall die Anforderungen an die richterliche Unabhängigkeit erfüllen.[67] Forderungen nach einem solchen Verständnis von Nachvollziehbarkeit passen allerdings nur auf solche Legal Tech-Anwendungen, die Ergebnisse zur Rechtslage im Einzelfall ermitteln. Hier lässt sich zwischen Legal Tech-Anwendungen differenzieren, bei denen die Entscheidungskriterien konkret festgelegt sind und dadurch prinzipiell offengelegt werden können.[68] Nachvollziehbarkeit betrifft in solchen Fällen lediglich die einzelnen Schritte der strukturierten Entscheidung und ihre jeweiligen Kriterien. Wo diese Schritte oder Kriterien zumindest teilweise nicht offengelegt werden,[69] bleibt die Frage, ob Zertifizierungsverfahren in Verbindung mit einer Beschreibung der Funktionsweise durch den Hersteller geeignet sind, ein hinreichendes Vertrauen herzustellen.[70]

Algorithmen, die auf maschinellem Lernen beruhen, sind schon durch die Funktionsweise, insbesondere ihr Training anhand von Datenbeständen, nicht geeignet, eine hinreichende Nachvollziehbarkeit konkreter Entscheidungsvorschläge zur Rechtslage im Einzelfall zu gewährleisten.[71]

bb) Algorithmen als Faktor des medialen Umfelds der Rechtsanwendung

Bei algorithmenbasierten Anwendungen, die einschlägige Literatur und Rechtsprechung in Datenbanken aufbereiten und dadurch die relevanten Kontexte der Interpretation von Rechtstexten strukturieren,[72] ist der Ein-

---

66 In diese Richtung *Enders, Peter*, Einsatz künstlicher Intelligenz bei juristischer Entscheidungsfindung, JA 2018, S. 721 (727).

67 *Rollberg* Fn. 62, S. 102; *Berlit* Fn. 35, i.E.

68 Als determinierte Programme bezeichnet bei *Rollberg* Fn. 62, S. 100 ff.

69 Am Beispiel eines Prozesskostenrechners sowie Berechnungsprogrammen für familienrechtliche Ansprüche auf Unterhalt und Versorgungausgleich *Rollberg* Fn. 62, S. 103 f.

70 Prinzipiell befürwortend und näher zu den Maßstäben *Rollberg* Fn. 62, S. 104 ff.

71 *Rollberg* Fn. 62, S. 124 f.

72 Zu deren Relevanz *Morlok* Fn. 38, S. 73 ff.; *Kuhlmann, Simone*, Forschungszugang zu den Intermediären des Rechts, in: Broemel/Kuhlmann/Pilniok, Forschung als Handlungs- und Kommunikationszusammenhang, i.E.

fluss auf die richterliche Entscheidung mittelbar, aber strukturell.[73] Ein Verständnis für die einzelnen Schritte und die Funktionsweise der Beeinflussung zu fordern, würde bei solchen medialen Einflüssen in zweifacher Hinsicht an komplexitätsbedingte Grenzen der Erklärbarkeit stoßen. Zum einen hängt das Ranking des Algorithmus einer Suchmaschine typischerweise von einer Vielzahl kontextabhängig unterschiedlich gewichteter Faktoren ab, die sich nicht allgemeingültig und zugleich konkret beschreiben lassen. Zum anderen würde ein Verständnis der einzelnen Kausalfaktoren des Rankings den Einfluss auf die sozialen Praktiken bei der Entscheidung über die Rechtsanwendung nicht erklären, schon gar nicht im Hinblick auf konkrete Alternativen bei der Auslegung von Tatbestandsmerkmalen.[74] Ein solches Verständnis wäre auch für die Gewährleistung der Anforderungen an die richterliche Unabhängigkeit nicht erforderlich. Auch unabhängig von der Digitalisierung ziehen Richterinnen und Richter Kurzkommentare und in geringerem Umfang auch weitere Entscheidungen und Fachliteratur heran, ohne die Gründe und Alternativen bei der Entscheidung über die Zusammenstellung der darin ausgewählten und zitierten Materialien im Einzelnen zu kennen. Man vertraut auf die Selektion durch die Autorinnen und Autoren eines Kommentars oder des Herausgeberkreises einer Zeitschrift, obwohl klar ist, dass diese Kontexte das Gesetzesverständnis mittelbar und nachhaltig prägen.[75] Die Frage, welcher Umgang mit solchen Formen der Vorstrukturierung von Entscheidungen oder Materialien in Wissenschaft oder Justiz angemessen ist, ist dann allerdings eine methodische Frage, keine Frage der Unabhängigkeit der Justiz.

cc) Algorithmen zur Aufbereitung des Sachverhalts

Andere Fragen im Hinblick auf die richterliche Unabhängigkeit stellen sich bei Algorithmen, die bestimmte Facetten des Sachverhalts aufbereiten. Bei solchen typischerweise auf der Grundlage von Trainingsdaten aus-

---

73 Zum Einfluss der Medien auf die Entwicklung des Rechts nur die Bände von *Vesting, Thomas*, Die Medien des Rechts, Band 1: Sprache, 2011; Band 2: Schrift, 2011, Band 3 Buchdruck, 2013; Band 4: Computernetzwerke, 2015; sowie *ders.*, Medienwechsel und seine Folgen für das Recht und die rechtswissenschaftliche Methode, in: Eifert (Hrsg.), Digitale Disruption und Recht, 2020, S. 9 ff.; *Vismann, Cornelia*, Akten. Medientechnik und Recht, 2001.

74 Allgemeine Einschätzungen zu den unterschiedlichen Effekten bei *Morlok* Fn. 38, S. 76 ff.

75 *Morlok* Fn. 38, S. 73 f.

gebildeten Algorithmen im Hinblick auf die richterliche Unabhängigkeit ein umfassendes Verständnis der Funktionsweise im Einzelfall zu verlangen,[76] würde auf die Unzulässigkeit der Verwendung innerhalb der Justiz hinauslaufen. Mit einem generellen Verbot wäre allerdings weder der Unabhängigkeit noch der Entscheidungsqualität gedient, da damit lediglich ein Ansatz mit spezifischen Stärken und Schwächen zur Generierung von Wissen über den entscheidungsrelevanten Sachverhalt wegfallen würde. Dabei besteht erheblicher Forschungsbedarf im Hinblick auf die Frage, welche Voraussetzungen für einen angemessenen Umgang mit solchen algorithmenbasierten Hilfsmitteln erforderlich und welche davon normativ geboten sind.

Ausdrückliche normative Vorgaben enthält der Vorschlag der Kommission für ein Gesetz über künstliche Intelligenz der Europäischen Union (AI Act).[77] Danach unterliegen sog. Hochrisiko-KI-Systeme bestimmten Anforderungen unter anderem an das Qualitätsmanagement, an die Qualität der Trainings-, Validierungs- und Testdaten, an die technische Dokumentation, an die Transparenz, an die vorhergehende Prüfung in einem Konformitätsbewertungsverfahren sowie an die Dokumentation bei der Nutzung.[78] Zu den Hochrisiko-KI-Systemen zählen KI-Systeme, die in einem Produkt aus einer Liste sicherheitsrelevanter Regelungsbereiche, insbesondere mit Bezug zu kritischen Infrastrukturen und Daseinsvorsorge, zum Einsatz kommen.[79] Daneben werden bestimmte algorithmenbasierte Anwendungen unabhängig von dem Einsatz in einem Produkt per se als Hochrisiko-KI-System eingeordnet, im Zusammenhang mit der Rechtsanwendung zählen dazu neben KI-Systemen für die Strafverfolgung[80] vor allem KI-Systeme, die in der Rechtspflege eingesetzt werden, also solche KI-Systeme, die „bestimmungsgemäß Justizbehörden bei der Ermittlung und Auslegung von Sachverhalten und Rechtsvorschriften und bei der Anwendung des Rechts auf konkrete Sachverhalte unterstützen

---

76 Siehe oben, I.3.b) aa).

77 Europäische Kommission, Vorschlag für eine Verordnung des Europäischen Parlaments und des Rates zur Festlegung harmonisierter Vorschriften für künstliche Intelligenz (Gesetz über künstliche Intelligenz) und zur Änderung bestimmter Rechtsakte der Union, COM (2021) 206 final; Überblick bei *Rostalski/Weiss* Fn. 16, S. 329 ff.; *Roos, Philipp/Weitz, Caspar*, Hochrisiko-KI-Systeme im Kommissionsentwurf für eine KI-Verordnung, MMR 2021, S. 844 ff.

78 Art. 9–29 des Vorschlags für ein Gesetz über künstliche Intelligenz.

79 Art. 6 Abs. 1 in Verbindung mit Anhang II des Vorschlags für ein Gesetz über künstliche Intelligenz.

80 Anhang III Nr. 6 lit. a)–g) des Vorschlags für ein Gesetz über künstliche Intelligenz.

sollen".[81] Diese bereichsübergreifend vorgeschlagenen Vorgaben lassen sich als allgemeine Standards für einen reflektierten, verzerrungsfreien Umgang mit KI-Anwendungen verstehen. Es spricht jedoch vieles dafür, dass die Art und Intensität der mit KI-Anwendungen einhergehenden Regelungsbedarfe nicht allein von den typischen Verzerrungsrisiken der KI-Anwendungen, sondern zugleich von den Modalitäten ihres Einsatzes in dem jeweiligen Kontext abhängen.[82] Der Einsatz von Algorithmen im Rahmen der Justiz wirft demnach andere Regelungsbedarfe auf als der Einsatz von Scoring-Algorithmen durch Kreditinstitute im Vorfeld der Gewährung von Krediten oder als ihr Einsatz in betriebsrelevanten Bestandteilen kritischer Infrastrukturen.

Zur Aufteilung zwischen einem unbedenklichen und einem bedenklichen Bereich der KI-Anwendungen in der Justiz ist vorgeschlagen worden, zwischen dem Einsatz von Algorithmen zur Erledigung von Assistenzaufgaben einerseits und dem Einsatz von Algorithmen im Kernbereich der richterlichen und rechtsprechenden Tätigkeit andererseits zu trennen.[83] Der Einsatz von Assistenzaufgaben zeichnet sich danach in der Sache dadurch aus, dass er entweder zusätzliche Informationen bereitstellt oder die vorhandenen Informationen lediglich vorbereitend strukturiert, ohne sie inhaltlich abschließend zu bewerten.[84] Im Kernbereich der richterlichen Tätigkeit sollen algorithmenbasierte Anwendungen die Rechtsanwendung

---

81 Anhang III Nr. 8 des Vorschlags für ein Gesetz über künstliche Intelligenz.

82 Mit Bedenken im Hinblick auf einerseits eine zu enge Beschreibung der Gefährdungen bei dem Einsatz von Algorithmen in der Justiz und andererseits eine zu weite Ausdehnung des Anwendungsbereichs auf alle Formen von Algorithmen und Informationstechnik im Bereich der Justiz die Stellungnahme des Bundesrats, Beschluss v. 17.9.2021, BR-Drucks. 488/21, S. 20 ff.; *Berlit* Fn. 35, i.E.

83 Einsatz von KI und algorithmischen Systemen in der Justiz, Grundlagenpapier zur 74. Jahrestagung der Präsidentinnen und Präsidenten der Oberlandesgerichte, des Kammergerichts, des Bayerischen Obersten Landesgerichts und des Bundesgerichtshofs vom 23.-25. Mai 2022, S. 41; in eine ähnliche Richtung Stellungnahme des Bundesrats, Beschluss v. 17.9.2021, BR-Drucks. 488/21, S. 21 f.; ähnlich auch die Kategorisierung für Legal Tech im Rechtsdienstleistungsmarkt bei *Wagner* Fn. 3, S. 19–53: Legal Tech außerhalb des Kernbereichs der juristischen Tätigkeit, Legal Tech als Teil der rechtlich relevanten Rahmenbedingungen und Legal Tech im Kernbereich der juristischen Tätigkeit.

84 Als Beispiele für die Erledigung von Assistenzaufgaben sind in dem Grundlagenpapier (Fn. 83), S. 41, die Extraktion von Metadaten, die Förderung der Übersichtlichkeit der Akte, die Vorabsichtung von Schriftsätzen und die Markierung von Besonderheiten genannt.

hingegen grundsätzlich[85] nicht ersetzen. Eine zentrale Frage bleibt jedoch, inwieweit vorbereitende Beiträge, an die eine richterliche Entscheidung anschließt, zulässig sind. Der Einordnung von Anwendungen zur „Vorabsichtung von Schriftsätzen" oder zur „Markierung von Besonderheiten" als unbedenkliche Assistenzaufgabe liegt die Annahme zu Grunde, dass die anschließende eigenverantwortliche richterliche Bewertung der Sach- und Rechtslage einen unerkannten, strukturellen Einfluss des vorbereitenden Beitrags ausschließt. KI-gestützte Anwendungen, die auf eine Aufbereitung bestimmter normativ relevanter Aspekte des Sachverhalts oder für die Rechtsfrage relevanter Entscheidungen zielen, sollen hingegen nur zulässig sein, wenn die Intensität des Einflusses dem Niveau der auch ohne maschinelles Lernen vorhandenen Entscheidungshilfen, etwa von Schmerzensgeldtabellen, entspricht.[86] Eine solche Gegenüberstellung von bereits verfügbaren tabellenartigen Entscheidungshilfen in Datenbanken und einer unzulässigen algorithmenbasierten Vorbereitung oder einem Vorschlag der Entscheidung überträgt die Intensität des unabhängig von KI bereits bestehenden Einflusses vorhandener Entscheidungshilfen auf den Bereich des maschinellen Lernens. Bei näherem Hinsehen stößt dieser Transfer jedoch an Grenzen. Zum einen zielen auch die tabellenartigen Entscheidungshilfen auf eine Vorbereitung oder einen Vorschlag der richterlichen Entscheidung. Die Vorbereitung oder der Vorschlag indizieren zwar, dass die richterliche Entscheidung erleichtert und dadurch die Tiefe der Prüfung reduziert wird. Eine vorbereitende oder vorschlagende Funktion schließt jedoch für sich genommen eine eigenverantwortliche richterliche Prüfung nicht per se aus. Zum anderen können auch die Datenbanken, wenn sie zur Strukturierung der Vielzahl potentiell relevanter Einträge Kriterien für die Filterung oder das Ranking anwenden, den Entscheidungskontext gestalten und dadurch erheblichen, aber nur begrenzt nachvollziehbaren Einfluss auf die Entscheidungsfindung nehmen.[87]

---

85 Als Ausnahme ist in diesem Zusammenhang das bereits automatisierte Mahnverfahren genannt, dem freilich eine nur eingeschränkte Prüfung zu Grunde liegt, Grundlagenpapier (Fn. 83), S. 41.

86 Grundlagenpapier (Fn. 83), S. 41; entsprechend zurückhaltend fällt die Bewertung von Anwendungen zur Konkretisierung der Strafzumessung, der Rückfallprognose oder der strafrechtlichen Beweiswürdigung aus.

87 Prognose ambivalenter Effekte bei *Morlok* Fn. 38, S. 76 ff.

II. Vagheit im Recht

Wesentliche Grenzen einer Automatisierung der Rechtsanwendung durch Algorithmen ergeben sich zudem aus der Funktionsweise der Rechtsanwendung. Während unterschiedliche Arten von Legal Tech-Anwendungen mit der Vorstellung einer zumindest idealerweise klaren und eindeutigen Fassung gesetzlicher Tatbestände operieren, sind deren Vagheit und die damit verbundenen Spielräume in der Anwendung Voraussetzung der Entwicklungsoffenheit des Rechts.

1. Eindeutigkeit und Klarheit als Voraussetzung der Automatisierung

Automatisierung der Rechtsanwendung durch Algorithmen setzt sowohl in Anwendungen, die gesetzliche Tatbestände nachbilden, als auch in den Anwendungen, denen maschinelles Lernen zu Grunde liegt, die Eindeutigkeit und Klarheit der einzelnen Merkmale der anzuwendenden gesetzlichen Tatbestände voraus.

a) Abbildung rechtlicher Regelungen durch Algorithmen

In unterschiedlichen Legal Tech-Anwendungen beruhen die Automatisierung und die mit ihr einhergehende schnelle, verlässliche, vorhersehbare und kostengünstige Anwendung des Rechts darauf, dass die einzelnen positiven und negativen Voraussetzungen der Rechtsanwendung vorab definiert und konkretisiert werden.[88] Die damit implizit verbundene Vorstellung einer Automatisierbarkeit des Rechts bezieht sich sowohl auf die Anwendung gesetzlicher Tatbestände, etwa durch Expertensysteme, als auch auf die Konzeption digitalisierter oder digitaltauglicher Gesetze sowie digitalisierter Verträge (*smart contracts*).

aa) Expertensysteme

Expertensysteme, die die Anwendung bestimmter gesetzlicher Tatbestände automatisieren, bilden die betreffende Regelung in Entscheidungsbäume

88 Siehe oben, I.1.b).

ab[89] und sind dabei darauf angewiesen, die einzelnen Schritte der Rechtsanwendung *ex ante* bis in das letzte für die Rechtsanwendung erforderliche Detail festzulegen. Diese klare Festlegung macht die Offenlegung der Funktionsweise einschließlich der einzelnen Entscheidungskriterien prinzipiell möglich. In diesem Fall lassen sich diese algorithmenbasierten Anwendungen zugleich auch im Kernbereich der spruchrichterlichen Tätigkeit einsetzen, ohne die richterliche Unabhängigkeit auszuschließen.[90] Die Notwendigkeit der vorherigen Festlegung beschränkt jedoch den Einsatzbereich auf solche Tatbestände, die sich zumindest für eine Vielzahl von Anwendungsfällen sinnvoll und hinreichend genau vorab bestimmen lassen. Zwar sind technisch ohne Weiteres Formen der Programmierung denkbar, die die Auslegung einzelner Tatbestandsmerkmale flexibilisieren, indem sie bei der Anwendung die Form der Konkretisierung, also beispielsweise die Auslegungsvariante einzelner Tatbestandsmerkmale, abfragen. Praktisch erhöht diese Flexibilisierung allerdings den Aufwand erheblich und relativiert dadurch den Mehrwert der Automatisierung. Zum einen müssen die einzelnen Auslegungsvarianten vorab inhaltlich festgelegt und ihre jeweiligen Folgen in der Programmierung berücksichtigt werden. Zum anderen setzt die Anwendung eine menschliche Mitwirkung bei der Abfrage einzelner Auslegungsvarianten voraus, ist also nur noch teilweise automatisiert.

Anwendungsfälle solcher Expertensysteme liegen dadurch für die Justiz oder die Verwaltung vor allem in Bereichen der Massenverwaltung oder Sammelklagen, in denen die Tatbestände typisiert konkretisierbar sind und sich der Aufwand der Konzeption lohnt, wobei der Programmierungsaufwand infolge der Standardisierung und Modularisierung im Zuge der Weiterentwicklung solcher Systeme sinkt.[91] So ist vorstellbar, dass die Konzeption der Entscheidungsbäume einschließlich der begrifflichen Konkretisierung einzelner Tatbestandsmerkmale durch Definition keine vertieften Programmierkenntnisse voraussetzt, sondern auf der Grundlage einer benutzerfreundlichen Anwendungsoberfläche mit einer Auswahl an vordefinierten, flexibel kombinierbaren Strukturelementen erfolgen kann.

Auf kommerzielle Anwendungen im Rechtsdienstleistungsmarkt wirkt sich diese Reduktion der Automatisierung auf eine Teilautomatisierung dann weniger gravierend aus, wenn die einzelnen Nutzerinnen und Nutzer ohnehin in die Anwendung eingebunden sind, etwa weil sie die An-

89 *Breidenbach* Fn. 31, 2 Rn. 1 ff.
90 Grundlagenpapier (Fn. 83), S. 7; siehe oben, I.3.b) aa).
91 Siehe oben, I.1.c).

wendung individuell starten und Einzelheiten zu dem sie jeweils betreffenden Sachverhalt eingeben.[92]

bb) Digitaltaugliche Gesetze

Ähnliche Grenzen der Automatisierbarkeit ergeben sich bei der Konzeption gesetzlicher Tatbestände, die bereits in der Entstehung auf eine Anwendung durch Algorithmen angelegt sind. Vorstellungen digitaler Gesetze sehen gesetzliche Tatbestände vor, die von vorneherein in programmierter Form erstellt werden (digitale Gesetze)[93] oder bei deren Erstellung zumindest auf ihre Eignung geachtet wird, durch Algorithmen abgebildet und angewendet zu werden (digitaltaugliche Gesetze).[94] Eine zentrale Herausforderung dieser digitalen oder zumindest digitaltauglichen Gesetze liegt wiederum in der *ex ante* Festlegung der einzelnen Tatbestandsmerkmale. Dieses Problem einer *ex ante* Festlegung der Einzelheiten einer abstrakt-generellen Regelung für alle konkreten Einzelfälle ihrer Anwendung lässt sich nur sehr begrenzt durch die Systematisierung der Begriffsverständnisse in Repositorien,[95] eine gesetzesübergreifende Modularisierung der Begriffsverständnisse in einzelne Bestandteile des Begriffes[96] oder Empfehlungen zur Vermeidung auslegungsbedürftiger oder unbestimmter Rechtsbegriffe[97] lösen. Diese Ansätze fördern die Kohärenz der Begriffsverständnisse auf abstrakt-genereller Ebene. Eine kontextspezifische Ausdifferenzie-

---

92 Zu den Legal Tech-Anwendungen der Rechtsdurchsetzung siehe oben, I.2.b).

93 Zur Diskussion um die prinzipielle Abbildbarkeit gesetzlicher Tatbestände durch Algorithmen nur mit jeweils unterschiedlichen Akzenten *Guckelberger, Annette*, Modernisierung der Gesetzgebung aufgrund der Digitalisierung, DÖV 2020, S. 797 (802 f.), *Hähnchen, Susanne/Bommel, Robert*, Digitalisierung und Rechtsanwendung, JZ 2018, S. 334 (337): Relevanz der Standardisierbarkeit; *Kotsoglou, Kyriakos*, Subsumtionsautomat 2.0. Über die (Un-)Möglichkeit einer Algorithmisierung der Rechtserzeugung, JZ 2014, S. 451 ff.; *Herold, Viktoria*, Grenzen automationsgerechter Gesetzgebung, DÖV 2020, S. 181 (183 ff.).

94 Nationaler Normenkontrollrat/msg systems ag/RUB Bochum, Digitale Verwaltung braucht digitaltaugliches Recht, 2021.

95 Nationaler Normenkontrollrat/msg systems ag/RUB Bochum, Digitale Verwaltung braucht digitaltaugliches Recht, 2021, S. 8, S. 104: Data Dictionary und Data Repository als zentrale Hilfsmittel zur systematischen Inventur des Rechts- und Datenbestandes.

96 Zu einem modularisierten Einkommensbegriff Nationaler Normenkontrollrat/msg systems ag/RUB Bochum, Digitale Verwaltung braucht digitaltaugliches Recht, 2021, S. 93 ff.

97 *Herold* Fn. 93, S. 183 ff.

rung blenden sie hingegen aus, um eine Automatisierbarkeit zu erreichen. Damit nehmen die Ansätze den gesetzlichen Tatbeständen die Flexibilität in der Rechtsanwendung, die der Anpassungsfähigkeit und Entwicklungsoffenheit gesetzlicher Tatbestände zu Grunde liegt.[98]

cc) Smart Contracts

Auf strukturell vergleichbare Schwierigkeiten stoßen bekanntlich digitale Verträge (*smart contracts*). Ihre Stärke einer schnellen, vorhersehbaren und rechtssicheren Anwendung, bei der Anwendung des Vertrags und Durchsetzung der einzelnen vertragsrechtlichen Positionen zusammenfallen und ineinander verzahnt sind,[99] beruht auf der vorherigen, hinreichend spezifischen Festlegung der einzelnen Kriterien. Entsprechend betrifft der Einsatzbereich von *smart contracts* vor allem Verträge, bei denen die Modalitäten und im Zuge der Anwendung auftretenden Ereignisse begrenzt sind. Die Modalitäten lassen sich idealerweise vor Vertragsschluss klar festlegen und die Erfüllung der definierten Kriterien in Zuge der Anwendung eindeutig und idealerweise automatisiert feststellen.[100] Liegen diese Voraussetzungen nicht im Hinblick auf die gesamte vertragsrechtliche Beziehung vor, bleibt unter Umständen noch die Möglichkeit, den Vertrag im Hinblick auf einzelne Elemente, etwa die automatisierte Auslösung der Zahlung oder elektronische Freigabe einer Leistung unter bestimmten Bedingungen, zu automatisieren und im Übrigen mit dem Vertragsrecht und den klassischen Mechanismen seiner Durchsetzung zu verzahnen.

b) Maschinelles Lernen

Algorithmenbasierte Anwendungen, die auf maschinellem Lernen beruhen, setzen durch ihre Funktionsweise nicht voraus, dass Tatbestandsmerkmale im Einzelnen ex ante definiert sind. Ihre Kriterien der Anwendung ergeben sich ja zu einem wesentlichen Teil erst aus der Herausbildung des

---

98 Siehe unten, II.2.

99 Aus der Literatur nur *Glatz*, Smart Contracts, in: Breidenbach/Glatz Fn. 11, 5.3 Rn. 14.

100 Allein die offene digitale Schnittstelle zum Internet (mit Beispielen *Glatz* Fn. 99, 5.3 Rn. 15) ändert noch nichts an der Schwierigkeit, die einzelnen Modalitäten *ex ante* vollständig festzulegen.

Entscheidungsprogramms anhand der Trainingsdaten.[101] Entsprechend setzen solchen Anwendungen nicht nur voraus, dass die Trainingsdaten eine bestimmte Qualität aufweisen, sondern auch, dass der jeweilige Anwendungsfall in den Bereich fällt, aus dem die Trainingsdaten erhoben worden sind.[102]

Für Legal Tech-Anwendungen folgt daraus zum einen, dass der Sachverhalt des jeweiligen Einzelfalls die relevanten Charakteristika mit Sachverhalten teilen muss, die auch in den Trainingsdaten abgebildet sind. Andernfalls erhöht sich die Wahrscheinlichkeit, dass die Zuordnung des nicht abgebildeten Einzelfalls und die damit verbundene Zuschreibung bestimmter Eigenschaften nicht zu den Charakteristika dieses Einzelfalls passt.

Zum anderen liegt eine Schwäche des Trainings anhand historischer Daten darin, dass zukünftige Entwicklungen sowohl des Sachbereichs als auch der Auslegung einzelner Tatbestände in den Trainingsdaten nicht abgebildet werden können.[103] Je weitgehender rechtliche Regelungen an veränderte Umweltbedingungen oder auch nur an zwischenzeitlich verfügbar gewordenes Wissen anzupassen sind, desto höher fällt die Wahrscheinlichkeit aus, dass historische Trainingsdaten die sich entwickelnde Situation und Rechtslage nur unzureichend abbilden. Je nach dem Kontext kommt für einige algorithmenbasierte Anwendungen hinzu, dass die relevanten Akteure sich auf das anhand der Trainingsdaten konkretisierte Entscheidungsprogramm strategisch einrichten.[104]

2. *Vagheit*

Die Vagheit gesetzlicher Tatbestände und vertraglicher Regelungen wird aus der Perspektive der Automatisierung, zum Teil auch allgemein im Hinblick auf die Rechtssicherheit und Vorhersehbarkeit als Schwäche des Rechts wahrgenommen, die es zu minimieren gilt. Gleichwohl bilden die mit der Vagheit verbundenen Spielräume in der Rechtsanwendung eine Voraussetzung für die Entwicklungsoffenheit und Anpassungsfähigkeit des

101 Aus der Legal Tech-Literatur dazu nur *von Bünau* Fn. 28, 3 Rn. 14 f.

102 *Von Bünau* Fn. 28, 3 Rn. 21.

103 *Hildebrandt, Mireille*, Code driven Law: Freezing the Future and Scaling the Past, in: Deakin/Markou (Hrsg.), Is Law Computable?, 2020, S. 67 (73).

104 *Hildebrandt* Fn. 103, S. 73.

Rechts.[105] Algorithmenbasierte Anwendungen, die auf einer allgemeingültigen Determinierbarkeit gesetzlicher Tatbestände beruhen, legen Vorstellungen von Rechtsanwendung zu Grunde, die Rechtsanwendung auf die Feststellung einer als statisch gedachten Rechtslage in einem Einzelfall reduzieren. Abgesehen von auch sprachlichen Grenzen der Festlegung von Bedeutung durch Text,[106] wird damit eine zentrale Facette der Leistungsfähigkeit des Rechts ausgeblendet, die schon in der Methodik und Dogmatik der Praxis den Ausgangspunkt markiert. Die Notwendigkeit der Auslegung einschließlich ihrer elaborierten Methodik entsteht überhaupt erst wegen der Spielräume.[107] Dabei dienen die Auslegung und Anwendung im Einzelfall nicht nur und nicht einmal in erster Linie der Eingrenzung der schon aus sprachlichen Gründen unvermeidlichen Spielräume, sondern auch der Einpassung, Konkretisierung und Fortentwicklung der Tatbestände. Rechtsanwendung ist danach schon im Grundsatz ein dialektischer Prozess,[108] der sich nicht auf die Ermittlung der Rechtslage in einem Einzelfall beschränkt, sondern dessen Voraussetzungen und strukturellen Effekte sich erst mit Blick auf die laufenden, institutionalisierten Verknüpfungen der Einzelentscheidungen verstehen lassen. Diese konkretisierende Funktion der Rechtsanwendung[109] ist normtheoretisch auf unterschiedliche Weise beschrieben worden, etwa als Beschreibungen von Normativität als einem strukturierten Anwendungsprozess, der Schritte zur Aufbereitung des Normbereichs und Normtexts aufeinander bezieht[110]

---

105 *Luhmann, Niklas*, Recht und Automation in der öffentlichen Verwaltung, 2. unveränderte Aufl. 1997, S. 52 ff.

106 *Ladeur, Karl-Heinz/Augsberg, Ino*, Auslegungsparadoxien, Rechtstheorie 36 (2005), S. 143 (171).

107 *Larenz, Karl/Canaris, Claus-Wilhelm*, Methodenlehre der Rechtswissenschaft, 3. Aufl. 1995, S. 25; *Kersten, Jens*, Digitale Rechtsdidaktik, JuS 2015, 481 (484).

108 *Larenz/Canaris* Fn. 107, S. 35: „Neben der unveränderten Anwendung der Norm (in der ihr einmal von den Gerichten gegebenen Auslegung) gibt es ebenso immer wieder neue Auslegungen, durch die ihr Inhalt – mit beispielgebender Wirkung für künftige Entscheidungen – weiter konkretisiert, präzisiert, abgewandelt wird. Beides, die Maßstabsfunktion der Norm – die ihre gleichmäßige Anwendung verlangt – und ihre immer erneut zutage tretende (weitere) Auslegungsbedürftigkeit, schließlich die ‚Rückwirkung' der einmal erfolgten Auslegung und Konkretisierung auf die weitere Anwendung der Norm müssen gesehen werden, soll der – seiner Struktur nach ‚dialektische' Prozeß der Rechtsanwendung nicht nur einseitig und deshalb unrichtig gedeutet werden."

109 *Trute, Hans-Heinrich*, Die konstitutive Rolle der Rechtsanwendung, in: ders./Groß/Röhl/Möllers (Hrsg.), Allgemeines Verwaltungsrecht – zur Tragfähigkeit eines Konzepts, 2008, S. 211 (215 ff.).

110 *Müller, Friedrich*, Strukturierende Rechtslehre, 2. Aufl. 1994, S. 225 ff.

oder als notwendige Funktion zur Verarbeitung von Änderungen oder Komplexität der Wirklichkeit.[111]

Die mit dieser konkretisierenden Funktion korrespondierenden Spielräume in der Rechtsanwendung führen auf die Frage, wie die normative Verbindlichkeit und die Vorhersehbarkeit gewährleistet werden, die in dem Rechtserkenntnismodell den vermeintlich determinierenden Tatbeständen zugeschrieben werden.[112] Strukturell ähnlich wie in anderen Kontexten, in denen neues Wissen aus einer kontinuierlichen Verknüpfung dezentral getroffener Entscheidungen entsteht und verteilt wird, ergibt sich die Relevanz der einzelnen Entscheidung für die Folgezeit daraus, inwieweit die Entscheidung in nachfolgenden Entscheidungen aufgegriffen wird. In Marktprozessen entscheiden die Vielzahl der Auswahlentscheidungen von Nachfragenden und die Anpassungsentscheidungen anderer Marktteilnehmer über den Markterfolg innovativer Angebote. Die über eine laufende, wechselseitige Beobachtung verknüpften, dezentral getroffenen Auswahlentscheidungen erproben Perspektiven, generieren neues Wissen und distribuieren es auf dem Markt.[113] In Prozessen der Forschung entsteht wissenschaftliches Wissen von der Konzeption der Fragestellung über die methodischen Rahmenbedingungen bis hin zur Prüfung und Modifizierung in Kommunikationszusammenhängen wissenschaftlicher Gemeinschaften, bei denen einzelne Beiträge an andere Beiträge anknüpfen, etwa indem sie sie in bestimmter Hinsicht modifizieren, bestätigen, fortentwickeln oder widerlegen.[114]

Die Rechtsanwendung durch Gerichte ist dabei institutionell und prozedural durch einen Instanzenzug normativ geprägt, der nur in einzelnen

---

111 *Luhmann* Fn. 105, S. 52, S. 58 f., der zugleich auf die Unterschiede in den Gründen für die Formalisierung von Entscheidungsschritten in konditional programmierten Tatbeständen einerseits und Algorithmen (Maschinenprogrammen) andererseits hinweist: Bei konditional strukturierten Normen dient die Formgebung dazu, den Einfluss anderer als den genannten Kriterien, etwa persönliche Kriterien der entscheidenden Person, auszuschließen, S. 43 ff. Bei Maschinenprogrammen dient die Formalisierung dazu, eine maschinelle Datenverarbeitung überhaupt erst zu ermöglichen, S. 45.

112 Siehe oben, II.1.a).

113 Aus der Literatur nur *Mestmäcker, Ernst-Joachim/Schweitzer, Heike*, Europäisches Wettbewerbsrecht, 3. Aufl. 2014, § 3 Rn. 70 f.

114 *Trute, Hans-Heinrich*, Einleitende Bemerkungen, Die Verwaltung, Beiheft 9, 2010, S. 11 (31); *ders.*, Die Forschung zwischen grundrechtlicher Freiheit und staatlicher Institutionalisierung, S. 64 ff.; *Gläser, Jochen*, Wissenschaftliche Produktionsgemeinschaften, 2006, S. 67 ff.

Fällen normative Bindung erzeugt,[115] aber auch im Übrigen eine besondere Berücksichtigung ober- und höchstgerichtlicher Entscheidungen nach sich zieht.

Die beobachtende Verknüpfung mit anderen Entscheidungen erfüllt dabei zugleich zwei miteinander zusammenhängende Funktionen. Für die einzelne Person, die die dezentrale Entscheidung trifft, stellen die vorhergehenden beobachteten Entscheidungen Wissen über Entscheidungsalternativen bereit. Bei der Anwendung rechtlicher Tatbestände bieten die einschlägigen Entscheidungen anderer Gerichte etwa Auslegungsvarianten, idealerweise einschließlich einer Aufbereitung der divergierenden Argumente an. Dieser Kontext zu dem auszulegenden Tatbestand vereinfacht die Entscheidungssituation und beeinflusst die Entscheidung dadurch zugleich.[116] Aus übergreifender Perspektive erhöht die auf Beobachtung, aber auch die auf normativen Wirkungen des Instanzenzugs beruhende Verknüpfung der Entscheidungen die Kohärenz der Rechtsanwendung. Zugleich gewährleistet die Verknüpfung die Flexibilität, auf veränderte Umweltbedingungen mit Modifikationen der bisherigen Entscheidungspraxis zu reagieren, welche im Falle der Übernahme durch nachfolgende Entscheidungen eine neue Entscheidungspraxis herausbilden.

115 Vor allem im Instanzenzug bezogen auf den jeweiligen Streitgegenstand sowie bei Entscheidungen des Bundesverfassungsgerichts nach § 31 Abs. 1 BVerfGG.

116 *Morlok* Fn. 38, S. 71 f.

Künstliche Intelligenz, normative Ansprechbarkeit und die normentheoretische Beschreibung des Strafrechts

Philipp-Alexander Hirsch

I. Einleitung

> [*Sc.* Eine bestimmte] Willensbetätigung zu fordern oder unterlassen zu sehen [...] setzt also ganz bestimmte körperliche und geistige Eigenschaften bei dem voraus, der verpflichtet sein soll. Die korrespondierende Pflicht kann demgemäß nur ein Subjekt haben: nur den Menschen, und zwar nur den Menschen, der fähig ist, diese Pflicht zu erfüllen, nie eine juristische, nie eine natürliche handlungsunfähige Person.[1]

„... und nie eine mit künstlicher Intelligenz ausgestattete Maschine!" hätte *Binding* womöglich ergänzt, wenn er die heutige Diskussion um die Rolle von künstlicher Intelligenz (KI)[2] im Recht vor Augen gehabt hätte. Auch die Strafrechtswissenschaft ging lange selbstverständlich davon aus, dass als tauglicher Adressat von strafbewehrten Verhaltensgeboten allein der Mensch in Betracht kommt. Das Bild hat sich jedoch in den letzten beiden Jahrzehnten rapide gewandelt, wobei sich die strafrechtswissenschaftliche Diskussion häufig um zwei „Arten" von KI dreht: Zum einen (teil-)autonome Systeme, die bereits zu maschinellem Lernen in der Lage sind, aber bei denen sich nicht ernsthaft die Frage ihrer normativen Ansprechbarkeit und rechtlichen Verantwortlichkeit stellt. Normadressat sind insoweit die „hinter" der KI stehenden natürlichen Personen (Hersteller, Programmie-

---

1 *Binding, Karl*, Handbuch des Strafrechts. Erster Band, 1885, S. 184.

2 Im Folgenden verwende ich den Terminus „KI" als Oberbegriff für alle Maschinen, Roboter und Programme, die menschliche Entscheidungsstrukturen nachahmen und daher zu „intelligentem Verhalten" in der Lage sind. Vgl. eingehend und m.w.N. zu Begriff und Design künstlicher Intelligenz *Misselhorn, Catrin*, Grundfragen der Maschinenethik, 2. Aufl. 2018, S. 17 ff. und *Konertz, Roman*/*Schönhof, Raoul*, Das technische Phänomen „Künstliche Intelligenz" im allgemeinen Zivilrecht. Eine kritische Betrachtung im Lichte von Autonomie, Determinismus und Vorhersehbarkeit, 2020, S. 21 ff.

rer, Nutzer), die für Handlungsfolgen der KI haften.[3] Zum anderen die sog. „starke KI", die als normativ voll verantwortlicher Akteur begriffen wird, aber bei der sich noch auf sehr lange Zeit nicht ernsthaft die Frage ihrer Existenz stellt.[4]

Was dabei jedoch regelmäßig aus dem Blick gerät, ist KI, die zwar normativ ansprechbar ist, ohne jedoch bereits voll verantwortlicher normativer Akteur zu sein. Die Existenz solcher intelligenten Akteure hat dramatische Konsequenzen, wie sich insbesondere im Strafrecht zeigt. Denn diese Akteure können rechtliche Handlungsvorgaben erkennen und sich auf Grund dieser zu einem bestimmten Verhalten motivieren. Kommt es durch einen solchen Akteur zur Verletzung strafrechtlich geschützter Güter, scheidet daher ein Haftungsdurchgriff auf die hinter der KI stehenden natürlichen Personen aus, jedoch ohne dass die KI dafür bestraft oder ihr gegenüber ein Schuldvorwurf erhoben werden kann. Mit anderen Worten: Solche KI schafft straffreie Räume trotz Verletzung strafbewehrter Verhaltensvorgaben. In diesem Beitrag möchte ich genau diese KI in den Blick nehmen (II.), sodann aufzeigen, warum und wie solche KI normativ ansprechbar ist (III.) und anschließend die sich hieraus ergebenden Konsequenzen für die normentheoretische Beschreibung des Strafrechts aufzeigen (IV.). Hierbei werde ich auf Erkenntnisse der Maschinenethik

---

3 Die Probleme, die durch den Einsatz solcher KI für das Strafrecht entstehen, sind bereits mehrfach angesprochen worden, vgl. etwa *Schuhr*, *Jan*, Neudefinition tradierter Begriffe (Pseudo-Zurechnungen an Roboter), in: Hilgendorf (Hrsg.), Robotik im Kontext von Recht und Moral, 2014, S. 13; *Seher*, *Gerhard*, Intelligente Agenten als „Personen" im Strafrecht?, in: Seelmann/Gleß (Hrsg.), Intelligente Agenten und das Recht, 2016, S. 45 (51), eingehend und m.w.N. *Beck*, *Susanne*, Strafrechtliche Implikationen von KI und Robotik, in: Ebers, et al. (Hrsg.), Künstliche Intelligenz und Robotik. Rechtshandbuch, 2020, S. 242 sowie die Nachweise bei *Roxin*, *Claus*/*Greco*, *Luís*, Strafrecht, Allgemeiner Teil, 5. Aufl. 2020, § 8 Rn. 66g. Jedoch verschiebt sich hierbei die Problematik letztlich hin zur Frage der Adressierung von Verhaltensvorgaben und Zurechnung von Verhaltensfolgen in komplexen kollektiven Prozessen, bei denen mehrere Akteure einen Geschehensablauf kumulativ kontrollieren. Damit handelt es sich jedoch letztlich um Probleme kollektiver Akteurschaft (die etwa auch im Rahmen einer strafrechtlichen Verantwortung von Unternehmen relevant werden, vgl. so i.E. auch *Beck* a.a.O., Rn. 7) und daher für die vorliegende Fragestellung nicht primär von Interesse sind. S. dazu noch unten S. 166 mit Fn. 48.

4 Vgl. hierzu eingehend und m.w.N. *Gaede*, *Karsten*, Künstliche Intelligenz – Rechte und Strafen für Roboter? Plädoyer für eine Regulierung künstlicher Intelligenz jenseits ihrer reinen Anwendung, 2019; jedoch bereits für die heutige Zeit sehr weitgehend *Matthias*, *Andreas*, Automaten als Träger von Rechten, 2007.

zurückgreifen, weil dort im Vergleich zur juristischen Normentheorie die Debatte um normative Akteurschaft von KI weiter vorangeschritten ist.

II. Verhaltensnormen, normative Gründe und explizite normative Akteurschaft

Sowohl die juristische Normentheorie als auch die Maschinenethik müssen sich mit der Frage beschäftigen, ob KI taugliche Adressatin normativer Handlungsvorgaben ist. Aus Sicht der hier zugrunde gelegte Normentheorie *Binding*'scher Prägung[5] geht es dabei um die Frage, ob sich eine KI aufgrund einer Verhaltenspflicht normgemäß verhalten kann und daher taugliche Adressatin von (strafbewehrten) Verhaltensnormen ist. In der Maschinenethik wird die gleiche Problematik unter der Frage verhandelt, ob eine KI aus normativen Gründen handeln kann und daher taugliche Adressatin ethischer Handlungsvorgaben ist. Normative Gründe sind – vereinfacht gesagt – Entitäten, die für oder gegen eine Handlung eines Akteurs sprechen. Ein normativer Grund rechtfertigt oder macht es für jemanden richtig, auf eine bestimmte Weise zu handeln.[6] Zwar mögen die Beschreibung einer Handlungsvorgabe „X ist zu Φ verpflichtet." und

---

5 Von vereinzelten Stimmen abgesehen, hat jedenfalls in der Strafrechtswissenschaft die maßgeblich von *Binding, Karl*, Die Normen und ihre Übertretung. Band I. Normen und Strafgesetze (1922), 4. Aufl. 1965 entwickelte normentheoretische Unterscheidung von Verhaltens- und Sanktionsnormen allgemeine Anerkennung gefunden. Auch ich gehe im Folgenden davon aus, dass den Strafvorschriften zum einen Verhaltensnormen zugrunde liegen, die ein bestimmtes Verhalten als rechtmäßig oder rechtswidrig bewerten und die Bürgerinnen und Bürger bestimmen, rechtswidriges Verhalten zu unterlassen. Damit sind Verhaltensnormen Verhaltensgebote oder -verbote, aus denen dem Einzelnen konkrete Verhaltenspflichten erwachsen. Zum anderen enthalten Strafvorschriften Sanktionsnormen, die an Verhaltenspflichtverstöße anknüpfen und anordnen, dass – bei Vorliegen der Sanktionsvoraussetzungen – die gesetzlich vorgesehene Strafe erfolgen soll. Vgl. zur Genese und Fortentwicklung dieses Modells sowie auch der diesbezüglichen Kritik *Renzikowski, Joachim*, Die Unterscheidung von primären Verhaltens- und sekundären Sanktionsnormen in der analytischen Rechtstheorie, in: Dölling (Hrsg.), Festschrift für Karl Heinz Gössel zum 70. Geburtstag am 16. Oktober 2002, 2002, S. 3 und eingehend und m.w.N. zuletzt *Schladitz, Pepe*, Normtheoretische Grundlagen der Lehre von der objektiven Zurechnung. Sicheres Fundament oder Achillesferse?, 2021, S. 208 ff.

6 Vgl. statt vieler nur die Bestimmungen bei *Smith, Michael A.*, The Moral Problem, 1994, S. 95 ff.; *Scanlon, Thomas*, What We Owe to Each Other, 1998, S. 17 ff. und m.w.N. *Alvarez, Maria*, Kinds of Reasons. An Essay in the Philosophy of Action, 2010, S. 9 ff. und 32 ff.

die Beschreibung „Es gibt für X einen normativen Grund für Φ bzw. Φ zu tun." nicht identisch sein, jedoch sind sie ineinander übersetzbar. Ein theoretisches Scharnier wäre etwa die Normentheorie von *Raz*, nach der Sollensaussagen zu Aussagen über normative Gründe logisch äquivalent sind.[7] Aber auch jenseits eines expliziten theoretischen Begründungsrahmens ist die Übersetzbarkeit in der Rechtswissenschaft *de facto* vielfach anerkannt. Bestes Beispiel aus Sicht des Strafrechts ist etwa die von *Roxin* und *Merkel* zur Bestimmung der Schuld vertretene sog. „Theorie der normativen Ansprechbarkeit".[8] Auch diese führt letztlich die Frage, ob jemand tauglicher Adressat einer strafbewehrten Verhaltensnorm ist, auf die Frage zurück, ob dieser Jemand auf Gründe reagieren kann, die Normen sind.[9]

Eine KI, die hierzu in der Lage ist und daher selbst normativ handeln kann, muss der – im maschinenethischen Diskurs weitgehend rezipierten – Klassifikation von *James Moor*[10] folgend zumindest ein *explicit ethical*

---

7 Vgl. *Raz, Joseph*, Practical Reason and Norms, 1990, S. 29 ff. *Raz* behauptet nicht, dass Sollensaussagen und Aussagen über Gründe synonym sind (und somit Normen und Handlungsgründe identisch sind), sondern geht lediglich davon aus, dass in allen Situationen, in denen jemand eine Handlung ausführen soll, er auch einen Grund hat, diese Handlung auszuführen, und *vice versa.* Vgl. zu *Raz*' Verständnis von Normen als Gründen *Stark, Alexander*, Interdisziplinarität der Rechtsdogmatik, 2020, S. 266 ff. sowie allgemein zu *Raz Kuch, David,* Die Autorität des Rechts, 2016. Vgl. unter expliziter Bezugnahme auf *Raz* auch *Urs Kindhäuser*, Norm und Normbefolgung, GA 2022, S. 563 (571) und *Joachim Renzikowski*, Normentheorie – analytisch, oder wie, oder was?, GA 2022, 575 (580): „Es bleibt also dabei: Verhaltensnormen sind „Handlungsgründe" (reasons for action), d.h. sie geben an, was man tun soll."

8 Vgl. erstmals *Roxin*, *Claus*, Zur Problematik des Schuldstrafrechts, ZStW 1984, S. 641 (652 f.) und zuletzt *Roxin*, *Claus*, Normative Ansprechbarkeit als Schuldkriterium, Crimen 2017, S. 215 ff. sowie weiterführend *Merkel*, *Reinhard*, Schuld, Charakter und normative Ansprechbarkeit. Zu den Grundlagen der Schuldlehre Claus Roxins, in: Heinrich, et al. (Hrsg.), Strafrecht als Scientia Universalis. Festschrift für Claus Roxin zum 80. Geburtstag am 15. Mai 2011, 2011, S. 737. Vgl. m.w.N. (auch zur Kritik) *Roxin/Greco* Fn. 3, § 19 Rn. 36 ff.

9 Etwa wenn *Merkel* Fn. 8, S. 752, 756 davon spricht, dass der Handelnde „rezeptiv (sensitiv) für den Sinn des Normbefehls" sein muss und „über ein bestimmtes Maß an Fähigkeit zu richtiger Reaktion auf den Normbefehl" verfügen muss. Vgl. die Terminologie von Gründen aufgreifend auch *Roxin* Fn. 8, Crimen 2017, S. 215, 218, demzufolge „ein normativ ansprechbarer Mensch imstande" sein muss, „durch eine auf rationalen Gründen beruhende Abwägung [...] Entscheidungen zu treffen".

10 Vgl. *Moor, James H.*, The Nature, Importance, and Difficulty of Machine Ethics, in: Anderson/Anderson (Hrsg.), Machine Ethics, 2011, S. 13.

agent sein. *Moor* unterscheidet vier Kategorien normativer[11] Akteurschaft: *Ethical impact agent* ist alles, was normativ relevante Auswirkungen auf Menschen erzeugen kann.[12] Dem würde auch ein Toaster gerecht werden, an dem man sich verbrennen und Verletzungen davontragen kann. Eine Stufe höher sind sog. *implicit ethical agents*, deren Konstruktionsweise und Programmierung bestimmte normative Wertvorstellungen implementiert.[13] Beispiele wären etwa ein Geldautomat, der die Auszahlung verweigert, wenn die erforderliche Kontodeckung fehlt, oder aber ein selbstfahrendes Auto, das anhält, wenn eine Kollision mit einem vor ihm erscheinenden Objekt droht. Im Unterschied zu diesen Maschinen, deren Operationen „nur" normativ relevante Folgen zeitigen bzw. die unter Berücksichtigung normativer Erwägungen konstruiert sind und entsprechend operieren, sind nach *Moors* Taxonomie *explicit ethical agents* dazu in der Lage, normativ relevante Informationen zu erkennen, diese zu verarbeiten und dann in Bezug hierauf eine Entscheidung zu treffen:

> What would such an agent be like? Presumably, it would be able to make plausible ethical judgments and justify them. An explicit ethical agent that was autonomous in that it could handle real-life situations involving an unpredictable sequence of events would be most impressive.[14]

Moor zieht den Vergleich zu einem Schachcomputer: Genauso wie dieser den besten Zug berechnen kann, weil er die gegenwärtige Spielstellung repräsentieren kann und weiß, welche Züge zulässig sind, wäre ein *explicit ethical agent* in der Lage, eine Handlungssituation zu repräsentieren, normative Handlungsregeln (Gebote, Erlaubnisse *etc.*) darauf anzuwenden und so eine normativ zulässige Handlung auszuführen.[15] Eine solche KI würde nicht nur *gemäß* normativen Vorgaben, sondern auch *auf Grund* dieser Vorgaben handeln. Sie steht aber immer noch eine Stufe unterhalb von vollwertiger normativer Akteurschaft, wie sie für natürliche Personen kennzeichnend ist:

---

11 Wie zuvor spreche ich im Folgenden – sofern ich nicht explizit auf *Moor* Bezug nehme – von normativen Akteuren bzw. normativer Akteurschaft, um zum Ausdruck zu bringen, dass die Klassifikation *Moors* letztlich unabhängig vom Ursprung der in Rede stehenden Normen (des Rechts/der Ethik) ist.

12 Vgl. *Moor* Fn. 10, S. 15.

13 Vgl. *Moor* Fn. 10, S. 15 f.

14 *Moor* Fn. 10, S. 17.

15 Vgl. *Moor* Fn. 10, S. 16 f.

> We typically regard humans as having consciousness, intentionality, and free will. Can a machine be a full ethical agent? It's here that the debate about machine ethics becomes most heated. Many believe a bright line exists between the senses of machine ethics discussed so far and a full ethical agent. For them, a machine can't cross this line. The bright line marks a crucial ontological difference between humans and whatever machines might be in the future.[16]

Ob (und wie) KI prinzipiell in ferner Zukunft den Status eines vollwertigen normativen Akteurs erreichen kann, soll uns nur am Rande beschäftigen. Drängender ist die Frage, ob KI über explizite normative Akteurschaft verfügen kann, d.h. *auf Grund von* bzw. *aus* normativen Gründen handeln kann.

III. (Wie) Kann KI aus normativen Gründen handeln?

Dass moderne KI in dem Sinne handeln kann, dass sie selbsttätig bestimmte Verhaltensfolgen erzeugt, liegt auf der Hand. Denn das Verhalten einer KI ist nicht durch ihre anfängliche Programmierung determiniert.[17] Sie gelangt bei gleichbleibendem Input zu divergierendem Output, weil ihre Programmierung kognitive Entscheidungsstrukturen des Menschen angepasst an wechselnde Umgebungen nachahmt und es ihr erlaubt, zwischen verschiedenen Verarbeitungsschritten zu entscheiden. Eine KI lernt selbst, kann sich verbessern und verfügt über eine gewisse Autonomie, die es uns erlaubt, davon zu sprechen, dass *sie selbst* handelt.[18] Allerdings genügt

---

16 *Moor* Fn. 10, S. 18.

17 Vgl. zu Begriff und Design künstlicher Intelligenz die Nachweise in Fn. 2.

18 Dies erfordert keine Akteurskausalität, also dass die KI die erste Ursache einer Folgenkette ist. Ausreichend ist vielmehr *Handlungsautonomie* oder *Selbstursprünglichkeit*, die bereits dann vorliegt, „wenn eine Handlung gegeben ist, die jemandem als Akteur zugeschrieben werden kann" (so die Begriffsprägung bei *Misselhorn* Fn. 2, S. 75 f.). Auf einer konkreten Beschreibungsebene heißt Selbstursprünglichkeit aber für Menschen ersichtlich etwas anderes als für KI. Daher plädiert *Floridi, Luciano*, On the Morality of Artificial Agents, in: Anderson/Anderson (Hrsg.) Fn. 10, S. 184 (188 ff.) dafür, Handlungsautonomie auf einer abstrakten Beschreibungsebene zu definieren, um über einen auf alle denkbaren Akteure anwendbaren Begriff zu verfügen. Nach seinem Definitionsvorschlag (ebd., S. 192) erfordert dies Interaktivität, Autonomie und Anpassungsfähigkeit: „*Interactivity* means that the agent and its environment (can) act upon each other. […] *Autonomy* means that the agent is able to change state without direct response to interaction. […] *Adaptability* means that the agent's interactions (can) change the transition rules by

Handlungsfähigkeit in diesem Sinne nicht, um tauglicher Adressat von Normen zu sein. Nicht jeder Akteur ist auch ein Akteur, der normativ ansprechbar ist und auf normative Gründe reagieren kann. Hierzu muss man in der Lage sein, nicht nur gemäß, sondern aus normativen Gründen zu handeln. Es reicht nicht aus, dass ein normativer Grund existiert, der für die eigene Handlung spricht. Vielmehr muss der normative Grund die Handlung auch motivieren können. So würde etwa ein selbstlernender Spamfilter (der die Userpräferenzen erlernt und danach die Filterung optimiert) selbst handeln. Auch können wir sein Verhalten so beschreiben, dass er gemäß einem Grund (Optimierung gemäß Userpräferenzen) handelt. Jedoch handelt er nicht *aus* diesem Grund. Denn ein solcher Webbot filtert die E-Mails nicht deshalb in einer bestimmten Weise, weil er das für normativ geboten hält und sich entsprechend verhalten möchte (was immer das für eine KI heißen mag) und damit sein Verhalten rechtfertigen könnte. Doch was muss hinzukommen, damit das Verhalten einer KI eine solche Erklärungsrelation zu normativen Gründen aufweist, d.h. damit sie *aus* normativen Gründen handelt?

Die philosophische Kontroverse, was Handlungsgründe sind und wann Menschen aus Gründen handeln,[19] kann im Rahmen dieses Beitrages nicht aufgearbeitet werden. Vielmehr werde ich das – trotz Kritik[20] – bis heute vielfach geteilte und häufig als „Standardmodell"[21] bezeichnete

which it changes state." Methodisch ähnlich verfährt in der strafrechtlichen Debatte bspw. auch *Hilgendorf*, *Eric*, Können Roboter schuldhaft handeln? Zur Übertragbarkeit unseres normativen Grundvokabulars auf Maschinen, in: Beck (Hrsg.), Jenseits von Mensch und Maschine, 2012, S. 119, vgl. dazu auch unten Fn. 46.

19 In der Handlungstheorie werden normative Gründe (vgl. dazu schon S. 153), die für eine Handlung sprechen und sie rechtfertigen, von motivierenden Gründen, die das praktische Überlegen eines Akteurs bestimmen, sowie von erklärenden Gründen, die Beobachtern erlauben, das Verhalten eines Akteurs zu interpretieren, unterschieden. Idealtypisches rationales Handeln zeichnet sich dann dadurch aus, dass ein und derselbe Grund alle drei Funktionen erfüllt. Vgl. mit einem konzisen Überblick nur die Darstellung bei *Halbig*, *Christoph*, Gründe, in: Kühler/Markus (Hrsg.), Handbuch Handlungstheorie, 2016, S. 136 ff. und *Alvarez*, *Maria*, Reasons for Action: Justification, Motivation, Explanation, abrufbar unter https://plato.stanford.edu/entries/reasons-just-vs-expl/ <zuletzt abgerufen am 17.8.2022> sowie eingehend *Alvarez* Fn. 6.

20 Vgl. bspw. *Bittner*, *Rüdiger*, Aus Gründen handeln, 2001.

21 Vgl. mit einer solchen Einordnung bspw. *Bittner* Fn. 20, S. 5 und *Misselhorn* Fn. 2, S. 81.

neo-humeanische[22] Erklärungsmodell zum Ausgangspunkt nehmen, das auf *Davidson* zurückgeht. Handlungsgründe sind für *Davidson* eine Kombination aus einer Pro-Einstellung und einer Überzeugung. Danach handelt eine Akteurin dann aus einem normativen Grund, wenn sie eine Pro-Einstellung hat, die für eine bestimmte Handlung spricht, sowie der Überzeugung ist, dass die Ausführung der Handlung zur Realisierung der Pro-Einstellung führt.[23] Dabei wird nach *Davidsons Belief-Desire*-Modell dieser normative Grund als Ursache der Handlung verstanden.[24] Jedoch reicht ein solches kausales Verständnis nicht aus, um zu erklären, wie innerhalb mehrerer (womöglich divergierender) Pro-Einstellungen nur bestimmte Einstellungen handlungsleitend wirksam werden und wie wir planvoll agieren können. *Bratman* hat herausgestellt, dass es hierzu einer Intentionalität bedarf, die eine teleologische Dimension aufweist und sich daher nicht auf eine kausale Steuerung durch Gründe reduzieren lässt.[25] Geht man von diesem erweiterten *Belief-Desire-Intention* Modell aus, so ist für ein Handeln aus Gründen dreierlei erforderlich: 1) Man muss Überzeugungen ausbilden können, d.h. eine Vorstellung haben, wie die Welt beschaffen ist. 2) Man muss über Pro-Einstellungen verfügen, die angeben, wie die Welt sein sollte. 3) Man muss die Fähigkeit haben, Handlungspläne auszubilden und bei divergierenden Überzeugungen, wie die Welt sein sollte, eine davon handlungsleitend werden zu lassen.

Dieses Konzept menschlichen Handelns aus Gründen lässt sich jedoch nicht unmittelbar auf KI übertragen, da mit KI ausgestattete Maschinen und Programme klarerweise nicht in der gleichen Form über Überzeugungen, Pro-Einstellungen und Intentionen verfügen wie Menschen. Vielmehr

---

22 Nach *Hume*, *David*, A Treatise of Human Nature (1739/40), 1978, S. 413 ff. kann der Verstand selbst nicht handlungswirksam werden, sondern es bedarf stets hinzutretender Wünsche, d.h. motivierender Gründe, des Akteurs. Letztere sind für ihn auch zugleich die einzige Quelle normativer Gründe. Hierauf baut in der Folge auch *Humes* Moraltheorie auf, vgl. ebd., S. 457 f.

23 Ein Beispiel: Wer die Pro-Einstellung hat, dass hilfsbedürftigen Menschen zu helfen ist, und der Überzeugung ist, dass gerade eine hilfsbedürftige Person am Straßenrand sitzt und ihr geholfen werden kann, der handelt aus einem normativen Grund, wenn er dieser Person zur Hilfe eilt.

24 Vgl. *Davidson*, *Donald*, Actions, Reasons, and Causes, in: ders., Essays on Actions and Events, 2. Aufl. 2001, S. 3 und *ders.*, Intending, in: ebd., S. 83; vgl. dazu auch *Smith* Fn. 4, S. 101 ff. und *Bittner* Fn. 20, S. 5 ff.

25 Vgl. *Bratman*, *Michael*, Intention, Plans, and Practical Reason, 1987, S. 14 ff. und *Bratman*, *Michael*, Davidson's Theory of Intention, in: ders., Faces of Intention. Selected Essays on Intention and Agency, 1999, S. 209 sowie mit einem umfassenden Bild die Beiträge in *Bratman*, *Michael*, Structures of Agency. Essays, 2007.

müssen Bedingungen definiert werden, unter denen wir KI ein Handeln aus Gründen *zuschreiben* können. Die Frage, welche Bedingungen dies sein müssen, verweist auf umstrittene Probleme der Philosophie des Geistes und der praktischen Philosophie, welche hier nur in sehr groben Zügen nachgezeichnet werden können.[26] Nach einem besonders weitgehenden Verständnis intentionalen Handelns können wir KI bereits dann Überzeugungen, Pro-Einstellungen und Intentionalität zuschreiben, wenn uns diese Annahme – ganz unabhängig davon wie KI oder mit KI ausgestattete Maschinen aufgebaut sind und faktisch handeln – dabei hilft, ihr Verhalten besser zu interpretieren.[27] Besonders restriktiv ist hingegen die Ansicht, nach der rationales Handeln aus Gründen mit phänomenalem Bewusstsein einhergeht, sodass KI in der Lage sein müsste, menschliche Handlungsentscheidungen strukturell nachzubilden und hierbei echte geistige Zustände zu reproduzieren.[28] Beide Auffassungen sind mit Blick auf die hier zugrunde gelegte Taxonomie *Moors* ungeeignet, da sie die Unterscheidung von expliziten normativen Akteuren gegenüber einerseits impliziten normativen Akteuren und andererseits vollwertigen normativen Akteuren theoretisch nicht abbilden können.[29] Ein von menschlichem

---

26 Vgl. m.w.N. zu den Fragen, welche Eigenschaften und Fähigkeiten für moralische Akteurschaft auch Maschinen aufweisen müssen bzw. können *Himma*, *Kenneth*, Artificial Agency, Consciousness, and the Criteria for Moral Agency. What Properties Must an Artificial Agent Have to Be a Moral Agent?, Ethics and Information Technology 2009, S. 19 ff.; *Torrance*, *Steve*, Machine Ethics and the Idea of a More-Than-Human Moral World, in: Anderson/Anderson (Hrsg.) Fn. 10, S. 115; *Misselhorn* Fn. 2, S. 30 ff. und *Hakli*, *Raul/Mäkelä*, *Pekka*, Moral Responsibility of Robots and Hybrid Agents, The Monist 2019, S. 259 (262 ff.) sowie aus Sicht der KI-Forschung aufschlussreich *Pearl*, *Judea/Mackenzie*, *Dana*, The Book of Why. The New Science of Cause and Effect, 2018 und *Larson*, *Erik*, The Myth of Artificial Intelligence. Why Computers Can't Think the Way We Do, 2021.

27 Vgl. insb. *Dennett*, *Daniel*, The Intentional Stance, 1987, S. 13 ff. und dazu *Misselhorn* Fn. 2, S. 83; gleichwohl verfügt KI laut *Dennett*, *Daniel*, When HAL Kills, Who's to Blame? Computer Ethics, in: Stork/Clarke (Hrsg.), HAL's Legacy. 2001's Computer as Dream and Reality, 2000, S. 351 derzeit nicht über höherstufige Intentionalität, welche nach ihm erforderlich ist, um auch moralische *Verantwortung* zu begründen. Für die Zukunft hält er dies aber nicht prinzipiell für ausgeschlossen, vgl. *Dennett*, *Daniel*, From Bacteria to Bach and Back. The Evolution of Minds, 2017, S. 397.

28 Vgl. *Himma* Fn. 26, S. 19 ff. und *Rodogno*, *Raffaele*, Robots and the Limits of Morality, in: Nørskov (Hrsg.), Social Robots. Boundaries, Potential, Challenges, 2016, S. 39 unter Rekurs auf *Searle, John R.*, Minds, Brains, and Programs, The Behavioral and Brain Sciences 1980, S. 417.

29 So könnten wir mit der erstgenannten Auffassung auch dem zuvor genannten Spamfilter-Webbot oder einem auf Hindernisse reagierenden, selbstfahrenden

Handeln unterscheidbares Handeln aus Gründen einer KI, d.h. explizite normative Akteurschaft, lässt sich daher – wie *Misselhorn*[30] dargelegt hat – nur angemessen beschreiben, wenn man Überzeugungen und Pro-Einstellungen als funktionale Zustände begreift. Danach kann eine KI dann aus Gründen handeln, wenn sie über innere Zustände verfügt, die Überzeugungen und Pro-Einstellungen sowie den zwischen ihnen bestehenden Wirkungszusammenhängen *funktional* entsprechen.

Das sog. *Belief-Desire-Intention*-Softwaremodell (BDI-Modell)[31] soll genau dies leisten. Maschinen mit BDI-Programmierung besitzen zum einen Repräsentationen für handlungsrelevante Informationen über die Beschaffenheit der Welt: das funktionale Äquivalent zu Überzeugungen. Zum anderen verfügen sie über motivationale Zustände, die einerseits angeben, wie die Welt beschaffen sein sollte, andererseits divergierende Angaben hierüber gewichten können: das funktionale Äquivalent zu Pro-Einstellungen. Und sie sind – funktional äquivalent zu einer teleologisch verstandenen Intentionalität – vermittels bestimmter Informationsverarbeitungsmechanismen in der Lage, diese Zustände planvoll aufeinander zu beziehen

---

Auto Überzeugungen und Pro-Einstellungen zuschreiben, was die Unterscheidung zwischen impliziter und expliziter normativer Akteurschaft nivelliert. Gehen wir umgekehrt mit der letztgenannten Auffassung davon aus, dass Maschinen mangels intrinsischer Intentionalität und Bewusstsein nicht die für ein Handeln aus Gründen erforderlichen Überzeugungen und Pro-Einstellungen aufweisen, so lässt sich nicht mehr zwischen expliziten und vollwertigen normativen Akteuren unterscheiden.

30 Vgl. *Misselhorn* Fn. 2, S. 81; insbes. 87 f. Sie spricht (ebd., S. 86) von „funktional mit mentalen Zuständen" vergleichbaren „*Quasi-Meinungen*, *Quasi-Wünschen* usw." Vgl. auch *Misselhorn*, *Catrin*, Artificial agents with moral capacities? A research design and its implementation in a geriatric care system, Artificial Intelligence 2020, S. 103179 sowie jüngst *Misselhorn*, *Catrin*, Artificial Moral Agents. Conceptual Issues and Ethical Controversy, in: Burgard, et al. (Hrsg.),The Cambridge Handbook of Responsible Artificial Intelligence, 2022, S. 35 ff.: „artificial systems as functional moral agents".

31 Vgl. dazu grundlegend *Rao*, *Anand*/*Georgeff*, *Michael*, Modeling Rational Agents within a BDI-Architecture, in: Allen/Fikes/Sandewall (Hrsg.), Proceedings of the 2nd International Conference on Principles of Knowledge Representation and Reasoning, 1991 und *dies.*, BDI Agents. From Theory to Practice, in: Lesser (Hrsg.), Proceedings of the First International Conference on Multi-Agent Systems. June 12 – 14, 1995, 1995, S. 312, zur dahinterstehenden Logik *Meyer*, *John-Jules*/*Broersen*, *Jan*/*Herzig*, *Andreas*, BDI Logics, in: Ditmarsch, et al. (Hrsg.), Handbook of Epistemic Logic, 2015, S. 489 sowie zur aktuellen Entwicklung des BDI-Softwaremodells und alternativen Ansätzen die Nachweise bei *Cervantes*, *José-Antonio*, *et al.*, Artificial Moral Agents. A Survey of the Current Status, Science and Engineering Ethics 2020, S. 501.

und hiervon ausgehend ihr Verhalten zu steuern, kurz: sie können aus Gründen handeln. Zwar steckt solche KI derzeit noch in den Kinderschuhen und ist weit davon entfernt, ähnlich einem Menschen in jeder denkbaren Situation alle Normen und normativ relevanten Informationen verarbeiten, abwägen und danach handeln zu können.[32] Dennoch ist sie – und darauf kommt es mir hier an – *im Prinzip* normativ ansprechbar und in der Lage, auf normative Handlungsvorgaben zu reagieren und diese umzusetzen. Damit ist – angesichts der Übersetzbarkeit von Sollensaussagen in Aussagen über normative Gründe[33] – eine KI mit BDI-Programmierung prinzipiell auch eine taugliche Adressatin von Verhaltensnormen.

IV. Konsequenzen für das Strafrecht

Einigen mag dieser Schluss voreilig erscheinen. Der Nachweis, dass KI explizite normative Akteurin und damit taugliche Adressatin von Verhaltensnormen sei, verdanke sich – so ein möglicher Einwand – allein dem Umstand, dass ein neu-humeanisches Handlungskonzept verbunden mit einem Funktionalismus zugrunde gelegt wurde. Dieser Einwand ist für sich genommen mit Sicherheit berechtigt.[34] Geht es jedoch – wie hier – letztlich um den Status von künstlicher Intelligenz aus Sicht der Normentheorie, so verliert er an Schärfe. Die strafrechtliche Normentheorie betrachtet Verhaltensnormen primär als Instrument zur Verhaltenssteue-

---

32 Für umfassende Rechtsanwendung müsste KI zudem über echtes Sprachverständnis verfügen (so krit. *Seher* Fn. 3, S. 50) und zuverlässig relevante von irrelevanten Handlungsinformationen unterscheiden können. Letzteres stellt ein wesentliches, wenngleich nicht unlösbares Problem (sog. *frame problem*, vgl. dazu *Shanahan, Murray*, The Frame Problem, abrufbar unter https://plato.stanford.edu/entries/frame-problem/ <zuletzt abgerufen am 17.8.2022>) für die Norm-Implementation i.R. eines *Top-Down*-Ansatzes (vgl. dazu *Horgan, Terry/Timmons, Mark*, What Does the Frame Problem Tell us About Moral Normativity?, Ethical Theory and Moral Practice 2009, S. 25 sowie die Nachweise in Fn. 45) dar, wie er sich gerade für das Recht anbietet.

33 S. oben S. 153 f.

34 Bspw. steht und fällt – wie soeben deutlich wurde – die Zuschreibung von Überzeugungen und Pro-Einstellungen zu KI damit, dass eine KI keine echten geistigen Zustände reproduzieren muss, sondern funktionale Entsprechungen genügen. Vgl. mit entsprechender Kritik die Nachweise in Fn. 28.

rung der Normadressaten.[35] Durch (z.T. abweichende)[36] Konzepte von Normen stellt sie ein hilfreiches Instrument dar, den Inhalt von Normsätzen zu verstehen sowie die Funktionsweise und das logische Verhältnis verschiedener Normen (z.B. von Ge-/Verboten und Erlaubnissen) zu beschreiben. Jedoch blendet sie bei all dem die Normbegründungsebene aus. Die Normentheorie *als solche* verfügt weder über die Ressourcen, bestimmte Norminhalte zu (de-)legitimieren. Noch ist sie in der Lage, gesteigerte Anforderungen an Normadressaten zu stellen, die über das hinausgehen, was zum Verständnis von Sollensaussagen und der Fähigkeit, diese handlungswirksam werden zu lassen, erforderlich ist.[37] Mit anderen Worten: Aus normentheoretischer Sicht kommt es allein darauf an, dass KI *funktional* in der Lage ist, den deontischen Gehalt eines Normsatzes adäquat in eine Verhaltenssteuerung umzusetzen. Und genau das kann eine KI mit BDI-Programmierung prinzipiell leisten. Im verbleibenden Teil meines

---

35 Vgl. zu Verhaltensnormen als Instrument der Verhaltenssteuerung statt vieler nur *Hruschka, Joachim*, Verhaltensregeln und Zurechnungsregeln, Rechtstheorie 1991, S. 449; *Renzikowski, Joachim*, Restriktiver Täterbegriff und fahrlässige Beteiligung, 1997, S. 54 ff.; *Appel, Ivo*, Verfassung und Strafe, 1998, S. 431 ff.; *Seher* Fn. 3, S. 47 f. und *Freund, Georg/Rostalski, Frauke*, Strafrecht, Allgemeiner Teil. Personale Straftatlehre, 3. Aufl. 2019, § 5 Rn. 20. Dies spiegelt sich auch sprachlich in der Begriffsbestimmung der Verhaltensnorm wider, wenn deren Wirkungsweise als „Lenkung" (*Hoyer, Andreas*, Strafrechtsdogmatik nach Armin Kaufmann. Lebendiges und Totes in Armin Kaufmanns Normentheorie, 1997, S. 68), „Steuerung" (*Appel*, a.a.O. S. 522), „Anleitung zu richtigem Verhalten" (*Jescheck, Hans-Heinrich/Weigend, Thomas*, Lehrbuch des Strafrechts. Allgemeiner Teil, 5. Aufl. 1996, § 24 II 2) oder „Imperativ, der dem Einzelnen sagt, was er tun und lassen soll" (*Roxin/Greco* Fn. 3, § 10 Rn. 93) beschrieben wird. Nur am Rande sei klarstellungshalber erwähnt, dass in dieser normentheoretischen Betrachtung des Rechts keine Übernahme einer – von *Binding, Karl*, Besprechung von „Thon, Rechtsnorm und subjektives Recht, 1878", KritV 1879, S. 542 selbst kritisierten – Imperativentheorie liegt. So erfolgt nach der hier zugrunde gelegten Normentheorie in Nachfolge *Bindings* (s. oben Fn. 5) die Verhaltenssteuerung durch Verhaltensnormen unabhängig von einer etwaigen Sanktionsandrohung.

36 Vgl. hierzu m.w.N. die konzise Darstellung bei *Roxin/Greco* Fn. 3, § 7 Rn. 33c f.

37 Das heißt nicht, dass die Normentheorie solchen Anforderungen keine Rechnung tragen könnte. Jedoch verdanken sich gesteigerte Anforderungen an Inhalt und potenzielle Adressaten von Normen Begründungselementen des Strafrechts, die der Normentheorie vorgelagert sind und sich bspw. aus verfassungsrechtlichen oder straftheoretischen Erwägungen ergeben (so etwa bei *Rostalski, Frauke*, Der Tatbegriff im Strafrecht. Entwurf eines im gesamten Strafrechtssystem einheitlichen normativ-funktionalen Begriffs der Tat, 2019, S. 15 ff. und 64 ff.). Vgl. dazu noch unten S. 171 ff. mit Fn. 71.

Beitrages möchte ich am Beispiel des Strafrechts veranschaulichen, welche Konsequenzen dies hat.

1. *KI als Handlungs- und Zurechnungssubjekt im Strafrecht*

Ist KI funktional zu einem Handeln aus Gründen fähig, was diese KI im Sinne *Moors* zu expliziten normativen Akteuren macht, so können mit KI ausgestattete Maschinen – unabhängig von der gesondert zu beantwortenden Frage ihrer strafrechtlichen Sanktionierbarkeit[38] – prinzipiell tauglicher Adressat von Verhaltensnormen sein. Daraus folgt zunächst, dass eine solche KI bei allen Delikten, die sich in einer willensgesteuerten äußerlichen Handlung bzw. Herbeiführung eines Außenwelterfolges erschöpfen,[39] im strafrechtlichen Sinne taugliches *Handlungs-* und *Zurechnungssubjekt* ist. Klarerweise fallen bei der Handlungsbeschreibung die philosophische und juristische Begriffsbildung auseinander und sind auch von unterschiedlichen Zielsetzungen getragen.[40] Doch unabhängig von der strafrechtswissenschaftlichen Debatte um den richtigen Handlungsbe-

---

38 Vgl. dazu unten S. 171 ff. sowie zur Unabhängigkeit der Verhaltensnorm von einer etwaigen Sanktionsandrohung oben Fn. 5 und 35.

39 Besondere subjektive Unrechtsmerkmale (z.B. achtenswerte oder selbstsüchtige Beweggründe, Bereicherungsabsicht, *etc.*) lassen sich klarerweise mit einer rein funktionalen Betrachtungsweise nicht erfassen.

40 Vgl. mit hilfreicher Kontrastierung *Bublitz, Jan C.*, Recht, in: Kühler/Rüther (Hrsg.), Handbuch Handlungstheorie. Grundlagen, Kontexte, Perspektiven, 2016, S. 386. Insbesondere nimmt der Handlungsbegriff der philosophischen Handlungstheorie Elemente in sich auf, die in der Strafrechtsdogmatik erst unter objektiver Zurechenbarkeit, Vorsatz und mitunter Schuld verhandelt werden. Demgegenüber ist der Handlungsbegriff des Strafrechts basal und fungiert lediglich als Anknüpfungspunkt für spätere Wertungsstufen, vgl. dazu nur *Roxin/Greco* Fn. 3, § 8 Rn. 1 ff.

griff[41] kann aus normentheoretischer Sicht nur derjenige handeln,[42] jedenfalls aber tatbestandliches Unrecht verwirklichen,[43] dessen Verhalten

41 Auch jenseits eines normentheoretischen Bezugsrahmens, gelangt man m.E. mit einer Vielzahl strafrechtlicher Handlungslehren zum Ergebnis, dass die hier beschriebene KI handeln kann. Dies gilt offenkundig für kausale Handlungslehren, die jedes gewillkürte, für eine Außenweltveränderung kausale Körperverhalten ausreichen lassen (z.B. *Baumann, Jürgen, et al.*, Strafrecht, Allgemeiner Teil. Lehrbuch, 12. Aufl. 2016, § 9 Rn. 27), da es hierfür bereits genügt, dass KI – wie bereits ausgeführt – über eine indeterministische Programmierung verfügt, sodass sie ihr Verhalten partiell autonom steuern kann (vgl. oben S. 156 und ebenso *Gleß, Sabine/Weigend, Thomas*, Intelligente Agenten und das Strafrecht, ZStW 2014, S. 561 [571]). Es gilt bei funktionaler Betrachtung aber auch für finale Handlungslehren (insb. *Welzel, Hans*, Das Deutsche Strafrecht. Eine systematische Darstellung, 11. Aufl. 1969, S. 33 ff.) und – soweit sie auch im Grundsatz eine Finalstruktur des Handelns anerkennen – soziale Handlungslehren (z.B. *Maihofer, Werner*, Der soziale Handlungsbegriff, in: Bockelmann/Gallas (Hrsg.), Festschrift für Eberhard Schmidt zum 70. Geburtstag, 1961, S. 156 [178 ff]) sowie auch für solche Handlungslehren, die – trotz Unterschieden im Detail – ein rational gesteuertes, auf eine personale Entscheidung zurückführbares Geschehen verlangen (z.B. *Roxin/Greco* Fn. 3, § 8 Rn. 44; *Kindhäuser, Urs*, Intentionale Handlung. Sprachphilosophische Untersuchungen zum Verständnis von Handlung im Strafrecht, 1980, S. 202 ff.; *Ast, Stephan*, Handlung und Zurechnung, 2019, S. 154 ff.). Denn bei einer KI mit BDI-Programmierung (d.h. bei einem expliziten normativen Akteur), stellt sich das Verhalten – funktional betrachtet – als zweckgerichtete Tätigkeit der KI bzw. als von ihr nach praktischen Grundsätzen steuer- und entscheidbares (und prinzipiell auch im Nachhinein rechtfertigbares) Verhalten dar. Vgl. differenzierend auch *Seher* Fn. 3, S. 50; ablehnend jedoch *Gleß/Weigend*, a.a.O. S. 572 und *Roxin/Greco* Fn. 3, § 8 Rn. 66 ff., die bereits für eine zweckgerichtete Handlung phänomenales Bewusstsein und intrinsische Intentionalität zu verlangen scheinen.

42 Die Normentheorie interessiert sich von vornherein nur für *normatives Handeln*, also für Verhalten, das im Lichte normativer Verhaltensvorgaben steuerbar ist. Vgl. ebenso *Seher* Fn. 3, S. 48 f. Dies war für die neuzeitlichen Natur- und Vernunftrechtslehren selbstverständlich (vgl. etwa *Pufendorf, Samuel von*, Über die Pflicht des Menschen und des Bürgers nach dem Gesetz der Natur (1672), 1994, §§ 2 f., wonach sich als Handlung nur rationales Verhalten qualifiziert, das sich „an einer bestimmten Norm ausrichten und auf ein bestimmtes Ziel hinlenken und berechnen" lässt; vgl. ähnlich *Kant, Immanuel*, Metaphysik der Sitten (1797), 1969, S. 223: „That heißt eine Handlung, sofern sie unter Gesetzen der Verbindlichkeit steht [...]."), gehört jedoch – wie auch *Seher* Fn. 3, S. 48 moniert – „nicht zum gesicherten Bestand der Strafrechtsdogmatik".

43 Erschöpft sich nach der heute herrschenden personalen Unrechtslehre (vgl. dazu m.w.N. nur *Roxin/Greco* Fn. 3, § 10 Rn. 88 ff.) der Unwert einer Tat nicht in der Herbeiführung eines rechtlich missbilligten Erfolges, sondern wird auch durch die subjektive Beziehung des Täters zu diesem Erfolg konstituiert, was die „Handlung [...] als Werk eines bestimmten Täters" (*Welzel* Fn. 41, S. 62) ausweist, so ist

durch ein *Normverstehen* geprägt ist. „Die Fähigkeit, für Rechtsnormen *ansprechbar* zu sein, ist also notwendige Voraussetzung dafür, in rechtlich relevanter Weise *handeln* zu können."[44] Wer Rechtsnormen nicht in ihrem Sollgehalt als Handlungsvorgaben erfassen kann, scheidet als Handlungs- und damit auch Zurechnungssubjekt des Strafrechts aus. KI, die über eine BDI-Programmierung verfügt, weist jedoch ein funktionales Äquivalent eines solchen Normverstehens auf, da sie aus normativen Gründen handeln kann.[45] Normentheoretisch betrachtet ist sie damit handlungsfähig und kann ebenso wie ein menschlicher Akteur tatbestandliches Unrecht verwirklichen.[46]

---

eine tatbestandliche Normverletzung ohne ein vorgängiges (zumindest potenzielles) Normverstehen durch den Täter undenkbar, so auch *Seher* Fn. 3, S. 49 Fn. 9. Dies gilt insb. für vorsätzliche Tatbegehung, bei der „die persönliche Entscheidung des Täters für die Rechtsgutsverletzung" den „Kern des Handlungsunrechts" (*Kühl*, *Kristian*, Strafrecht. Allgemeiner Teil, 8. Aufl. 2017, § 5 Rn. 4) ausmacht.

44 So zutreffend *Seher* Fn. 3, S. 50.

45 Dabei ist es gerade auch möglich, das normative Handeln einer KI im Rahmen eines *Top-Down*-Ansatzes so zu modellieren, dass sie aus allgemeinen Regeln angepasst an die jeweiligen Handlungsumstände konkrete Verhaltenspflichten ableitet und diese befolgt, vgl. dazu aus maschinenethischer Sicht *Powers*, *Thomas M.*, Prospects for a Kantian Machine, in: Anderson/Anderson (Hrsg.) Fn. 10, S. 464 und *Misselhorn* Fn. 2, S. 101 ff. Damit wäre eine solche KI funktional in der Lage, eine (abstrakt-generelle) Verhaltensnorm auf den Einzelfall anzuwenden, vgl. dazu beispielhaft im Sinne eines logisch-deduktiven Ableitungszusammenhanges *Armin Kaufmann*, Lebendiges und Totes in Bindings Normentheorie. Normlogik und moderne Strafrechtsdogmatik, 1954, S. 138 ff.; jedoch Normen als Gründe für Pflichten (im Sinne einer praktischen Handlungsmotivation) verstehend *Urs Kindhäuser*, Rechtstheoretische Untersuchungen zur Dogmatik der abstrakten und konkreten Gefährdungsdelikte, 1989, S. 13 und 54 ff. Hingegen würde ein solches funktionales Äquivalent *Rostalski, Frauke/Freund, Georg*, Normkonkretisierung und Normbefolgung. Zu den Entstehungsbedingungen kontext- und adressatenspezifischer Ver- und Gebote sowie von konkreten Sanktionsanordnungen, GA 2018, S. 264 (270 ff.), vgl. erneut *dies.*, Tatbestand und Rechtsfolge. Vom Strafgesetz zur Sanktionsnorm, GA 2022, S. 543 (549 ff.) und Lost in translation? Replik auf die Kommentare von Urs Kindhäuser und Joachim Renzikowski, GA 2022, S. 582 (585 ff.) nicht genügen, da sie eine „materiell angereicherte" Normentheorie vertreten (ebd., S. 582), wonach die vom Adressaten zu erbringende Leistung der Normkonkretisierung nur einer „vernunftbegabte[n] Person" (ebd., S. 586) möglich ist. Hiermit wird jedoch der Boden einer analytischen Normentheorie verlassen, vgl. dazu eingehend unten S. 174 mit Fn. 71 sowie mit berechtigter Kritik an *Freunds* und *Rostalskis* Ansatz *Kindhäuser* Fn. 7, S. 563 ff. und *Renzikowski* Fn. 7, S. 575 ff.

46 Es bedarf daher weder der Schaffung eines funktionalen Äquivalents zum individualistisch-humanistischen Unrechtsbegriff für KI, wie etwa *Quarck*, *Lasse*, Zur

Im Rückschluss lässt sich damit auch die Debatte um die Rolle von KI im Strafrecht weiter ausdifferenzieren: Jenseits der – m.E. noch weit entfernten – „starken KI“, die im rechtlich-moralischen Status Menschen gleichgestellt werden kann und infolgedessen auch schuldhaft handeln und bestraft werden kann,[47] beschäftigt sich die strafrechtswissenschaftliche Diskussion derzeit vor allem mit dem Einsatz von Maschinen, die im Sinne der eingangs genannten Klassifikation *Moors* lediglich *ethical impact agents* bzw. *implicit ethical agents* sind. Solche Maschinen sind nicht zu einem Handeln aus normativen Gründen in der Lage und daher auch nicht tauglicher Adressat strafbewehrter Verhaltensnormen. Als Subjekt der Zurechnung eines Verhaltens als strafrechtlich relevante Handlung und daran anknüpfend der Zurechnung eines Außenweltereignisses als „Erfolg“ dieser Handlung kommen daher nur die hinter der Maschine stehenden natürlichen Personen (Entwickler, Hersteller, Betreiber) in Betracht, an die sich die Verhaltensnorm richtet, bei Entwicklung, Programmierung und Einsatz der KI sicherzustellen, dass diese keine schädigenden Fehlaktionen ausführt.[48]

Dies ändert sich jedoch, sobald wir es mit KI zu tun haben, die im Sinne *Moors* als expliziter normativer Akteur zu qualifizieren ist. Ist diese taugliche Adressatin einer Verhaltensnorm, bedarf es zum einen keines Durchgriffs mehr auf die hinter der KI stehenden natürlichen Personen, um eine Erfolgszurechnung vorzunehmen. Zum anderen wird man konsequenterweise annehmen müssen, dass hierdurch auch eine Zurechnung

---

Strafbarkeit von e-Personen, ZIS 2020, S. 65 (67) verlangt („Verwirklichung systemischen bzw. algorithmischen Unrechts“). Noch besteht die Notwendigkeit, den strafrechtlichen Handlungsbegriff vorschnell auf ein Abstraktionslevel zu heben, der auf wesentliche Kernelemente strafrechtlich tatbestandsmäßigen Handelns (insb. rationale, an Normen ausgerichtete Steuerungsfähigkeit von Verhalten) verzichtet, so allerdings im Ansatz wohl *Hilgendorf* Fn. 18, S. 125 f. sowie *Gleß/Weigend* Fn. 41, S. 572 f. und in der maschinenethischen Debatte allgemein für alle Aspekte der moralischen Akteurschaft explizit *Floridi* Fn. 18, S. 187 ff. (s. dazu schon oben Fn. 18).

47 Also KI, die als vollwertiger normativer Akteur i.S. *Moors* zu verstehen ist, vgl. dazu aus strafrechtlicher Sicht m.w.N. *Gaede* Fn. 4.

48 Vgl. dazu m.E. zutreffend *Schuhr* Fn. 3, S. 22 f. Im Falle einer fehlerfreien Programmierung und behördlicher Zulassung der KI dürften sich schadensträchtige Ereignisse (wie auch bei anderen Maschinen, wie etwa Kraftfahrzeugen) im Bereich des erlaubten Risikos bewegen. Bei einer fehlerhaften Programmierung oder einem fehlerhaften Einsatz kommt jedoch – sofern ein Vorsatz- oder Fahrlässigkeitsnachweis gelingt – eine Strafbarkeit der Entwickler, Hersteller oder Betreiber in Betracht. Vgl. dazu *Gleß/Weigend* Fn. 41, S. 579 ff., *Seher* Fn. 3, S. 51 ff. und m.w.N. *Beck* Fn. 3 Rn. 16 ff und 38 ff.

strafrechtlich relevanter Erfolge zu diesen Personen ausgeschlossen ist, da sich das Verhalten der KI als zurechnungsausschließendes Dazwischentreten[49] darstellt.[50] Da einer solchen KI aber noch immer Bewusstsein, Willensfreiheit und Intentionalität in einem starken Sinne fehlen, sodass sie für die Verletzung strafbewehrter Verhaltensvorgaben nicht bestraft werden kann,[51] entstünden folglich straffreie Räume trotz tatbestandlichen Unrechts.[52]

---

49 Vgl. dazu *Kühl* Fn. 43, § 4 Rn. 83 ff.

50 Handelt die KI als lernendes autonomes System, das rechtliche Vorgaben selbst handlungsleitend berücksichtigt, selbst normativ (d.h. aus normativen Gründen), so spricht viel dafür, dass durch ihr schadensträchtiges Verhalten eine selbstständige, sich bei wertender Betrachtung im tatbestandlichen Erfolg alleinig niederschlagende Gefahr gesetzt wurde. Etwas anderes gilt erneut (s. oben Fn. 48) nur bei einer fehlerhaften Programmierung oder einem fehlerhaften Einsatz der KI, da dann maßgeblich die rechtlich missbilligte Gefahrschaffung der Entwickler, Hersteller oder Betreiber im Erfolg fortwirkt. Vgl. die Frage einer Zurechnungsunterbrechung ebenfalls aufwerfend *Gleß/Weigend* Fn. 41, S. 588; *Seher* Fn. 3, S. 54 und *Beck* Fn. 3 Rn. 17, die jedoch von der Annahme ausgehen, dass KI gegenwärtig kein taugliches Handlungs- und Zurechnungssubjekt ist.

51 Vgl. dazu unten S. 171 ff.

52 Vor dieser Gefahr warnen auch schon *Matthias* Fn. 4, S. 255; *Beck*, *Susanne*, Dealing with the diffusion of legal responsibility: the case of robotics, in: Battaglia/Mukerji/Nida-Rümelin (Hrsg.), Rethinking Responsibility in Science and Technology, 2014, S. 167 und *Gleß/Weigend* Fn. 41, S. 588. Meiner Meinung nach ist diese Gefahr jedoch hinzunehmen, will man nicht die Prinzipien strafrechtlicher Erfolgszurechnung konterkarieren. Daher ist *Gleß* und *Weigend* ebd. S. 588 zu widersprechen, wenn sie sich dafür aussprechen, dass auch dort, wo „eine Aktion eines Intelligenten Agenten als autonome Handlung eines ‚Vordermannes' qualifiziert werden kann" und infolgedessen „der Zurechnungszusammenhang zu dem ‚Hintermann' (dem Betreiber)" eigentlich abbricht, ein „strafrechtliche[r] Regress auf den fahrlässigen Betreiber [zugelassen werden sollte], solange Intelligente Agenten nicht auch bestrafungsfähig werden; andernfalls wäre das Opfer einer schadensbringenden Tat nämlich in der [...] unbefriedigenden Situation einer Verantwortungsdiffusion zwischen Mensch und Intelligentem Agenten, die jede strafrechtliche Ahndung selbst schwerster Schädigungen ausschlösse". Denn weder legitimiert ein Strafbedürfnis eine Erfolgszurechnung noch lässt sich überzeugend vertreten, dass es für die strafrechtliche Verantwortlichkeit eines Hintermannes einen Unterschied machen soll, ob er – gleiche Zurechenbarkeit zum Vordermann vorausgesetzt – hinter einem menschlichen oder künstlichen Agenten steht. In welchem Ausmaß ein zurechnungsausschließendes Verhalten einer KI überhaupt in Betracht kommt, hängt natürlich stark davon ab, wie komplex die normativen Handlungsvorgaben (z.B. ob nur rechtliche Normativität implementiert wird oder auch ethische) und wie weitreichend die Anwendungsbereiche (universell oder bestimmte Bereiche, z.B. Straßenverkehr, Pflege *etc.*) der KI sind,

2. *Bekräftigung der Unterscheidung von Unrecht und Schuld*

Eine weitere Konsequenz ergibt sich – ganz unabhängig davon, ob KI schon jetzt Normadressatin sein kann – für die normentheoretische Beschreibung des Strafrechts selbst: Die anhand der Auseinandersetzung mit KI aufgezeigte konzeptuelle Unterscheidbarkeit von expliziten normativen Akteuren und vollwertigen normativen Akteuren macht nämlich deutlich, dass die strafrechtliche Unterscheidung von Unrecht und Schuld normentheoretisch geboten ist. Denn auch[53] sie zeigt: Wer aus normativen Gründen handelt, handelt nicht schon deshalb in vorwerfbarer Weise aus normativen Gründen. Angesichts dessen beruht es auf einer unzulässigen Gleichsetzung, soweit in der strafrechtswissenschaftlichen Diskussion der Kreis derer, die normativ ansprechbar sind, zunehmend mit der Summe schuldfähiger Akteure identifiziert wird und damit zugleich aus normentheoretischen Gründen die Unmöglichkeit schuldlosen Unrechts behauptet wird.[54]

---

da mit zunehmender Komplexität/Anwendungsbreite es auch zu mehr normativ geleiteten Fehlvorstellungen kommen kann.

53 Die Trennung von Unrecht und Schuld folgt bereits aus der schon mit der gemeinrechtlichen Unterscheidung von Zurechnung zur Handlung und Zurechnung zur Schuld (*imputatio facti* bzw. *imputatio juris*) erkannten Notwendigkeit, dass Schuld als persönliche Vorwerfbarkeit der Tat denklogisch eine Tat, d.h. einen zur Handlung zurechenbaren Verstoß gegen ein Ge-/Verbot (heute Bestimmungsnorm), voraussetzt. Vgl. dazu konzis *Hruschka*, *Joachim*, Ordentliche und außerordentliche Zurechnung bei Pufendorf, ZStW 1984, S. 661 (672 ff.) und diese Unterscheidung auf das Verhalten von KI übertragend *Joerden*, *Jan C.*, Strafrechtliche Perspektiven der Robotik, in: Hilgendorf (Hrsg.), Robotik und Gesetzgebung. Beiträge der Tagung vom 7. bis 9. Mai 2012 in Bielefeld, 2013, S. 195 (201 ff.) Vgl. – unabhängig von KI – ebenso argumentierend etwa *Jescheck/Weigend* Fn. 35, § 39 I 1; *Hirsch*, *Hans J.*, Über Irrungen und Wirrungen in der gegenwärtigen Schuldlehre, in: Dannecker (Hrsg.), Festschrift für Harro Otto. Zum 70. Geburtstag am 1. April 2007, 2007, S. 307 (319 f., 326 f.) und *Greco*, *Luís*, Wider die jüngere Relativierung der Unterscheidung von Unrecht und Schuld, GA 2009, S. 636 (639 f.); vgl. zur Kritik an diesem Argument *Rostalski*, *Frauke*, Zur Unmöglichkeit schuldlosen Verhaltensunrechts im Strafrecht, in: Schneider/Wagner (Hrsg.), Normentheorie und Strafrecht, 2018, S. 105 (109 f.).

54 Vgl. stellvertretend *Rostalski* Fn. 53. S. 107: „Als tauglicher Normadressat kommen […] von vornherein ausschließlich Personen in Betracht, die zur Normbefolgung fähig sind. Ausschließlich dieser Personenkreis weist die erforderliche Fähigkeit auf, sich durch rechtliche Verhaltensnormen prinzipiell motivieren zu lassen. Nicht erfasst sind davon folglich schuldlos Handelnde wie beispielsweise Kinder oder Geisteskranke: […] dieser Personenkreis [bewegt sich] außerhalb der rechtlichen Ver- und Gebote, weshalb ihr Verhalten keinen Verstoß gegen das

Denn KI, die als expliziter normativer Akteur zu qualifizieren ist, ist – funktional betrachtet – zur „rationalen Normbefolgung“ fähig und damit prinzipiell in der Lage sich auch gegen die Normbefolgung zu „entscheiden“, d.h. Verhaltensunrecht zu verwirklichen. Sicherlich steht es uns frei, KI so zu programmieren, dass Rechtsnormen zwangsläufig motivierend sind.[55] Aber auch wenn eine solche KI gleichsam wie ein „rechtlicher Heiliger“ agiert, ändert das nichts an ihrer normativen Akteurschaft. Gleichzeitig ist eine solche KI jedoch nach wie vor nicht in der Lage, ein Selbstverhältnis, d.h. eine bewusste, intentionale Beziehung zu den Handlungsgründen, die sie zu „ihren eigenen“ macht, zu entwickeln, und kann infolgedessen auch nicht für ihre Handlungsgründe gelobt oder getadelt werden. Anders gesagt: Explizite normative Akteure können auf die Frage „Warum hast Du das gemacht?“ antworten, d.h. ihr Verhalten in Relation zu einer normativen Regel setzen, indem sie diese Regel als Grund der Handlung ausweisen oder aber normative Gründe für die Regelverletzung angeben. Allerdings ist die Frage „Schämst Du Dich nicht dafür?“ für explizite normative Akteure sinnlos und infolgedessen auch unsere damit verbundene Praxis, Tadel und Strafe auszusprechen. Einem expliziten normativen Akteur fehlen mangels phänomenalen Bewusstseins

---

Recht begründen kann.“ Vgl. ähnlich und m.w.N. *Rostalski* Fn. 36, S. 102 ff.; *Freund/Rostalski* Fn. 35, § 4 Rn. 14 sowie *Renzikowski, Joachim*, vor § 13, in: Matt/Renzikowski (Hrsg.), Strafgesetzbuch, 2. Aufl. 2017, Rn. 39 f.; vgl. zur Kritik an dieser Auffassung m.w.N. nur *Greco* Fn. 53, S. 636 ff. und zuletzt eingehend *Schladitz* Fn. 5, S. 496 ff.

55 D.h. so, dass KI anders als Menschen keine handlungsleitenden Neigungen und anderweitige moralische Einstellungen besitzt, die zu normativen Vorgaben des Rechts in Widerspruch stehen. Vgl. dazu *Misselhorn* Fn. 2, S. 88 ff.

und intrinsischer Intentionalität zwangsläufig Schuldfähigkeit[56] und Unrechtsbewusstsein.[57]

Die Unterscheidung zwischen expliziten und vollwertigen normativen Akteuren legt also eine auch von der Normentheorie nachzuvollziehende Differenzierung frei. Denn sie zeigt deutlich, dass bei einer – für die Normentheorie maßgeblichen[58] – funktionalen Betrachtung die normative Ansprechbarkeit nicht zugleich die potenzielle Zurechenbarkeit zu Verdienst oder Schuld impliziert. Sofern die Gegenauffassung argumentiert, dass normative Ansprechbarkeit Schuldfähigkeit voraussetze, weil „jede Bestimmungsnorm [...] a priori unter der Präsupposition [stehe], dass es dem Normadressaten in der konkreten Situation möglich ist, sich an ihr zu orientieren",[59] so nivelliert sie zum einen die konzeptuelle Unterscheidbarkeit zwischen expliziten und vollwertigen normativen Akteuren. Zum anderen verkürzt sie den Schuldbegriff auf die Fähigkeit, Normbefehle zu verstehen und ihnen Folge zu leisten, und blendet damit aus, dass Zurechnung zur Schuld ebenso phänomenales Bewusstsein der Verbindlichkeit und intrinsische Intentionalität voraussetzt und gerade hier die Trennlinie zwischen Mensch und KI verläuft.[60] Dass es aus Sicht der Normentheo-

56 Das gilt selbst dann, wenn man nicht die herrschende normative Schuldtheorie zugrunde legt (vgl. dazu und zu ihrer Kritik *Roxin/Greco* Fn. 3, § 19 Rn. 10 ff.), sondern von einem funktionalistischen Verständnis strafrechtlicher Schuld ausgeht, wonach es eines Schuldspruchs nur bedarf, sofern ein Geschehen in der Bevölkerung als ernst zu nehmende Missachtung strafbewehrter Normen wahrgenommen wird, vgl. z.B. *Jakobs, Günther*, Staatliche Strafe. Bedeutung und Zweck, 2004, S. 31 f. Auch hiernach dürfte es bei expliziten normativen Akteuren an schuldhaftem Unrecht fehlen, weil – wie *Seher* Fn. 3, S. 58 zutreffend feststellt – solange „Roboter, Drohnen und selbstfahrende Autos als ‚Sachen' wahrgenommen werden", solange wird die Gesellschaft „schädigende Fehlaktionen dieser Entitäten nicht als ‚Normbruch' [betrachten] – und deshalb bedarf es keiner normstabilisierenden Schuldzuweisung".

57 Vgl. zum Unrechtsbewusstsein m.w.N. nur *Roxin/Greco* Fn. 3, §§ 21 f. Hierin liegt auch der Grund, warum selbst nach der sog. „Theorie der normativen Ansprechbarkeit" (s. dazu oben Fn. 8 f.) nicht von schuldhaftem Verhalten eines expliziten normativen Akteurs gesprochen werden kann. Denn die „Theorie der normativen Ansprechbarkeit" reduziert lediglich die Anforderungen an ein Willensfreiheitskonzept für die Schuldzuschreibung, geht aber weiterhin von phänomenalem Bewusstsein und intrinsischer Intentionalität des Akteurs aus.

58 S. dazu oben S. 162 und unten S. 173 f.

59 So *Renzikowski* Fn. 54, vor § 13 Rn. 39, vgl. auch *Renzikowski* Fn. 35, S. 239 f. sowie die oben (Fn. 54) genannten Autor:innen.

60 Vgl. aus maschinenethischer Sicht ebenso *Misselhorn, Catrin*, Digitale Rechtssubjekte, Handlungsfähigkeit und Verantwortung aus philosophischer Sicht, Verfassungsblog 2.10.2019, abrufbar unter https://verfassungsblog.de/digitale-rechts

rie, soweit sie rechtliche Verhaltenssteuerung durch Adressierung von Normen untersucht, sinnvoll ist, Verhaltensnormen an normativ handlungs-, aber nicht schuldfähige KI mit der begründeten Erwartung normkonformen Verhaltens zu adressieren, ist wohlgemerkt eine allgemeine Einsicht. Sie gilt überdies dies ebenso für normativ handlungs-, aber nicht schuldfähige natürliche Personen, z.B. Kinder.[61] Die Vorstellung, diese seien gegenüber einem normativen Appell „blind und taub und [können] sich daher unter keinen Umständen an ein irgendwie geartetes Ge- oder Verbot halten“[62], entspricht weder unserer normativen Praxis[63] noch ist sie angesichts einer gut begründbaren Unterscheidbarkeit von expliziten und vollwertigen normativen Akteuren normentheoretisch zwingend.

3. *Ergänzungsbedürftigkeit der Normentheorie als Beschreibungsmodell des Strafrechts*

Gleichwohl ist das Bedürfnis, als normativ ansprechbare Akteure nur schuldfähige Akteure anzuerkennen, aus strafrechtlicher Sicht durchaus nachvollziehbar. Allerdings entziehen sich die Gründe dafür einer normentheoretischen Beschreibung, da es hierzu weitergehender strafrechtlicher Überlegungen bedarf, die jenseits der Normentheorie liegen. Ver-

---

subjekte-handlungsfaehigkeit-und-verantwortung-aus-philosophischer-sicht/ <zuletzt abgerufen am 30.08.2022>: „Maschinen [können] selbst keine Verantwortung im ethischen Sinn übernehmen […], weil sie nicht über Bewusstsein, die Fähigkeit zur Selbstreflexion und in der Folge Willensfreiheit verfügen. Doch diese Eigenschaften sind für die Zuschreibung von moralischer Verantwortung essentiell.“ Wir können „autonomen Softwareagenten zwar in einem funktionalen Sinn Handlungsfähigkeit zuzuschreiben, aber keine Verantwortung“.

61 Wobei es einer weiteren Differenzierung bedürfte, wann Kinder überhaupt *schon* normativ handlungsfähig, aber *noch nicht* schuldfähig sind.

62 So *Rostalski* Fn. 53, S. 107.

63 In der wir Kinder – wie *Floridi* Fn. 18, S. 202 f. zu Recht feststellt – regelmäßig präskriptiv adressieren, ohne sie für ihr Verhalten verantwortlich zu machen: „There is plenty of room for prescriptive discourse that is independent of responsibility assignment [*sc.* praise and blame] […]. Good parents, for example, commonly engage in moral-evaluation practices when interacting with their children, even at an age when the latter are not yet responsible agents; this is not only perfectly acceptable, but something to be expected. This means that they identify them as moral sources of moral action, although, as moral agents, they are not yet subject to the process of moral evaluation [*sc.* praise and blame].“ Vgl. von strafrechtlicher Warte aus ähnlich argumentierend *Roxin/Greco* Fn. 3, § 10 Rn. 93.

anschaulichen möchte ich dies anhand expressiver[64] Straftheorien, nach denen Kernelement staatlicher Strafe (im Unterschied zu anderen Formen der Sanktion) der Aspekt des sozial-ethischen Tadels ist, der die Missbilligung der Tat als dem Täter vorwerfbares Unrecht zum Ausdruck bringen soll.[65] Denn ein solcher sozial-ethischer Tadel ist nur innerhalb einer normativen Gemeinschaft möglich, deren Mitglieder sich als gleiche, freie und verantwortliche Wesen wechselseitig zu einem bestimmten Verhalten verpflichten, dessen Verletzung Anlass zur Strafe gibt.[66] Anders gesagt: Um jemanden als potenziellen Adressaten einer Strafsanktion zu betrachten, muss ich ihn – erstens – als Subjekt mit dem gleichen personalen Status wie ich betrachten. Denn nur dann ist meine Sanktionspraxis intersubjektiv gerechtfertigt. Und zweitens muss der potenzielle Adressat einer Strafsanktion in der Lage sein, ein Selbstverhältnis zu seiner Handlung zu entwickeln, um bspw. Reue zu entwickeln oder ein Verständnis personaler Identität zu haben. All dies setzt jedoch intrinsische Intentionalität, Bewusstsein und womöglich auch Willensfreiheit in einem starken Sinne voraus. Weil also Bestrafung von normativem Fehlverhalten möglich sein soll, haben strafbewehrte Verhaltensvorgaben von vornherein nur

64 Auch unter Zugrundelegung anderer Straftheorien lässt sich gut dafür argumentieren, dass eine Bestrafung von KI (sollte diese normativ ansprechbar sein) nicht angezeigt ist, s. dazu *Seher* Fn. 3, S. 58 ff.

65 Daneben soll Strafe gleichzeitig die symbolische Bekräftigung des Rechts zum Ausdruck bringen, dass Rechtsverletzungen von der Rechtsgemeinschaft nicht reaktionslos hingenommen werden, sowie eine Solidarisierung mit dem Opfer darstellen, dass das ihm Widerfahrene Unrecht gewesen sei, es also gewissermaßen auf der Seite des Rechts stehe. Vgl. paradigmatisch hierfür *Feinberg, Joel*, The Expressive Function of Punishment, in: ders. (Hrsg.), Doing and Deserving. Essays in the Theory of Responsibility, 1974, S. 95.

66 Anschaulich zeigt sich das – gerade im Kontrast zu der von der Normentheorie untersuchten Verhaltenssteuerung durch Normen – bei *Strawson, Peter F.*, Freedom and Resentment, in: ders. (Hrsg.), Freedom and Resentment. And other Essays, 1974, S. 1, auf dessen Konzept reaktiver Einstellungen (wie Empörung, Missbilligung und Verdammung) expressive Straftheorien aufbauen, da der sozialethische Tadel ebensolche Einstellungen kommuniziert: „But these attitudes of disapprobation and indignation are precisely the correlates of the moral demand in the case where the demand is felt to be disregarded. The making of the demand *is* the proneness to such attitudes. The holding of them does not, as the holding of objective attitudes does, involve as a part of itself viewing their object other than as a member of the moral community. [...] What *is* wrong is to forget that these practices [*sc.* e.g. punishment], and their reception, the reactions to them, really *are* expressions of our moral attitudes and not merely devices we calculatingly employ for regulative purposes. Our practices do not merely exploit our natures, they express them." (Im Original mit Hervorhebungen).

vollwertige normative Akteure im Blick, die über eben diese Eigenschaften verfügen.[67] Die hohen Anforderungen, die hierdurch an die normative Ansprechbarkeit der Akteure gestellt werden, verdanken sich jedoch nicht der normativen Verpflichtung als solcher, sondern der Sanktionspraxis, die an einen vorwerfbaren Normbruch anknüpfen können soll. Denn diese Sanktionspraxis soll menschliches Verhalten nicht nur regulieren, sondern ist Ausdruck eines bestimmten Selbstverständnisses einer normativen Gemeinschaft. Ein solches Selbstverständnis kann die Normentheorie jedoch nicht liefern, da sie die Normbegründungsebene ausblendet und Normen lediglich als Instrument sozialer Verhaltenssteuerung betrachtet.

Dies macht die Normentheorie in gewisser Hinsicht zu einem defizitären, andererseits gerade deswegen zugleich zu einem sehr hilfreichen Instrument zur Beschreibung des Strafrechts. Das Defizit einer normentheoretischen Beschreibung des Strafrechts liegt darin, dass sie nicht selbst über die Ressourcen verfügt, um Strafrecht innerhalb einer Rechtsgemeinschaft von Personen, d.h. einer Freiheitsordnung vollverantwortlicher normativer Akteure, zu beschreiben. Dies gelingt nur, indem man – wie gezeigt – straftheoretische Erwägungen hinzunimmt.[68] Weitere Wege, dies zu erreichen, sind bspw. die Rückbindung der Normentheorie an einen anthropozentrischen, materiellen (Un-)Rechtsbegriff[69] oder etwa die

67 Aus diesem Grund ist es meines Erachtens auch nicht möglich, Begriffe wie Schuld und Verantwortung (i.S.v. Vorwerfbarkeit) auf die Frage naturwissenschaftlich beweisbarer Willensfreiheit zu reduzieren und ausgehend von deren Nicht-Beweisbarkeit auf KI zu übertragen. So verkennt es die gleichermaßen wesens- und gemeinschaftskonstitutive Bedeutung der Unrechtsbewusstsein und Schuld voraussetzenden Strafpraxis, wenn es sich etwa nach *Hilgendorf* Fn. 18, S. 132 bei der Anwendung des die Schuldzuschreibung und Strafpraxis charakterisierenden Vokabulars „bloß um eine Fiktion" handeln soll, „die aus praktischen Gründen eingeführt wurde". Vgl. *Hilgendorf* zur Bedeutung von Willensfreiheit für unsere normative Praxis i.E. ähnlich *Quarck* Fn. 46, S. 67 f. sowie – wenngleich in anderem Kontext – *Schuhr, Jan C.*, Willensfreiheit, Roboter und Auswahlaxiom, in: Beck (Hrsg.) Fn. 18, S. 43 (73).

68 Diese Argumentationsstrategie verfolgt bspw. *Rostalski* Fn. 53, die Strafe als „Vorgang der Kommunikation im Sinne einer expressiven Straftheorie" qualifiziert, welche die Anerkennung des Täters als Person und „gleichberechtigter Bürger im Staat" impliziere und die auf „die inhaltliche Bestimmung dessen, was dem Einzelnen im Vorgang der Bestrafung zum Vorwurf gemacht wird", schließen lasse: „eine „ungerechtfertigte Freiheitsanmaßung des Einzelnen, der sich durch den Regelverstoß ein Mehr an Freiheit nimmt, als ihm qua Gesellschaftsvertag zusteht" (ebd., S. 105 f.). Vgl. eingehend erneut *Rostalski* Fn. 36, S. 16 ff.

69 Nur so lässt sich laut *Zaczyk, Rainer*, Kritische Bemerkungen zum Begriff der Verhaltensnorm, GA 2014, S. 73 (89 f.) (unter Bezugnahme auf *Frisch, Wolfgang*, Straftat und Straftatsystem, in: Wolter/Freund (Hrsg.), Straftat, Strafzumessung und

Zugrundelegung eines anspruchsvolleren Handlungsbegriffs.[70] Man würde der Normentheorie jedoch einen Bärendienst erweisen, wollte man derartige zusätzliche Annahmen als normentheoretische Notwendigkeit ausweisen.[71] Denn die besondere Überzeugungskraft der juristischen Nor-

---

Strafprozeß im gesamten Strafrechtssystem, 1996, S. 135 [146]) ein Abdriften des Rechts in eine bloße „Sozialtechnologie" vermeiden, da durch Rückführung auf ein materielles Rechtsprinzip der „Begriff der Verhaltensnorm [...] seine Bedeutung und Legitimation [verändert]. An ihrem Grund verbinden *rechtliche* Verhaltensnormen [...] Freiheitssphäre[n] [...] und sind daher inhaltliche Richtschnur für richtiges Verhalten; [...] [e]rst mit diesen Grundlagen kann von einer personalen Unrechtslehre gesprochen werden, in der der Begriff der Person ernst genommen ist." Vgl. ähnlich mit kritischer Auseinandersetzung mit entsprechenden normentheoretischen Ansätzen *Gierhake*, *Katrin*, Kritische Anmerkungen zu einem „normativ funktionalen" Straftatbegriff, JRE 2020, S. 171 (179 ff.) sowie in Bezug auf KI jüngst *Rösinger*, *Luna*, Autonome Maschinen als „Normadressaten"? Eine Erinnerung an die Bedeutung von Autonomie als Selbstgesetzgebung für das Rechtsverständnis, ZfDR 2021, S. 147 (149 ff.), jeweils m.w.N.

70 Indem man z.B. bereits für Handlungsfähigkeit (menschliche) Personalität verlangt, so deutlich in der fast schon lapidaren Kritik eines Handelns von KI bei *Roxin/Greco* Fn. 3, § 8 Rn. 66g: „Auf Grundlage des personalen Handlungsbegriffs ist die Sachlage klar: Die Maschine hat keine Persönlichkeit, die sich durch ihre Bewegungen äußern könnte; sie handelt also nicht." Ungeachtet der Frage, ob KI durch ihr Verhalten ein funktionales Äquivalent einer Persönlichkeitsäußerung aufweisen kann (s. oben Fn. 41), muss man sich vergegenwärtigen das hier implizit ein – gerade auch aus philosophischer Perspektive – voraussetzungsreicher Handlungsbegriff mitgeführt wird, wenn davon die Rede ist, dass ein Handeln auf die „Kontrolle des ‚Ich', der geistig seelischen Steuerungsinstanz des Menschen" bzw. die „geistig-seelische Sphäre der Person" zurückführbar sein muss (ebd., § 8 Rn. 44). Aber auch in der Philosophie werden teils deutlich anspruchsvollere als das hier (s. oben S. 156 ff.) eingeführte Konzept rationalen Handelns vertreten, vgl. bspw. *Korsgaard*, *Christine M.*, Personal Identity and the Unity of Agency. A Kantian Response to Parfit, Philosophy and Public Affairs 1989, S. 101 ff.; *dies.* The Normative Constitution of Agency, in: Vargas (Hrsg.), Rational and Social Agency. Essays on the Philosophy of Michael Bratman, 2014, S. 190 oder aber *Nida-Rümelin*, *Julian*, Vernunft und Freiheit, in: Sturma/Spaeth (Hrsg.), Vernunft und Freiheit. Zur praktischen Philosophie von Julian Nida-Rümelin, 2012, S. 9 und *ders.*, Structural Rationality and Other Essays on Practical Reason, 2019.

71 Dies haben sich vor allem *Freund* und *Rostalski* auf die Fahnen geschrieben und propagieren seit langem eine „materiell angereicherte" Normentheorie (*Rostalski/Freund*, Lost in translation? Replik auf die Kommentare von Urs Kindhäuser und Joachim Renzikowski, GA 2022, S. 582, vgl. m.w.N. auch die Nachweise in Fn. 45). Wer jedoch eine formale rechtstheoretische Analyse (d.h. nach hiesigem Verständnis: Normentheorie) um Begründungselemente ergänzt, die bspw. der Straftheorie (vgl. oben und Fn. 68), Verbrechenslehre (vgl. Fn. 69) oder Handlungstheorie (vgl. Fn. 70) entstammen, betreibt der Sache nach ebendies: Straftheorie,

mentheorie speist sich ja gerade daraus, dass sie analytisch verfährt, d.h. die rechtliche Verhaltenssteuerung durch Normen analysiert, ohne weitere Anforderungen an Norminhalt, Normlegitimation *etc.* zu stellen. Zur Analyse der Wirkungsweise und des logischen Verhältnisses von Normen muss sie jedoch – hierfür habe ich in diesem Beitrag argumentiert – hinsichtlich der Normadressaten nicht mehr voraussetzen als explizite normative Akteurschaft.

Gleichzeitig liegt in diesem beschränkten Erklärungsanspruch der Normentheorie das größte Potenzial einer normentheoretischen Betrachtung des Strafrechts. Denn aus Sicht eines Strafrechtsverständnisses, das Recht als Freiheitsordnung vernünftiger und vollverantwortlich handelnder Wesen begreift, sind nur Personen normativ handlungsfähig (*normatives Agens, A*) und normativ berücksichtigungsbedürftig (*normatives Patiens,* P). Ein solches Rechtsverständnis hat weder einen logischen Ort für Wesen, die nicht als Personen gelten, aber trotzdem einen normativen Status haben, weil sie normativ zu berücksichtigen sind, z.B. Tiere. Noch hat es einen logischen Ort für Wesen, die zwar nicht normativ zu berücksichtigen sind, aber dennoch in der Lage sind, normativ (d.h. aus Gründen) zu handeln, z.B. intelligente Maschinen:[72]

Verbrechenslehre, Handlungstheorie. Derartige Annahmen als normentheoretische Notwendigkeit auszugeben, ist gewissermaßen ein wissenschaftlicher Etikettenschwindel und verschleiert die weiter reichenden Begründungsanforderungen dieser anderen Theoriefelder.

72 Man mag wie bspw. *Ziemann, Sascha*, Wesen, Wesen, seid's gewesen? Zur Diskussion über ein Strafrecht für Maschinen, in: Hilgendorf (Hrsg.) Fn. 53, S. 183 (185 ff.) diesen „strafrechtlichen Anthropozentrismus" unter dem Gesichtspunkt verteidigen, dass „der Adressat staatlicher Strafgewalt zur Gattung ‚Mensch' gehören muss", da seit der Aufklärung „allein der Mensch: einerseits [...] ein zu freien Handlungen fähiges und vernunftbegabtes Individuum, andererseits [...] ein von Gesetzen verpflichteter Staatsbürger" ist. Auch ich möchte – wie deutlich geworden sein dürfte – dem insoweit beipflichten, als unsere Sanktionspraxis und unser liberales Strafrechtsverständnis vom Menschen als freiverantwortlichem Ko-Subjekt innerhalb der Rechtsgemeinschaft ausgehen müssen. Setzt man den strafrechtlichen Anthropozentrismus jedoch absolut, so läuft das Strafrecht zum einen Gefahr, der rapide fortschreitenden Technisierung der Lebenswelt nicht mehr angemessen Rechnung tragen zu können (Stichwort: KI). Zum anderen entfernt sich eine anthropozentrische Strafrechtsbegründung (vgl. zu einer solchen insb. auch die in Fn. 69 genannten Autor:innen) von der Lebensrealität, wenn bspw. strafrechtlicher Tierschutz nur um des Menschen willen begründbar wäre und nicht wegen eines eigenen normativ relevanten Status der Tiere.

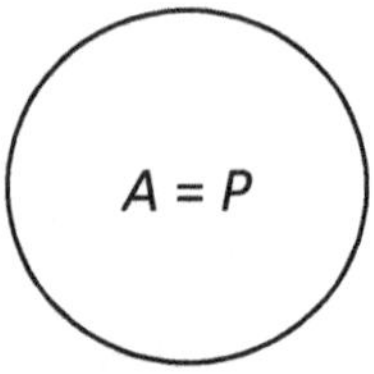

Aus normentheoretischer Perspektive wird es jedoch möglich, ein differenziertes Bild zu zeichnen, das zwischen drei Klassen normativer Akteure unterscheidet, weil die Normentheorie zusätzlich Wesen zulässt, die zwar nicht normativ handeln können, aber normativ berücksichtigungsbedürftig sind, sowie solche, die, ohne normativ berücksichtigt werden zu müssen, normativ handeln können:

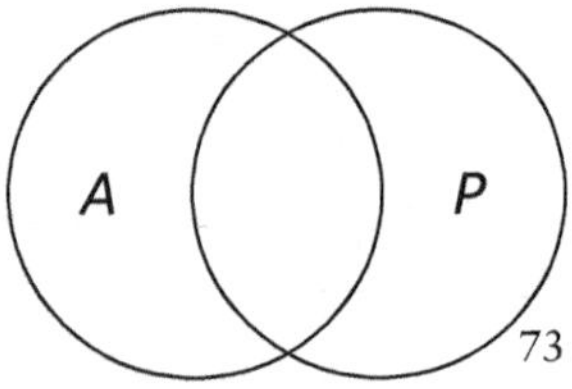

[73]

Damit ermöglicht es die Normentheorie, künftiger KI, die als expliziter normativer Akteur zu begreifen ist, einen logischen Ort (als normatives Agens) in der Strafrechtsordnung zuzuweisen, der bei einer von einem materiellen Unrechtsbegriff und der Strafbegründung ausgehenden Betrachtung des Strafrechts verborgen bleiben muss.

73 Angelehnt an *Floridi* Fn. 18, S. 185.

Verzeichnis der Autorinnen und Autoren

Dr. Svenja Behrendt
Postdoctoral Researcher in der Exzellenzinitiative Human Data Society an der Universität Konstanz

Prof. Dr. Roland Broemel
Professor für Öffentliches Recht, Wirtschafts- und Währungsrecht, Finanzmarktregulierung und Rechtstheorie an der Goethe-Universität in Frankfurt (Main)

Prof. Dr. Inês Fernandes Godinho
Associate Professor an der Universidade Lusófona (Porto)

Dr. Dr. Philipp-Alexander Hirsch
Leiter der unabhängigen Forschungsgruppe „Strafrechtstheorie" am Max-Planck-Institut zur Erforschung von Kriminalität, Sicherheit und Recht in Freiburg (Breisgau)

Prof. Dr. Lorenz Kähler
Professor für Bürgerliches Recht, Zivilprozessrecht und Rechtsphilosophie an der Universität Bremen

Prof. Dr. Dr. Milan Kuhli
Professor für Strafrecht und Strafprozessrecht einschließlich ihrer internationalen und historischen Bezüge an der Universität Hamburg

Prof. Dr. Stephan Meyer
Professor für Öffentliches Recht an der Technischen Hochschule Wildau

Prof. Dr. Dr. Frauke Rostalski
Professorin für Strafrecht, Strafprozessrecht, Rechtsphilosophie und Rechtsvergleichung an der Universität zu Köln

PD Dr. Alexander Stöhr
Privatdozent an der Philipps-Universität Marburg

FSC
www.fsc.org
MIX
Papier | Fördert
gute Waldnutzung
FSC® C083411

Kolibri 360 GmbH
Ferdinand-Jühlke-Straße 7
99095 Erfurt, Deutschland
produktsicherheit@kolibri360.de